Rauchen und Atemwege

Prävention und therapeutische Aspekte

Rauchen und Atemwege

Prävention und therapeutische Aspekte

Herausgegeben von Linus S. Geisler

Mit Beiträgen von
M. Eichelbaum, R. Meister, K.-M. Müller, W. Petro, V. Sill,
G. Schultze-Werninghaus

VaW Verlag für angewandte Wissenschaften
München

Lektorat: Martin M. Benabin

Gesamtherstellung: Hofmann-Druck KG, Augsburg

ISBN 3-922251-93-5

Verzeichnis der Autoren

Prof. Dr. med. Michel Eichelbaum
Leiter des Dr.-Margarete-Fischer-Bosch-Instituts
für klinische Pharmakologie
Stuttgart

Prof. Dr. med. Linus S. Geisler
Chefarzt der Inneren Abteilung des St.-Barbara-Hospitals
Gladbeck

Prof. Dr. med. Rolf Meister
Chefarzt des Marienkrankenhauses
Bad Lippspringe

Prof. Dr. med. Klaus-Michael Müller
Direktor des Instituts für Pathologie, Berufsgenossenschaftliche
Krankenanstalten „Bergmannsheil Bochum"
Bochum

Priv.-Doz. Dr. med. Wolfgang Petro
Medizinaldirektor der Fachklinik für Erkrankungen der
Atmungsorgane
Bad Reichenhall

Prof. Dr. med. Volker Sill
Leitender Arzt der I. Medizinischen Abteilung des Allgemeinen Krankenhauses Wandsbek
Hamburg

Priv.-Doz. Dr. med. Gerhard Schultze-Werninghaus
Oberarzt des Klinikums der Johann-Wolfgang-Goethe-Universität
Frankfurt

Inhaltsverzeichnis

Einleitung: Prävention

Linus S. Geisler

Zigarettenrauchen ist in der westlichen Welt aufgrund zahlreicher Untersuchungen unbestreitbar als wichtigster Einzelfaktor für verhütbare Morbidität und vorzeitige Mortalität anzusehen.

Nach einer eben veröffentlichten Studie *der US-Organisation World Watch* haben die tabakbedingten Gesundheitsschäden verheerende Ausmaße erreicht. In der Studie heißt es: „Die führende Ursache vorzeitiger Sterbefälle unter Erwachsenen war 1985 nicht Afrikas Hunger, Krieg oder die Anschläge internationaler Terroristen: Es war das Zigarettenrauchen."

Der Bericht geht davon aus, daß Zigaretten weltweit für den Tod von etwa 2,5 Millionen Menschen jährlich verantwortlich sind. Nahezu $^{1}/_{5}$ aller Todesfälle in den USA und in Europa stehen mit Nikotin in Zusammenhang. Gleichzeitig nimmt die Nikotinsucht in der Dritten Welt immer schneller zu. Allein in China ist der Zigarettenkonsum in den letzten 10 Jahren um 85% gestiegen. Nach der *World Watch Studie* werden durch Tabak 13mal mehr Amerikaner getötet als durch alle illegalen Drogen zusammen.

Nach aktuellen Schätzungen sterben in den Vereinigten Staaten jährlich 350000 Menschen an den direkten Folgen des Rauchens. Dies übersteigt die Gesamtzahl aller Todesfälle amerikanischer Soldaten im 1. Weltkrieg, im Koreakrieg und in Vietnam zusammen und entspricht in etwa den Verlusten des 2. Weltkrieges. Von den 565000 Todesfällen an koronarer Herzkrankheit jährlich in den USA gehen 170000 à konto Zigarettenrauchen, von den 412000 jährlichen Krebstodesfällen sind ca. 125000 durch Zigarettenrauchen bedingt, wobei mit 80% Lungenkarzinome dominieren. Zigarettenrauchen verursacht jährlich etwa 62000 Todesfälle an chronisch-obstruktiven Lungenerkrankungen in den USA. Es läßt sich berechnen, daß das Rauchen einer Zigarette, statistisch gesehen, die Lebensdauer im Durchschnitt um $5^{1}/_{2}$ Minuten verkürzt.

Die ökonomischen Auswirkungen des Zigarettenrauchens sind horrend. Gesundheitsschäden durch das Rauchen machen beispielsweise in den Vereinigten Staaten jährliche Mehraufwendungen im Gesundheitssystem von schätzungsweise 16 Milliarden Dollar erforderlich. Die indirekten Kosten durch zigarettenrauchbedingte Gesundheitsschäden wie Produktivitätseinbußen, Minderung der Erwerbsfähigkeit und vorzeitiger Tod schlagen mit weiteren 37 Milliarden Dollar zu Buche. Die Prokopf-Sozialbeiträge, die allein durch Rauchen notwendig werden, belaufen sich jährlich auf 200 Dollar.

Beim Zigarettenkonsum pro Kopf ist Griechenland führend, dicht gefolgt von Japan und den USA. Weltweit nimmt der Tabakkonsum jährlich um 2,1 v.H. schneller zu als die Weltbevölkerung. Mehr als 1 Milliarde Menschen rauchen fast 5 Trillionen Zigaretten im Jahr. In den letzten 20 Jahren ist der Welttabakkonsum um 75 v.H. gestiegen.

Auf dem *4. Kongreß der Europäischen Gesellschaft für Pneumologie (SEP)* in Mailand/Stresa im September 1985 führte Blasi (Italien) in seinem Referat über „Rauchen in Europa" aus, daß der Zigarettenkonsum in Europa eine jährliche Zuwachsrate von 5 bis 12% aufweist. Insbesondere sind es junge Leute, die vermehrt zur Zigarette greifen, wobei jährlich überdurchschnittlich mehr Frauen als Männer hinzukommen.

In der Bundesrepublik Deutschland wurden 1981 annähernd 130 Milliarden Zigaretten geraucht. Auf die 16 Millionen zigarettenrauchenden Bundesbürger entfielen jährlich pro Kopf etwa 8125 Zigaretten, d.h. 22 Stück/Tag. Ein Raucher, der täglich 20 Zigaretten konsumiert, inhaliert im Jahr zwischen 50000 bis 70000 Züge Zigarettenrauch. Eine abbrennende Zigarette setzt weit über 200 Substanzen frei, hierunter mehr als 100 krebserzeugende Stoffe.

Nach Angaben des Statistischen Bundesamtes in Wiesbaden wurden 1984 in der Bundesrepublik Deutschland rund 24 Milliarden DM für Tabakwaren ausgegeben. Dies entspricht fast einem Viertel der Aufwendungen der gesetzlichen Krankenkassen im gleichen Zeitraum für die medizinische Versorgung der Bevölkerung.

Die Bundesregierung schätzte bereits 1974 die Zahl der Bundesbürger, die vorzeitig sterben, nur weil sie rauchen, auf jährlich 140000 Menschen. Hinzu kommen jährlich ca. 100000 Fälle von Frühinvalidität durch Rauchen. Das wissenschaftliche Institut der Ortskrankenkassen hat beispielsweise errechnet, daß der intensive Raucher eine Verkürzung seines Lebens um durchschnittlich 148,1 Monate, d.h. um 12,3 Jahre riskiert.

In den meisten Studien läßt sich eine enge „Dosisbeziehung" zwischen der Zahl der täglich gerauchten Zigaretten, dem Zeitpunkt des Rauchbeginns sowie der Tiefe der Rauchinhalation einerseits und dem Risiko andererseits, an einer chronisch-obstruktiven Atemwegserkrankung zu sterben, aufzeigen. Verschiedene große Studien haben gezeigt, daß auch Pfeife- und Zigarrenrauchen das Mortalitätsrisiko für chronisch-obstruktive Lungenerkrankungen gegenüber Nichtrauchern verdoppelt. Wird das Rauchen aufgegeben, kommt es zu einer, wenn auch sehr langsam abnehmenden Reduktion des erhöhten Mortalitätsrisikos.

Der *„Smoking und Health"-Report (1982)* kommt zu dem Schluß, daß das Mortalitätsrisiko bei zigarettenrauchenden Männern um 70% erhöht ist. Zigarettenrauchen wird nach dem Report als wichtigster Faktor der chronischen Bronchitis sowohl bei Männern wie Frauen in den Vereinigten Staaten angesehen, es stellt gleichzeitig ein besonderes Risiko dar, an chronischer Bronchitis und Emphysem zu sterben. Berechnungen aufgrund prospektiver Daten haben ergeben, daß die Lebenserwartung in jedem Alter durch Zigarettenrauchen gemindert wird. So ist beispielsweise die Lebenserwartung eines 30–35 Jahre alten Mannes, der täglich 2 Schachteln Zigaretten raucht, 8 bis 9 Jahre kürzer als die eines Nichtrauchers im gleichen Alter.

In zahlreichen Studien wurden die Auswirkungen des Rauchens speziell auf die Atemwege untersucht. Im *Smoking and Health-Report* von 1979 ist das Ergebnis von 6 prospektiven Studien zusammengestellt, die sich mit dem globalen Mortalitätsrisiko an chronisch-unspezifischen Atemwegserkrankungen zigarettenrauchender Männer im Vergleich zu Nichtrauchern befassen. Dabei beträgt die Risikosteigerung zwischen 2,3- bis zum 24,7fachen bei männlichen Rauchern im Vergleich zu Nichtrauchern (s. Tabelle 1). Wilson konnte bereits 1965 für die USA eine Steigerung der Prävalenzrate für Bronchitis und/oder Emphysem um den Faktor 2,4 bei Rauchern bzw. 2,8 bei Raucherinnen im Vergleich zu Nichtrauchern zeigen. Auch hier bestand eine eindeutige Dosiswirkungsbeziehung zu der Zahl der täglich gerauchten Zigaretten. Die DFG-Studie „Chronische Bronchitis und Staubbelastung am Arbeitsplatz“ aus dem Jahre 1975 ergab *(Deutsche Forschungsgemeinschaft 1975)*, daß der Einfluß des Rauchens auf die Bronchitisprävalenz sogar diejenigen von beruflichen Noxen übertrifft.

	Britische Ärzte (Doll u. Hill)	ACS – 25 – State Study (Hammond)		US-Veterans Study (Kahn)	Canadian Veterans Study (Best et al.)	ACS – 9 – State Study (Hammond et al.)	Californ. Study (Dunn et al.)
		45–64 J.	65–79 J.				
Emphysem u./oder Bronchitis	24,7	–	–	10,08	–	2,3	4,3
Emphysem	–	6,55	11,41	14,17	7,7	–	–
Bronchitis	–	–	–	4,49	11,3	–	–

Tab. 1: Relatives Mortalitätsrisiko an chronisch-unspezifischen Atemwegserkrankungen zigarettenrauchender Männer im Vergleich zu Nichtrauchern. Ergebnisse aus sechs prospektiven Langzeitstudien („Smoking and Health“, 1979).

Higgins *und Mitarbeiter* haben in der *Tecumseh-Studie* 1982 die Risikofaktoren für die Entwicklung einer chronischen Atemwegsobstruktion analysiert (siehe Tab. 2). Es zeigte sich, daß neben Geschlecht und Alter des Patienten ganz überwiegend der Zigarettenkonsum für das Vorkommen von chronischen Atemwegsobstruktionen verantwortlich ist, wobei Männer ein sehr viel höheres Risiko als Frauen aufweisen. Ein Beispiel der Risikobe-

Punktzahl	0	1	2	3	4	5	6	7	8	9	10	11	12	13	14	15	16	17	18
Alter	20	25	30	35	40	45	50	55	60	65									
Zigaretten pro Tag	0	9	19	28	37	46	59												
Änderg. d. Rauchgewohnheit p. Tag	−62	−46	−31	−15	0	15	31	46	62										
$FEV_{1.0.}$	144	140	136	131	127	123	119	114	110	106	102	98	93	89	85	81	76	72	68

Kalkulation der Wahrscheinlichkeit

Punktzahl für:
____ Alter
+ ____ Zigaretten/Tag
+ ____ Änderung der Rauchgewohnheit/Tag
+ ____ $FEV_{1.0.}$
= ____ Gesamtpunktzahl

Gesamt-Punktzahl		**Wahrscheinlichkeit**
<19	≙	niedriges Risiko
19	≙	.01
20	≙	.02
21	≙	.03
22	≙	.04
23	≙	.06
24	≙	.10
25	≙	.14
26	≙	.21
≥27	≙	hohes Risiko

Tab. 2: Kalkulation der Wahrscheinlichkeit beim Mann, eine chronische Atemwegsobstruktion innerhalb der nächsten 15 Jahre zu entwickeln (nach Higgins et al., 1982).

rechnung zeigt, daß ein 45 Jahre alter Nichtraucher, dessen Flußgeschwindigkeit bei 50% der Vitalkapazität noch 100% beträgt, ein Risiko von 1:200 hat, nach 15 Jahren eine manifeste chronische Atemwegsobstruktion zu bekommen. Ein gleichaltriger Patient, der 40 Zigaretten/Tag raucht und dessen maximale Flußgeschwindigkeit bei 50% der Vitalkapazität noch 80% des Sollwertes beträgt, hat dagegen ein Risiko von 1:5 bei gleichbleibenden Rauchgewohnheiten. Hört er auf zu rauchen, reduziert sich das Risiko auf 1:15, liegt jedoch verglichen mit dem Risiko von 1:200 des Nichtrauchers immer noch wesentlich höher.

Ein besonderes Problem stellen die jugendlichen Raucher dar. Untersuchungen an Ulmer Gymnasiasten haben ergeben, daß die Anzahl der rauchenden Schüler zwischen 12 und 18 Jahren in erschreckendem Maße zunimmt (siehe Abb. 1). Im Hinblick auf Möglichkeiten der Raucherentwöhnung sind die Motive, die für das Rauchen angegeben werden, von Interesse. Befragungen von Jugendlichen (Bauermann, *1985)* über ihre Beweggründe für das Rauchen ergaben (gestaffelt nach der Häufigkeit) folgende Antworten:

Weil mir die Zigarette schmeckt.
Weil es mir Spaß macht.
Weil meine Freunde rauchen.
Weil ich es nicht lassen kann.
Weil meine Eltern und die Erwachsenen rauchen.
Weil ich imponieren will.

Bevorzugte Orte für das Rauchen in der Schule sind Raucherecken. In der Beliebtheitsskala der Zigarettenmarken rangieren im übrigen Camel und Marlboro an der Spitze.

Anstrengungen zu einer *Primärprävention* des Rauchens nach der Devise, daß die einzige unschädliche Zigarette die nichtgerauchte Zigarette ist, sind erst ansatzweise zu erkennen.

Eine größere Zahl an Daten liegt zur *Sekundärprävention* des Rauchens vor. Die Motivationen für die Raucherentwöhnung sind eingehend erforscht worden, verschiedene Methoden der Raucherentwöhnung mit unterschiedlichen, insgesamt jedoch nicht befriedigenden Langzeiterfolgsquoten wurden entwickelt.

Bei realistischer Betrachtungsweise muß davon ausgegangen werden, daß zum jetzigen Zeitpunkt die Mehrzahl aller Raucher, langfristig gesehen, nicht in der Lage ist, das Rauchen aufzugeben oder wesentlich zu reduzieren. Eine umso größere Bedeutung besitzen daher Bemühungen, die auf eine *Tertiärprävention* abzielen. Bezogen auf das Thema dieses Arbeitskreises über „Rauchen und Atemwege" verdient daher die Frage besonderes Interesse, ob es beispielsweise pharmakologische Möglichkeiten gibt, das Ausmaß rauchbedingter Schäden am Respirationstrakt zu verringern.

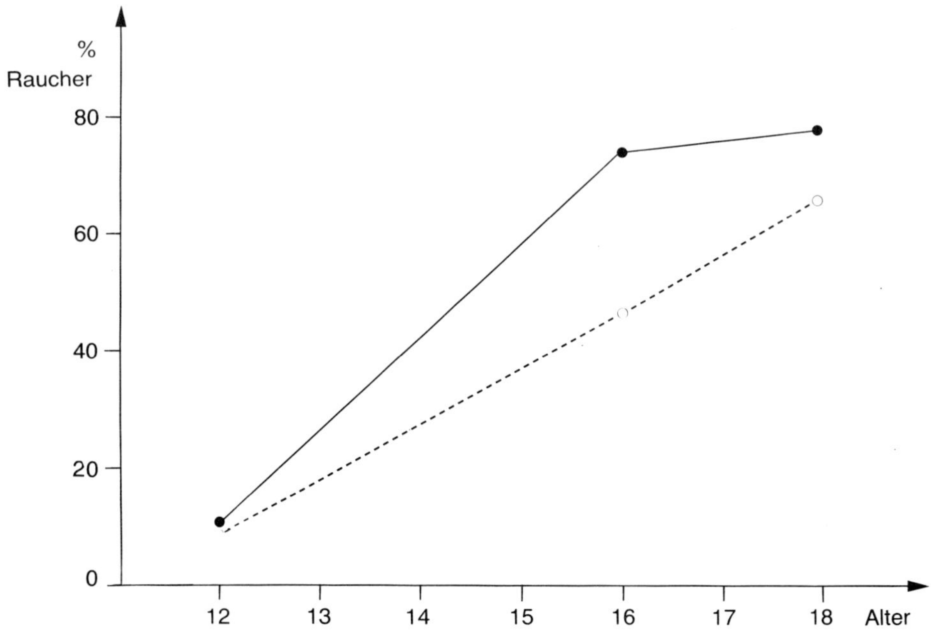

Abbildung 1: Rauchverhalten von Ulmer Gymnasiasten in Abhängigkeit vom Alter:
●——● Raucher insgesamt, ○——○ Zigarettenraucher
(nach KORNHUBER, 1982)

Diskussion

Sill:
Überraschend finde ich, daß so wenige Schüler angaben, daß sie rauchen, weil die Eltern rauchen. Die entscheidende Frage ist, wieviele der befragten Personen ein Elternhaus haben, in dem geraucht wird. Insofern könnte die erzieherische Funktion der nichtrauchenden Eltern in dieser Befragung eher etwas unterschätzt worden sein.

Geisler:
Das ist sicher denkbar.

Sill:
Als weitere Anmerkung: Ich glaube, daß in den Schulen heute etwas weniger geraucht wird. In den Klassen meiner 16- und 19jährigen Söhne sind sicherlich mehr als die Hälfte Nichtraucher.

Meister:
So ist es auch mit dem Drogenkonsum! Wenn man sich mit dem Rauchverhalten der Jugendlichen auseinandersetzt, muß man auch differenzieren, was ist eigentlich ein Raucher. Es gibt einige, die rauchen ein bis zwei Zigaretten in der Woche und würden bei einer Befragung angeben, daß sie Raucherfahrung haben. Man muß also schon differenzieren, ist der Jugendliche ein Raucher, der jeden Tag mindestens eine oder zwei Zigaretten raucht; nur dann wäre es interessant. Die Gelegenheitsraucher sind noch so wankelmütig; da weiß man noch nicht, was daraus wird. In den von Ihnen vorgelegten Zahlen sind mit Sicherheit auch die Gelegenheitsraucher mitbeinhaltet.

Geisler:
Das kann durchaus sein. Es ändert aber nichts an dem mit dem Lebensalter deutlich steigenden Trend innerhalb dieser Gruppe.

Meister:
Das ist richtig.

Geisler:
Ich möchte hier noch ein paar Zahlen aus den USA nennen, die recht interessant sind, weil sie eine andere Entwicklung als bei uns in Deutschland zeigen. Dort ist seit 1973 ein ständiger Abwärtstrend im jährlichen Pro-Kopf-Verbrauch an Zigaretten zu beobachten (Pro-Kopf-Zigarettenzahl 1983: 3494). Neueste Zahlen aus den USA zeigen, daß der Prozentsatz aller US-amerikanischen Männer über 20, die sich selbst als Raucher bezeichnen, von 38% im Jahr 1980 auf 35% im Jahr 1983 zurückgegangen ist. Für die Frauen in der

gleichen Altersgruppe ist der Rückgang sehr viel geringer, das heißt, er ist fast zu vernachlässigen, nämlich von 29,4% auf 29,1%. Man muß die Zahl auch noch etwas genauer beleuchten. 1965 haben in den USA 52,4% der Männer geraucht, jetzt sind es 35%. 1965 waren 34,1% der Frauen Raucherinnen, jetzt sind es immerhin noch 29,1%. Der Anteil der Raucherinnen hat also bei den Frauen sehr viel weniger abgenommen als bei den Männern. Hinzu kommt noch, daß zwar der Prozentsatz rauchender Frauen abgenommen hat, daß aber innerhalb der rauchenden Frauen der Prozentsatz der schwer rauchenden Frauen zugenommen hat.

Schultze-Werninghaus:
Ist das vielleicht bei uns auch so, daß in Deutschland diese gewaltige Zunahme des Zigarettenkonsums nicht gleichmäßig verteilt ist, sondern daß sie auch durch stärkeren Zigarettenkonsum pro Raucher zustande kommt?

Geisler:
Ich habe dazu keine exakten Zahlen finden können.

Schultze-Werninghaus:
Man findet doch auch bei uns, meiner Erfahrung nach, einen wachsenden Trend nicht mehr zu rauchen. Ich sehe das zum Beispiel in der Bahn, wo die Zahl der Raucher in den Raucherabteilen gegenüber den Nichtrauchern drastisch abnimmt. Das müßte ja die absolute Zahl der gerauchten Zigaretten verringern. Vielleicht ist das eine subjektive, falsche Erfahrung.

Geisler:
Der individuelle Nikotinkonsum ist sicher gestiegen.

Meister:
Man müßte auch auf den Unterschied in den verschiedenen gesellschaftlichen Schichten hinweisen. In den sozial besser gestellten Gruppen ist ein abnehmender Trend da, aber der Anteil der Arbeiter und Angestellten, die rauchen, ist doch noch weiterhin hoch.

Sill:
Ich habe in einer Arbeit gefunden (Steinfeld, *1985)*, daß in den USA bei den Frauen das Kollektiv der Krankenschwestern überhaupt nicht zu beeinflussen ist, während alle anderen Kollektive innerhalb der medizinischen Berufe hinsichtlich eines Rauchverzichts ansprechbar sind.

Petro:
Welche Rolle spielt eigentlich der Trend zu leichteren Zigaretten? Gibt es einige Zahlen? Die nikotinarme Zigarette hat in den letzten Jahren in der Werbung eine große Rolle gespielt.

Geisler:
Es gibt entsprechende Untersuchungen, die zeigen, daß der Nikotinkonsum auch beim Rauchen leichter Marken nicht abnimmt, weil sich das Rauchverhalten entsprechend ändert.

Sill:
Die Zahl der gerauchten leichten Zigaretten steigt an, weil eben weniger Nikotin darin enthalten ist. Es gibt Stimmen, die vorschlagen, genau den umgekehrten Weg zu gehen. Man sollte den Nikotingehalt steigern und so die Zahl der gerauchten Zigaretten reduzieren. Es ist jeder bestrebt, seinen persönlichen Nikotinbedarf zu befriedigen.

Eichelbaum:
In einem Blindversuch wurden Studenten verschiedene Zigarettenmarken mit unterschiedlichem Nikotingehalt angeboten. Bei leichtem Nikotingehalt wurden in der gleichen Zeit drei bis vier und bei den stärkeren Marken nur eine bis zwei Zigaretten geraucht. Durch die Fermentierung ist eine optimale Nikotinaufnahme nur durch die Inhalation zu erreichen. Bei Zigaretten, die analog zur Zigarre hergestellt würden, könnte eine Resorption des Nikotins schon in der Mundhöhle stattfinden. Da die meisten Raucher wegen des Nikotins rauchen, würde der Zwang zur Inhalation wegfallen. Wenn man den Leuten schon das Rauchen nicht abgewöhnen kann, scheint mir die Modifikation der Zigarettenherstellung auch gegenüber der Filterzigarette oder leichten Zigarette der sinnvollste Weg zur Risikominderung zu sein.

Schultze-Werninghaus:
Dann wäre das Nikotindosieraerosol wohl auch das gegebene. Die Teerstoffe sind die eigentlich gefährlichen Substanzen in der Zigarette für die Lunge.

Geisler:
Wenn man die Psychologie ausklammert, wäre das ein wunderbarer Weg der Risikominderung.

Petro:
Wenn das Nikotinaerosol so aussehen würde wie eine Zigarette und auch so schmecken würde, ginge es wahrscheinlich. Aber die Nikotinsubstitution mit der Nicorette® zum Beispiel ist keine geeignete Form der Raucherentwöhnung.

Geisler:
Es gibt einzelne Raucher, bei denen geht die Nikotinsubstitution mit der Nicorette® ganz gut. Ich habe mehrere Patienten, die es wirklich über längere Zeit hin damit geschafft haben, vom Rauchen frei zu kommen.

Sill:
Das ist richtig, aber nach einem Jahr ist das etwa gleich, wie ohne Nicorette®. In der ersten Phase, also in den ersten Wochen, führen die Kaugummibenutzer in der Erfolgsquote, nachher gleicht sich das aus.

Geisler:
Darauf werden wir noch zurückkommen.

Meister:
Hinsichtlich des Teergehaltes gibt es eine gänz interessante Studie aus Finnland, die 1985 erschienen ist (Rimpelä u. Rimpelä, *1985).* Die Autoren haben gezeigt, daß es bei jungen Leuten gleichgültig ist, ob sie Zigaretten mit niedrigerem oder höherem Teergehalt rauchen. Bezogen auf die Stückzahl, die geraucht wird, ist die Häufigkeit von Symptomen bei den niedrig-teerhaltigen Zigaretten nicht signifikant geringer. Es ist eine Illusion, daß eine Zigarette, die weniger Teer enthält, weniger Krankheitssymptome hervorruft.

Schultze-Werninghaus:
Es gibt da aber auch eine Studie von Paoletti *et al. (1985),* die das Gegenteil angibt. In dieser Untersuchung finden sich deutliche Unterschiede in Bezug auf Husten und Auswurf bei niedrig- bzw. hochteerigen Zigaretten.

Meister:
Das hat man in der finnischen Studie nicht gefunden.

Schultze-Werninghaus:
Wieviele Personen wurden untersucht?

Meister:
4722 junge Leute zwischen 16 und 18 Jahren. Geringfügige Differenzen wurden gefunden, aber diese waren nicht signifikant.

Literatur

1) Bauermann, E.: Warum greifen schon Schüler/-innen so häufig zur Zigarette? Deutsches Ärzteblatt, 43 (1985) 3159–3163.
2) Deutsche Forschungsgemeinschaft: Forschungsbericht chronische Bronchitis und Staubbelastung am Arbeitsplatz. Arbeitsmedizinische Querschnittsuntersuchungen zur Bedeutung chronisch inhalativer Belastungen für das bronchopulmonale System. Boldt, Boppard 1975.
3) Fielding, J. E.: Smoking: Health effects and control (first of two parts). N. Engl. J. Med. 313, 8 (1985) 491–498.

4) Fielding, J. E.: Smoking: Health effects and control (second of two parts). N. Engl. J. Med. 313, 9 (1985) 555–561.
5) Higgins, M. W., J. B. Keller, M. Becker, W. Howatt, J. R. Landis, H. Botman, J. G. Weg, I. Higgins: An Index of risk for obstructive airways disease. Am. Rev. Respir. Dis. 125: 144–151.
6) Kornhuber, H.: Präventive Neurologie. Nervenarzt 54 (1983) 57–68.
7) Pressenotiz: Studie warnt: Tabak tötet mehr Menschen als Hunger und Krieg. Westdeutsche Allgemeine Zeitung Nr. 10 vom 13. 1. 86.
8) „Smoking and health". Report of the advisory committee to the surgeon General of the Public Health Service, DHEW Publication no. 1103–102. US Department of Health, Education and Welfare (1979).
9) „Smoking and health". Report of the advisory committee to the surgeon General of the Public Health Service, DHEW Publication no. US Department of Health, Education and Welfare (1982).
10) Thiel, H.: Inhalation von Schadstoffen, Kongreß für Innere Medizin 88 (1982) 280–296.
11) Wilson, R. W.: Cigarette smoking and health characteristics. United States, July 1964 – June 1965. US Department of Health, Education and Welfare, Public Health Service. PHS Publication no. 1000, p. 64. In: „Smoking and Health" A report of the surgeon General US Department of Health, Education and Welfare (1979).

Literatur zur Diskussion

1) Paoletti, P., A. E. Camilli, C. J. Holberg, M. D. Lebowitz: Respiratory effects in relation to estimated air exposure from current and cumulative cigarette consumption. Chest *88* (1985) 849–855.
2) Rimpelä, A. H., M. Rimpelä: Increased risk of respiratory symptoms in young smokers of low tar cigarettes. Brit. Med. J. 290 (1985) 1461–1463.
3) Steinfeld, J. L.: Rauchen und Lungenkrebs. Jama – D 10 (1985) 605–609 (Jama 253 (1985) 2995–2997).

Rauchgewohnheiten und Prävalenz broncho-pulmonaler Symptome in der Bevölkerung der Bundesrepublik

ROLF MEISTER

1. Entwicklung der Rauchgewohnheiten

Das Rauchen von Zigaretten hat in Deutschland vor etwa 175 Jahren begonnen. Um 1812 wurde die „Cigarrito" von einem Hamburger Kaufmann eingeführt. Zuvor hatte die aus Südamerika stammende Sitte des „Papelitos"-Rauchens bereits in Spanien – namentlich in der vornehmen Gesellschaft – Anhänger gefunden. 1862 wurde von S. HUPMANN in Dresden die erste Zigaretten-Manufaktur errichtet. Schon wenig später – auf der Weltausstellung in Paris 1867 – war eine Maschine zu bewundern, die stündlich 3600 Zigaretten herstellte. Bis dahin konnten in Handarbeit maximal 120–150 Stück produziert werden. Erst mit der maschinellen Fertigung wurde die Basis für die Massenproduktion und rasante Verbreitung geschaffen.

Schon zu Beginn dieses Jahrhunderts gelang es der rasch aufstrebenden Zigarettenindustrie, die bis dahin vorherrschende Verbreitung des Zigarren- und Pfeifenrauchens zu verdrängen. Dank einer sehr aktiven und psychologisch wirksamen Werbung wurde die Zigarette in zunehmendem Maße gesellschaftsfähig. Wegen ihres kleinen Formats und der eleganten Aufmachung der Verpackung erweckte sie auch das Interesse der Damen. Im Gegensatz zur Zigarre und der Tabakpfeife war sie durchaus mit dem weiblichen Image vereinbar und kam sogar dem Streben nach Emanzipation entgegen.

Daß die Zigarette für die Gesundheit eine größere Gefahr darstellt als die Zigarre, wurde schon sehr früh erkannt. Bereits gegen Ende des 19. Jahrhunderts wurde in eindrucksvollen Plakaten dem Nikotin der Kampf angesagt und für Alternativen zur Überwindung der Rauchsucht geworben.

Obwohl im Laufe dieses Jahrhunderts das Wissen um die Schädlichkeit des Rauchens für die Gesundheit in zunehmendem Maße anwuchs, war der Siegeszug der Zigarette nicht aufzuhalten. Die geschickt aufgezogene Werbung war erfolgreicher als alle Mahnungen von ärztlicher und staatlicher Seite, die leider bis heute nicht über den Kleindruck auf den Zigarettenpackungen wesentlich hinausgekommen sind.

Die Zielgruppe der heutigen Werbung ist die Jugend im Prägungsalter. Typische Motive sind Aktivität, Abenteuer, Sportlichkeit, Freiheit, Entspannung, Selbständigkeit, Geselligkeit, Lebensfreude, glückliche Zweisamkeit etc. Mehr denn je wird auch die weibliche Jugend angesprochen. Ein großer Teil der Werbung widmet sich ausschließlich der erfolgreichen und gleichberechtigten Frau.

Erst in jüngster Zeit sind hierzulande – angeregt durch Vorbilder aus dem westlichen Ausland – Bemühungen erkennbar, den verbreiteten Rauchgewohnheiten ernsthaft entgegenzutreten. Ein durchgreifender Erfolg, wie er sich bereits in den USA abgezeichnet hat *(5)*, ist jedoch noch nicht zu erkennen.

2. Erhebung aktueller Daten

Wie es in der Bundesrepublik um die Rauchgewohnheiten steht, geht aus einer eigenen Untersuchung hervor. Die im folgenden zitierten Daten stützen sich auf eine 1982 abgeschlossene bundesweite Bevölkerungsumfrage *(12–14)*. Es wurden insgesamt 10016 Bürger beiderlei Geschlechts im Alter zwischen 15 und 97 Jahren (mittleres Alter 42,5 Jahre) erfaßt. Darunter zählten 2471 der Befragten zur jungen Generation im Alter zwischen 15 und 25 Jahren (mittleres Alter 20,5 Jahre) und 7545 zur mittleren und älteren Generation (mittleres Alter 50,5 Jahre). Die Umfrage erfolgte flächendekkend in vier Stichprobennetzen (Master Sample) mit insgesamt 840 Sample Points. Alle Stichprobenpersonen wurden von geschulten Interviewern aufgesucht und befragt. Die Gesprächsbasis bildete ein standardisierter Fragebogen. Im Mittelpunkt des Interviews standen Fragen nach den Rauchgewohnheiten von Zigaretten und der Häufigkeit bronchialer Symptome wie Husten, Auswurf und Atemnot. Einzelheiten der Methodik sind an anderer Stelle ausführlich dargestellt *(14)*.

3. Rauchgewohnheiten bundesweit

3.1 *Startalter*

Der Beginn für regelmäßiges Rauchen von mindestens 1 Zigarette pro Tag liegt in der jungen Altersgruppe von 15 bis 25 Jahren im Mittel bei 16,3 ± 2,3 Jahren. Die Jungen starten mit 16,0, die Mädchen mit 16,5 Jahren. Der Unterschied ist statistisch signifikant ($p < 0,001$). Weniger als 5% der jugendlichen Raucher beginnen vor dem 12. Lebensjahr. In diesem Alter überwiegen noch die Gelegenheitsraucher mit wenigen Zigaretten pro Woche. Zwischen dem 12. und 20. Lebensjahr starten mehr als 90% der jugendlichen Raucher. Nach dem 20. Lebensjahr folgen nur noch 5% als „Spätstarter". Das Prägungsalter für das Zigarettenrauchen liegt hauptsächlich zwischen dem 13. und 18. Lebensjahr. 75% der jugendlichen Raucher beginnen in diesem Alter (Abb. 1).

Der steil zunehmende Beginn für regelmäßiges Rauchen nach dem 13. Lebensjahr ist auch in der Jugend der DDR zu verzeichnen *(3, 6, 18)*. Die Fra-

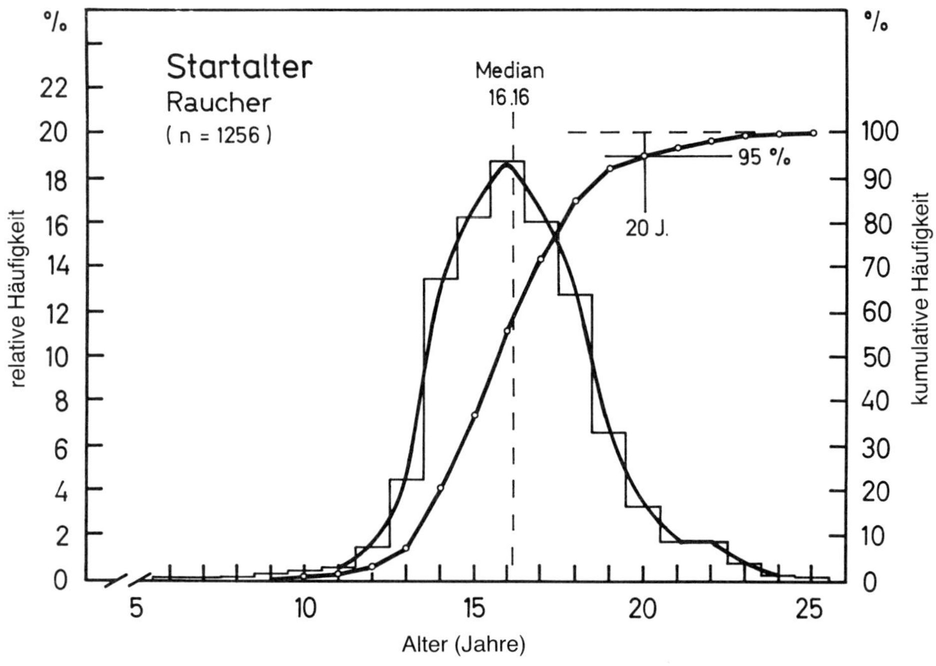

Abbildung 1: Alter bei Beginn des Zigarettenrauchens in der jungen Generation (Alter 5–25 Jahre). Die Mehrzahl der Jugendlichen (75%) startet im Alter zwischen 13 und 18 Jahren. Bis zum 20. Lebensjahr haben 95% mit dem Rauchen begonnen.

ge, ob sich das Startalter immer weiter nach vorn verlegt, ist aus der eigenen Querschnittsuntersuchung nicht zu beantworten. In der Literatur gibt es jedoch dafür Belege aus dem In- und Ausland *(Übersicht bei 7).*

3.2 *Raucheranteil in der Bevölkerung*

Im Altersbereich zwischen 15 und 97 Jahren, also unter Einschluß der jungen Generation, beträgt der Anteil der Raucher männlichen Geschlechts 53%, weiblichen Geschlechts 38% – jeweils Raucher und Exraucher zusammengenommen.

In der DDR rauchen von den jungen Werktätigen (17–25 Jahre) 55% der Männer und 36% der Frauen *(18),* in der Schweiz 53,2% der 19- bis 22jährigen Männer *(25).* In den USA lagen die Raucheranteile zu Beginn der 70er Jahre in der gleichen Größenordnung. Inzwischen ist jedoch bei den Männern ein deutlicher Rückgang des Raucheranteils und Konsums zu verzeichnen, nicht aber bei den Frauen *(5, 27).*

Wie sich die Raucheranteile in der jungen Generation altersabhängig entwickeln, geht aus Abbildung 2 hervor. Von den 15jährigen rauchen 20%, von den 18jährigen 50% und von den 20jährigen 53%. Bis zum 25. Lebensjahr erhöht sich der Raucheranteil im Mittel auf 59%. Auffällig ist das na-

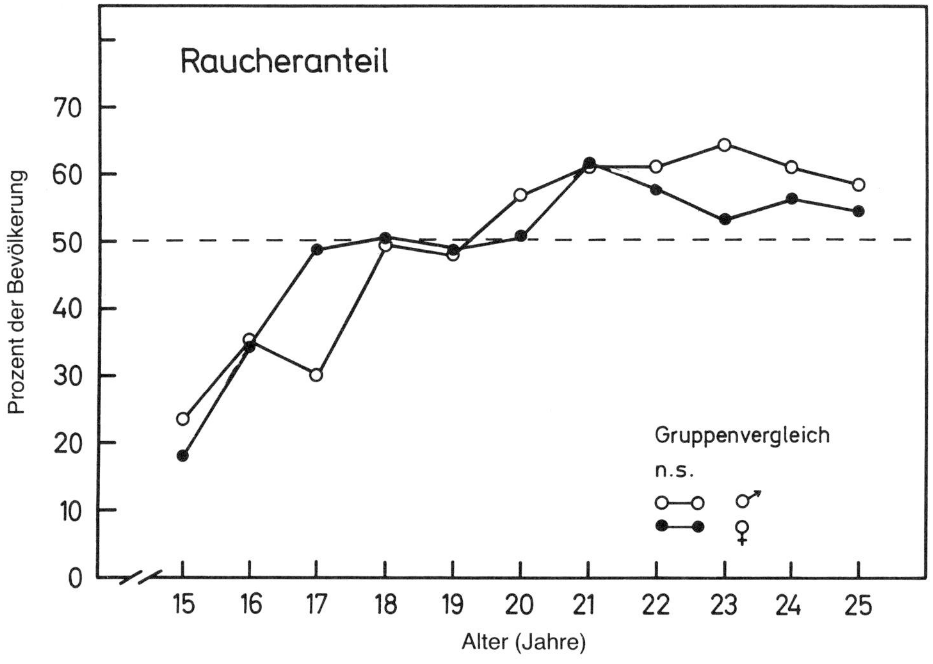

Abbildung 2: Anteil der Zigarettenraucher in der jungen Generation in Abhängigkeit vom Alter. Nahezu gleichartiger Anstieg der Raucheranteile im männlichen und weiblichen Geschlecht!

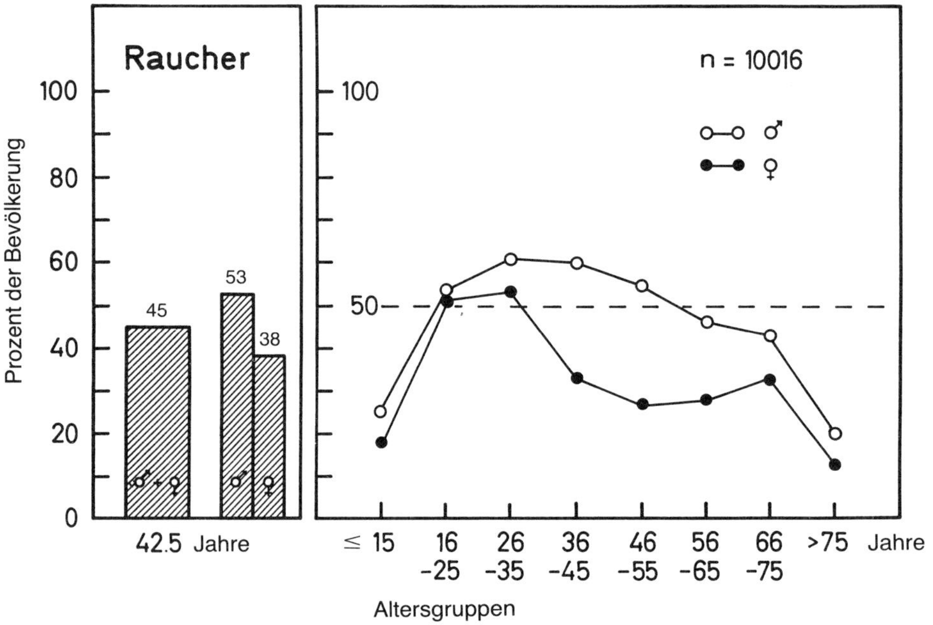

Abbildung 3: Anteil der Zigarettenraucher in der Bevölkerung von der Jugend bis zum hohen Alter. Mittelwerte (links, 42,5 Jahre) und Altersabhängigkeit (rechts) unter getrennter Berücksichtigung des Geschlechts.

hezu vollständige Gleichziehen in beiden Geschlechtern. Unter den Jugendlichen in der Bundesrepublik gibt es somit erstmals, und damit abweichend von den älteren Generationen, fast ebenso viele Raucherinnen wie Raucher. In einer Stadt wie West-Berlin überwiegen sogar die Raucherinnen (♀ = 65%, ♂ = 56%). Dieser neue Trend ist in gleicher oder ähnlicher Weise auch im Ausland zu beobachten *(8, 16, 21, 22).*

In den nachfolgenden Altersklassen jenseits des 25. Lebensjahres sinkt der Raucheranteil bei den Frauen deutlich unter den der Männer ab (Abb. 3). Der größte Unterschied findet sich in der Gruppe der 45- bis 55jährigen. Hier beträgt der Anteil bei den Männern 55%, bei den Frauen nur 26,9%, was einem Verhältnis von 2:1 zuungunsten der Männer entspricht. In der älteren Bevölkerung jenseits des 65. Lebensjahres sinken die Raucheranteile im männlichen und weiblichen Geschlecht deutlich ab. Dieser Rückgang ist größtenteils damit zu erklären, daß sich in der Generation der Alten bereits die Übersterblichkeit der Lang- und Starkraucher dezimierend auswirkt.

3.3 *Zigarettenkonsum*

In der jungen Generation steigt die Zahl der täglich konsumierten Zigaretten altersabhängig an (Abb. 4). Von den 15jährigen Jungen und Mädchen werden im Mittel täglich 9 Zigaretten geraucht. Bis zum 25. Lebensjahr steigert

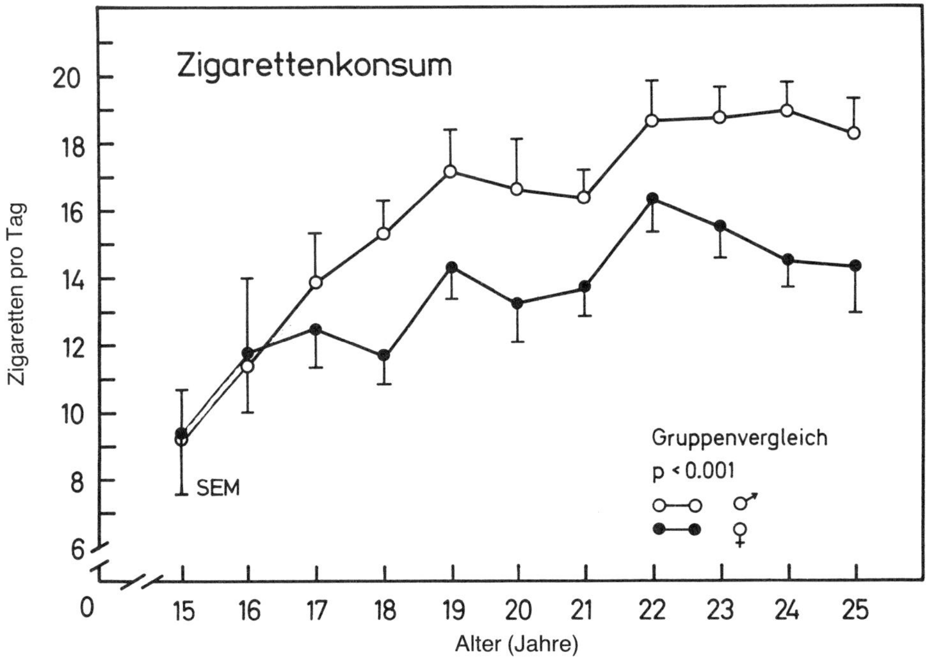

Abbildung 4: Altersabhängiger Anstieg des Zigarettenkonsums in der jungen Generation unter getrennter Berücksichtigung des Geschlechts.

sich der Konsum um beinahe 100%. Allerdings zeichnet sich ab dem 17. Lebensjahr ein Unterschied zwischen den Geschlechtern ab. Die männliche Jugend raucht im Mittel 3 Zigaretten mehr als die weibliche.

Nach dem 25. Lebensjahr erhöht sich der Konsum bei den Männern durchschnittlich auf 21,0, bei den Frauen auf 16,5 Zigaretten pro Tag und bleibt in dieser Größenordnung über mehrere Altersklassen konstant.

4. Rauchgewohnheiten im Ländervergleich

Beim Vergleich zwischen den Bundesländern fällt auf, daß im Norden der Republik – in Schleswig-Holstein einschließlich Hamburg – sowie in West-Berlin die Anteile der Raucher und Raucherinnen in der Bevölkerung höher liegen als im übrigen Bundesgebiet. Für West-Berlin ergibt sich hinsichtlich des Raucheranteils ein signifikanter Unterschied zu Niedersachsen einschließlich Bremen ($p < 0{,}01$), Rheinland-Pfalz ($p < 0{,}05$), Baden-Württemberg ($p < 0{,}05$) und Bayern ($p < 0{,}05$). Für Schleswig-Holstein einschließlich Hamburg findet sich nur ein signifikanter Unterschied zu Niedersachsen einschließlich Bremen ($p < 0{,}05$), nicht aber zu den anderen Ländern (Tab. 1).

Bundesland	Raucheranteil (% Bevölkerung)	Zigarettenkonsum (Stück pro Tag)
Schleswig-Holstein + Hamburg	51,3	18,7 ± 9,3
Niedersachsen + Bremen	42,0	17,2 ± 9,9
Nordrhein-Westfalen	46,5	19,4 ± 11,1
Hessen	46,2	16,9 ± 9,4
Rheinland-Pfalz	41,6	18,4 ± 8,6
Baden-Württemberg	43,7	17,2 ± 10,0
Bayern	43,9	17,8 ± 11,0
Saarland	39,8	18,3 ± 9,5
Berlin	56,2	17,1 ± 10,8
Bundesrepublik	45,0	18,1 ± 9,9

Tab. 1: Raucheranteil und Zigarettenkonsum in den einzelnen Bundesländern

Interessant ist das Parallelverhalten zwischen jugendlichen Rauchern und den älteren Generationen. Dies zeigt sich vor allem im weiblichen Geschlecht (Abb. 5). In Ländern, in denen bereits die älteren Generationen zu einem höheren Anteil rauchen oder geraucht haben, finden sich auch höhere Raucheranteile in der jungen Generation und umgekehrt. Dies ist eine Bestätigung dafür, daß das Rauchverhalten der Jugendlichen vom Vorbild der Älteren mitgeprägt wird.

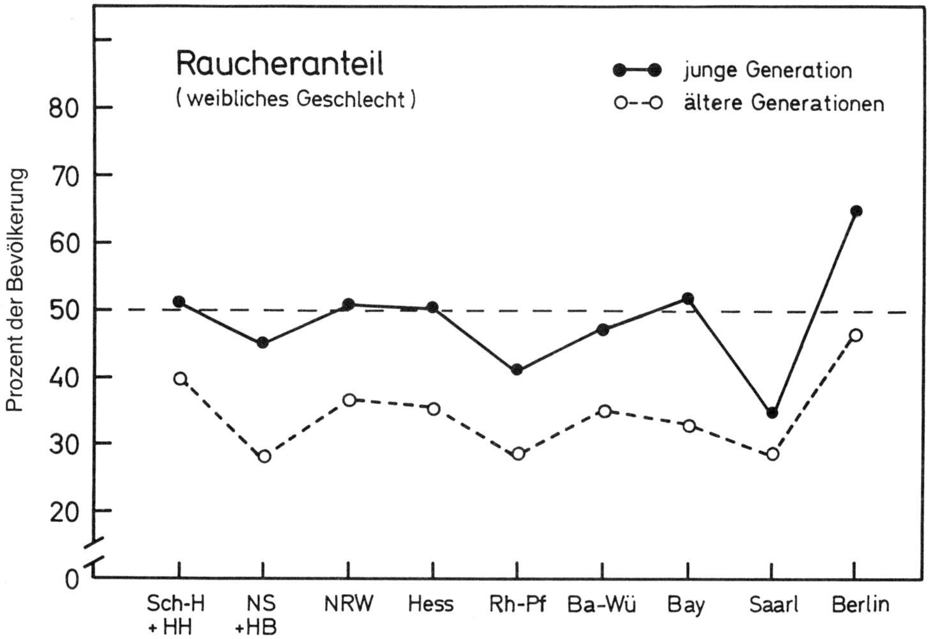

Abbildung 5: Anteil der weiblichen Raucher in den einzelnen Bundesländern. Vergleich zwischen junger Generation (mittleres Alter 20,5 Jahre) und älteren Generationen (mittleres Alter 50,0 Jahre). Auffällige Parallelität der Kurven!

Was den Zigarettenkonsum angeht, so ergeben sich im Ländervergleich keine wesentlichen Unterschiede. Weder in Bezug auf den Gesamtkonsum – gemessen in packyears (20 Zigaretten täglich [= 1] × Jahre) – noch in Bezug auf die Rauchdauer existieren statistisch signifikante Abweichungen. Allein beim täglichen Zigarettenkonsum gibt es einen geringen, aber signifikanten Unterschied zuungunsten von Nordrhein-Westfalen. Gegenüber Niedersachsen einschließlich Bremen sowie gegenüber Hessen und Baden-Württemberg liegt der Konsum in Nordrhein-Westfalen um 2,2 bis 2,5 Zigaretten höher ($p < 0,05$) (Tab. 1). Ob dieser Unterschied jedoch relevant ist, muß offen bleiben, da bei Mitberücksichtigung der Rauchdauer – im Parameter der packyears – die Signifikanzen verloren gehen.

5. Rauchgewohnheiten im Stadt-/Landvergleich

In den Flächenstaaten der Bundesrepublik (Schleswig-Holstein, Niedersachsen, Nordrhein-Westfalen, Hessen, Rheinland-Pfalz, Baden-Württemberg, Bayern, Saarland), in denen eine Gegenüberstellung von Städten verschiedener Größenordnung und ländlichen Gebieten möglich ist, zeigt der Stadt-/Landvergleich, daß der Anteil der Raucher in der Bevölkerung mit zunehmender Ortsgröße – also vom Land zur Großstadt – steigt (Abb. 6). Der An-

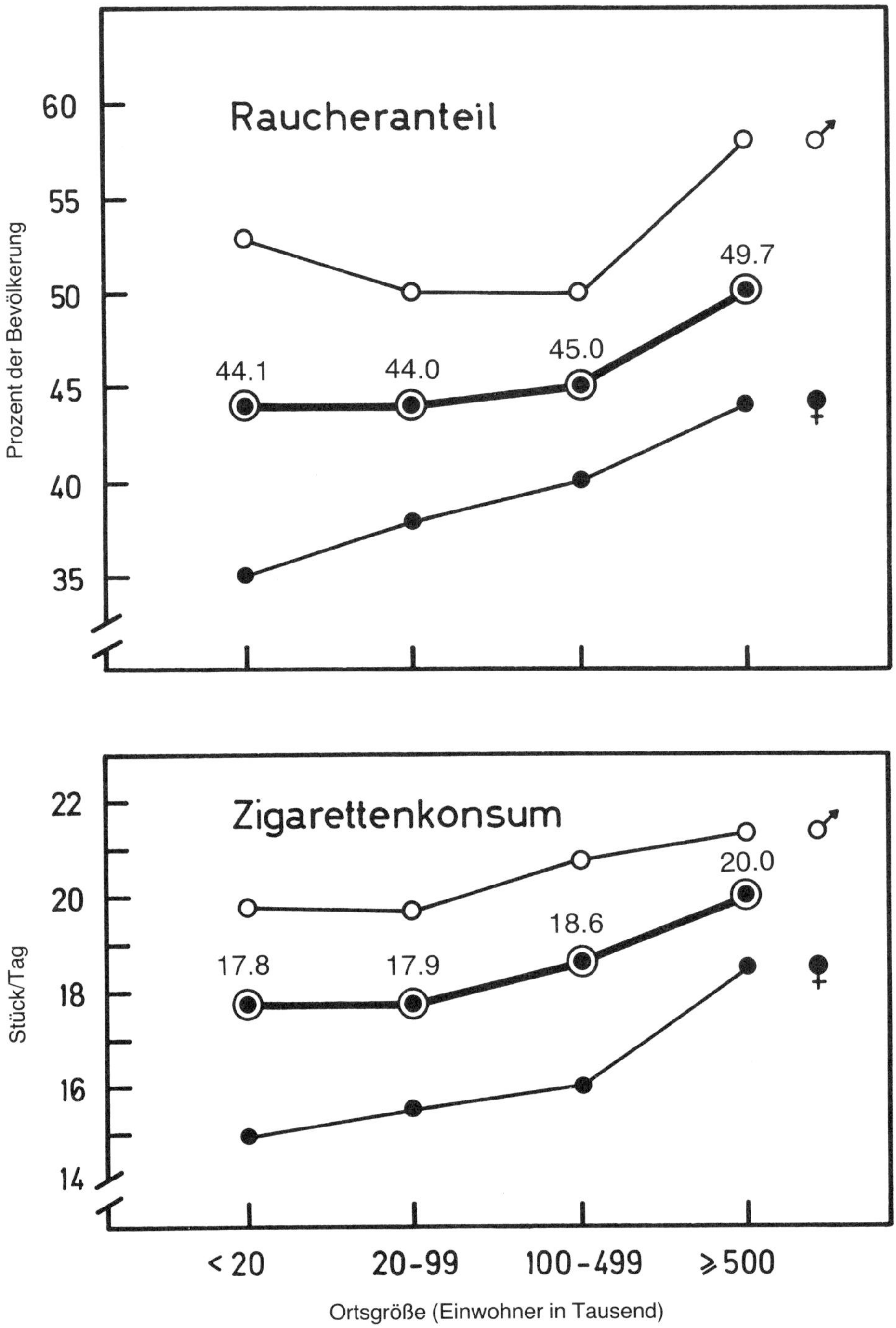

Abbildung 6: Raucheranteil und täglicher Zigarettenkonsum in Abhängigkeit von der Ortsgröße unter gemeinsamer und getrennter Berücksichtigung des Geschlechts. Stärkeres Stadt-/Landgefälle im weiblichen Geschlecht.

stieg ist beim weiblichen Geschlecht stärker ausgeprägt als beim männlichen. Auf dem Land rauchen 35,4% der Frauen, in den Großstädten mit mehr als 500000 Einwohnern 44,1%.

Auch der tägliche Zigarettenkonsum nimmt mit der Ortsgröße zu (Abb. 6). Wiederum ist der Stadt-/Landunterschied bei den Frauen stärker ausgeprägt als bei den Männern. Sie rauchen auf dem Land 14,9 und in der Großstadt 18,6 Zigaretten pro Tag. Bei den Männern erhöht sich der Konsum von 19,8 auf 21,3 Zigaretten pro Tag, was einem Unterschied von nur 1,5 Zigaretten entspricht gegenüber 3,7 Zigaretten bei den Frauen.

6. Häufigkeit von Symptomen (Husten, Auswurf, Atemnot) bei Rauchern

Bereits in der jungen Generation ist der Zusammenhang zwischen Rauchen und bronchialer Symptomatik klar erkennbar (Abb. 7). Angaben über Husten sind bei den Rauchern dreimal häufiger als bei den Nichtrauchern. Auswurf steigert sich sogar um den Faktor 4, Atemnot dagegen nur um den Faktor 1,5. Daraus geht hervor, daß die Häufigkeit des Symptoms Auswurf am stärksten vom Rauchen bestimmt wird.

Die Angaben der Raucher über Atemnot sind von besonderer Bedeutung, da sie zumindest leichtgradige Störungen der Lungenfunktion vermuten lassen. Funktionsanalytische Untersuchungen bei Jugendlichen bestätigen die

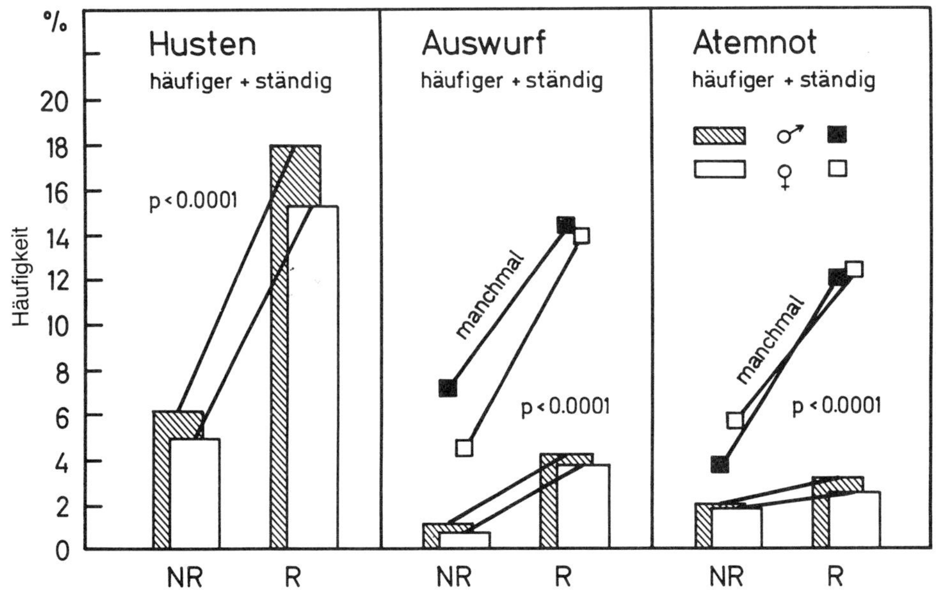

Abbildung 7: Häufigkeit der Symptome Husten, Auswurf und Atemnot bei jungen Nichtrauchern (NR) und Rauchern (R) unter getrennter Berücksichtigung des Geschlechts.

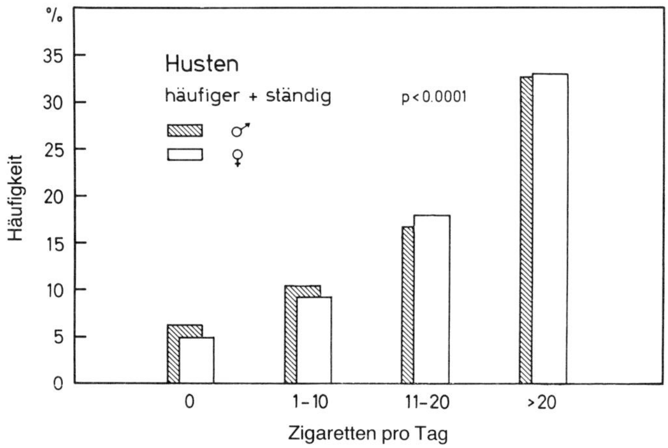

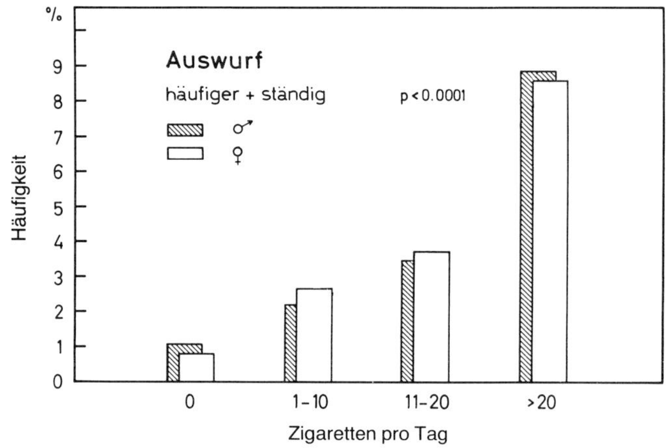

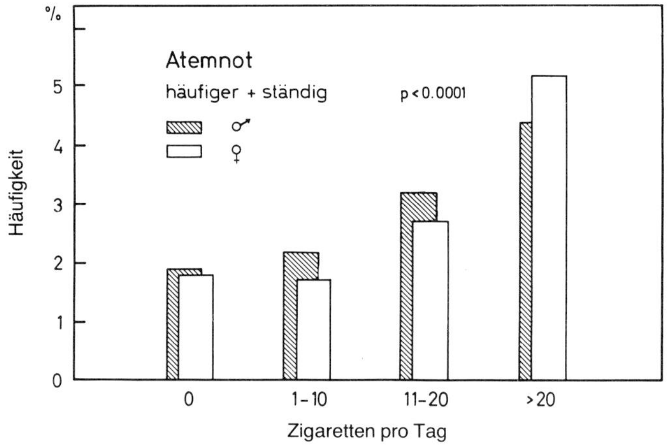

Abbildung 8: Häufigkeit der Symptome Husten, Auswurf und Atemnot bei jungen Nichtrauchern und Rauchern mit leichtem, mittlerem und starkem Zigarettenkonsum unter getrennter Berücksichtigung des Geschlechts.

Annahme, daß mit steigendem Zigarettenkonsum die Häufigkeit und der Schweregrad von Funktionsstörungen zunehmen. Beschrieben sind ein Rückgang des exspiratorischen Spitzenflusses (PEF), eine Abnahme der mittel- und endexspiratorischen maximalen Flußraten als Zeichen der Dysfunktion im Bereich der small airways, eine Zunahme des Residualluftanteils (RV/TLC %) und eine leichte Minderung der CO-Diffusionskapazität *(1, 2, 4, 20, 24, 28)*.

Als morphologisches Korrelat beschreiben NIEWOEHNER *et al. (15)* eine Bronchiolitis. Allerdings werden bei den Jugendlichen schwerere Veränderungen wie peribronchiale Fibrosen und Parenchymdestruktionen vermißt, so daß in diesem Alter bei alleiniger Berücksichtigung des morphologischen Substrats eine Restitutio ad integrum noch möglich ist.

Der Zusammenhang zwischen Rauchen und bronchialer Symptomatik tritt noch klarer hervor, wenn das Kollektiv der Raucher in Gruppen mit leichtem, mittlerem und starkem Zigarettenkonsum unterteilt wird (Abb. 8). Dabei wird ein alinearer Zusammenhang erkennbar mit überproportionalem Anstieg der Symptomhäufigkeit beim Überschreiten von 10, mehr noch beim Überschreiten von 20 Zigaretten pro Tag. Bemerkenswerterweise findet sich kein signifikanter Unterschied zwischen den Geschlechtern, d.h. Mädchen oder Frauen, die 10, 20 oder mehr Zigaretten rauchen, haben ebenso häufig Beschwerden wie männliche Raucher mit dem gleichen Tageskonsum. Auch bei einer Untersuchung von Jugendlichen in Finnland konnte diese Beobachtung gemacht werden *(19)*.

Die sehr engen Korrelationen zwischen Zigaretten-Tageskonsum und Symptomhäufigkeit gelten nicht nur für die junge Generation, sondern gleichermaßen für alle nachfolgenden Altersklassen. Erwartungsgemäß nimmt jedoch die Prävalenz für Husten, Auswurf und Atemnot mit steigendem Lebensalter insgesamt zu (Tab. 2).

Symptome	Nichtraucher	Raucher		
		1–10	11–20	>20 Zig./Tag
Husten („häufiger + ständig“)	11,8%	14,1%	23,1%	33,8%
Auswurf („häufiger + ständig“)	2,9%	2,6%	5,9%	11,2%
Atemnot („häufiger + ständig“)	7,1%	5,8%	7,6%	15,0%

Tab. 2: Häufigkeit der Symptome Husten, Auswurf und Atemnot bei Nichtrauchern und Rauchern mit leichtem, mittlerem und starkem Zigarettenkonsum in den Altersklassen jenseits des 25. Lebensjahres (mittleres Alter 50,5 Jahre, n = 7545).

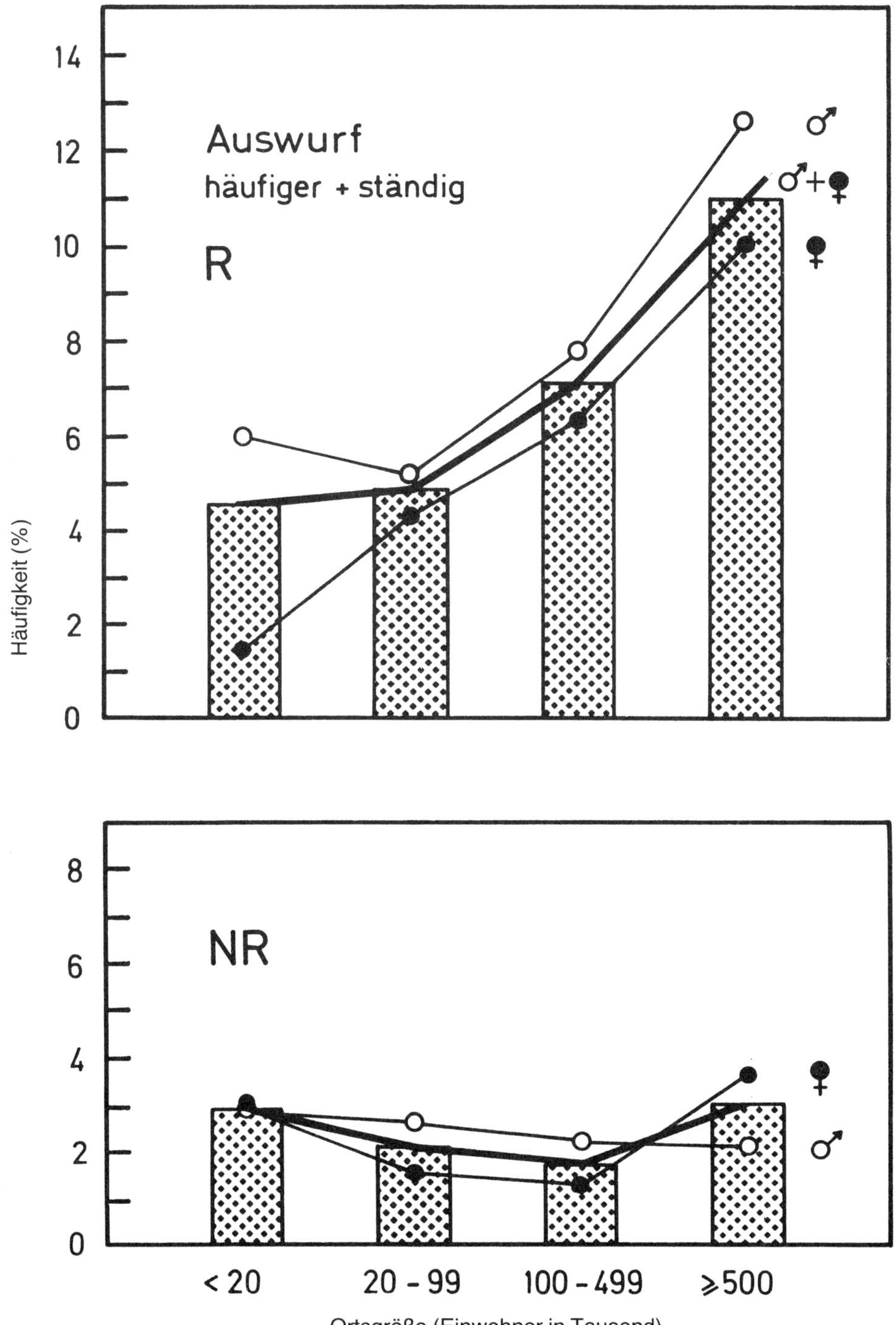

Abbildung 9: Häufigkeit des Symptoms Auswurf in Abhängigkeit von der Ortsgröße bei Rauchern (R) und Nichtrauchern (NR) unter gemeinsamer und getrennter Berücksichtigung des Geschlechts.

Welchen zusätzlichen Einfluß die allgemeine Luftverschmutzung auf die Symptomhäufigkeit bei Rauchern hat, läßt sich aus dem Stadt-/Landvergleich grob abschätzen. Es zeigt sich, daß in den Flächenstaaten der Bundesrepublik die Symptomatik mit zunehmender Ortsgröße signifikant häufiger auftritt. Das gilt gleichermaßen für die männlichen und weiblichen Raucher. Nichtraucher beiderlei Geschlechts lassen dagegen keinen Stadt-/Landfaktor erkennen. In Abbildung 9 sind diese Zusammenhänge am Beispiel des Symptoms Auswurf dargestellt.

Die mit der Ortsgröße zunehmende Häufigkeit der Symptome bei Rauchern läßt sich nur zum Teil mit dem höheren Zigarettenkonsum in den größeren Städten erklären. Beispielsweise rauchen Männer – wie schon erwähnt – in den Großstädten nur 1,5 Zigaretten pro Tag mehr als gleichaltrige Männer in ländlichen Regionen. Dieser geringe Unterschied im Konsum kann nicht allein für die Verdoppelung der Symptomhäufigkeit von Auswurf verantwortlich gemacht werden. Zu einem wesentlichen Teil dürfte der Faktor Luftverschmutzung mitbeteiligt sein. Daraus ist zu folgern, daß Raucher in Großstädten und Ballungsgebieten häufiger bronchiale Symptome haben als Raucher in ländlichen Regionen – vergleichbarer Zigarettenkonsum vorausgesetzt.

Zu ähnlichen Ergebnissen kommen verschiedene epidemiologische Studien aus dem westlichen und östlichen Ausland *(9–11, 23)*. Damit bestätigt sich die These, daß das vorgeschädigte Bronchialsystem des Rauchers auf schädigende Einflüsse aus der allgemeinen Umwelt mit größerer Empfindlichkeit reagiert als das relativ unsensible Bronchialsystem des Nichtrauchers.

In diesem Zusammenhang ist auch von Interesse, daß es bei den Rauchern nicht nur einen Stadt-/Landfaktor für die Symptome Husten, Auswurf und Atemnot gibt, sondern auch für die Prävalenz des Bronchialkarzinoms. Beim Vergleich der Regionen Bochum, Brilon und Meschede fand Ulmer *(26)* einen Faktor von 1,57 zuungunsten der Großstadt Bochum. In einer anderen Untersuchung, in der die Gebiete nördlich und südlich der Ruhr mit den vorwiegend ländlichen Gebieten Nord- und Ostwestfalens verglichen wurden, zeigte sich ebenfalls eine deutlich höhere Lungenkrebsmortalität bei den Männern aus den Belastungsgebieten (Schliepköter u. Beyen, *23)*.

7. Krankheitsbewußtsein und Arztbesuch von Rauchern

Obwohl die Raucher häufiger an den Atemwegen erkranken und mehr bronchiale Symptome bieten als die Nichtraucher, haben sie ein weniger ausgeprägtes Krankheitsbewußtsein im Falle von Beschwerden (z.B. Husten). Entsprechend suchen sie auch signifikant seltener den Arzt auf als Nichtraucher mit gleicher Symptomatik. Die Gleichgültigkeit wächst mit steigendem Zigarettenkonsum (Abb. 10).

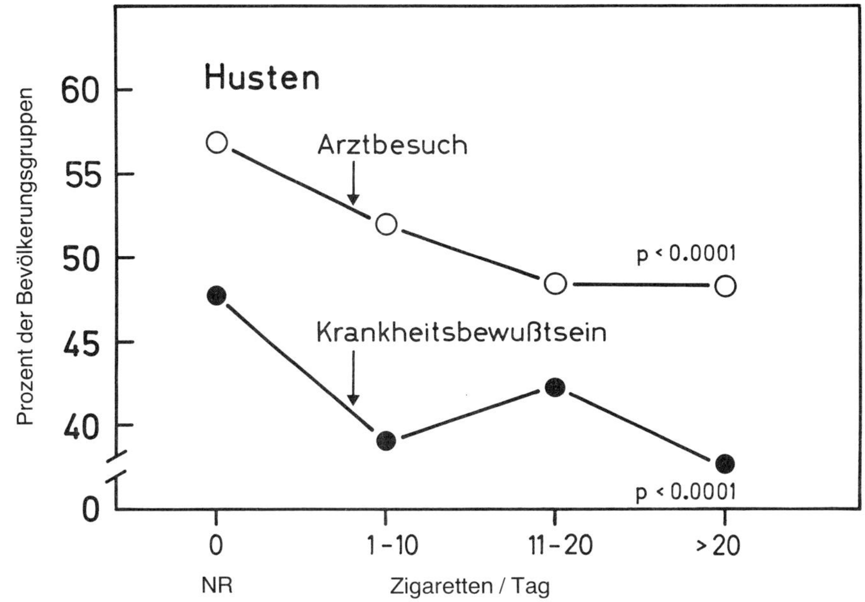

Abbildung 10: Krankheitsbewußtsein und Arztbesuch beim Symptom Husten bei Nichtrauchern (NR) und Rauchern (R) mit leichtem, mittlerem und starkem Zigarettenkonsum.

8. Schlußfolgerung

Die eigenen Untersuchungsergebnisse sowie die umfangreichen Daten aus der Literatur bestätigen den hohen gesundheitsschädigenden Stellenwert der Zigarette. Hinzu kommt der ungünstige Einfluß der allgemeinen Luftverschmutzung, der wiederum den Raucher stärker trifft als den Nichtraucher. Es ist längst an der Zeit, daß in unserer Gesellschaft nicht nur das Problem der Luftverschmutzung energisch angegangen wird, sondern daß auch das Rauchen endlich das Negativ-Image erhält, das ihm – vergleichbar anderen Drogen – gebührt.

Besorgniserregend ist die Entwicklung der Rauchgewohnheiten in der jungen Generation, vor allem der deutliche Raucherzuwachs im weiblichen Geschlecht. Es ist eine bekannte Tatsache: Die rauchende Jugend von heute stellt die Patienten von morgen! Alle Anti-Raucherkampagnen müssen darum ihre Hauptaktivitäten auf die Zielgruppe Jugend richten.

Die bisherigen Erfahrungen haben gezeigt, daß Aufklärung und Gesundheitserziehung schon im frühen Schulkindalter mit allen zu Gebote stehenden Mitteln einsetzen müssen, damit das kritische Prägungsalter zwischen 13 und 18 Jahren, in dem für viele Jugendliche der Keim zum späteren Nikotinabusus gelegt wird, ohne Hinwendung zur Zigarette überstanden wird. Nur wenn es gelingt, das Übel an der Wurzel zu fassen, bestehen langfristig Aussichten auf Erfolg *(6, 7, 17)*.

Die primäre Prävention zu praktizieren, ist in erster Linie Aufgabe der Eltern, der Lehrer, der Jugendorganisationen, Gesundheitsämter und Medien. Aber auch Ärzte sollten in das Konzept einbezogen werden. Sie könnten durch aufklärende Vorträge in den Schulen einen wichtigen Beitrag leisten.

Wenn überhaupt, so läßt sich nur durch das Zusammenwirken aller Verantwortlichen eine grundlegende Änderung und Trendumkehr herbeiführen. Nur so könnte in Zukunft auch erreicht werden, daß der bisher ständig wachsende Anteil chronischer Atemwegserkrankungen mit all seinen sozialmedizinischen und volkswirtschaftlichen Konsequenzen zurückgeht.

Diskussion

Geisler:
Vielen Dank für diese sehr interessante Übersicht! Bevor wir diskutieren, möchte ich Sie bitten, Herr Meister, zum besseren Verständnis noch näher zu definieren:
1. Wie sind Husten und Auswurf definiert?
2. Wer wurde als Raucher eingestuft?

Meister:
Beim Husten wurde gefragt: Haben Sie nie Husten, manchmal Husten, häufiger oder ständig Husten? „Häufiger" und „ständig" Husten wurden zusammengenommen. Angaben über „manchmal" Husten blieben unberücksichtigt, da sie statistisch schlecht zu bewerten sind.

Bei der Frage nach dem Auswurf wurde ebenso verfahren und noch zusätzlich „schleimig", „eitrig" oder „blutig" vermerkt. Die Frage nach den Rauchgewohnheiten wurde wie folgt gestellt: „Sind Sie/waren Sie Zigarettenraucher? Falls ja: Wie lange rauchen Sie schon/haben Sie geraucht? Wie viele Zigaretten rauchen Sie/haben Sie durchschnittlich pro Tag geraucht?" In die Auswertung wurden nur die Personen genommen, die mindestens über ein Jahr ein bis zehn Zigaretten/Tag rauchten.

Geisler:
Kann man tendenziell abschätzen, wie die Angaben zum Zigarettenkonsum zu bewerten sind? Wird eher tiefgestapelt oder sind die Angaben realistisch?

Meister:
Ich glaube, wenn wir die Zahlen von den Erwachsenen betrachten mit 21,5 Zigaretten pro Tag bei den Männern und 16,5 bei den Frauen, entspricht dies

ziemlich genau der Realität. Vergleichbare Ergebnisse sind auch bei anderen Erhebungen herausgekommen.

Geisler:
Was ein bißchen Verständnisschwierigkeiten macht: Wieso können Angaben über Auswurf höher sein, als über Husten, da ja Auswurf an Husten gebunden ist? Spielt da nicht einfach wieder die Unterschätzung des Symptoms Husten eine Rolle? Sonst könnte man sich das gar nicht erklären.

Meister:
Hier liegt offenbar ein Mißverständnis vor. Die Angaben über Husten waren häufiger als die über Auswurf. Das Mißverständnis ergab sich wahrscheinlich dadurch, daß die Steigerungsrate vom Nichtraucher zum Raucher beim Symptom Auswurf deutlich höher war als beim Symptom Husten. Das heißt, der jugendliche Nichtraucher hat sehr wenig mit Auswurf zu tun. Die Symptomhäufigkeit steigert sich aber beim Raucher, wenn er 20 oder mehr Zigaretten pro Tag raucht, um den Faktor 10 gegenüber dem Nichtraucher. Im Vergleich dazu erhöht sich die Prävalenzrate für Husten um den Faktor 6.

Geisler:
Bleibt noch eine Frage zum Vergleich der Raucherhäufigkeit in den USA und bei uns. Wenn ich die Zahlen von Fielding *(1985)* zugrundelege, so sind diese doch wesentlich niedriger als bei uns, denn hier heißt es ja, 35% der amerikanischen Männer rauchen heute. Nun sind hier allerdings nur männliche Personen über 20 erfaßt worden, was die Differenz zum Teil erklären könnte.

Meister:
Mir sind ältere Zahlen aus einer Publikation von Lester *(1977)* präsent, wonach 52% der Männer und 35% der Frauen rauchen. Wichtig ist immer, daß man den Altersbereich des Repräsentativkollektivs, die Region der Umfrage und die Zahl der Befragten kennt, aber auch den Zeitraum der Datenerhebung.

Geisler:
Nach den neuesten Daten rauchen jetzt 35% der US-amerikanischen Männer und 29% der Frauen über zwanzig; 1965 waren es noch 52,4% der Männer und 34,1% der Frauen.

Meister:
Damit ist ein deutlicher Rückgang der Raucheranteile in den USA belegt.

Sill:
Ich habe Zahlen, daß 1950 52% der männlichen Bevölkerung in den USA Raucher waren; 1980 ging der Raucheranteil bei den Männern auf 32% zurück. Bei den Frauen haben sich dagegen die Anteile kaum verändert.

Geisler:
Aus dem Pro-Kopf-Zigarettenverbrauch geht natürlich relativ wenig über die Zahl der Raucher hervor, gerade weil die starken Raucher diejenigen sind, die es am schwersten haben, das Rauchen wieder zu lassen. Dann ist natürlich trotz verringerter Zahl von Rauchern der Pro-Kopf-Konsum nur gering rückläufig. Was ja sicher in den USA eine große Rolle spielt, ist, daß Tabakwaren dort einen wesentlich höheren Wirtschaftsfaktor darstellen als bei uns.

Sill:
Ist aus Ihren Zahlen auch ersichtlich, ob die veränderte Packungsgröße, die aus münztechnischen Gründen der Zigarettenautomaten erfolgt ist, einen Einfluß auf den Zigarettenkonsum in Deutschland hat?

Meister:
Das können wir noch nicht sagen, weil gerade 1982 dieser Wechsel durchgeführt wurde. Größtenteils ist die Umfrage im Jahr 1981 erfolgt. Um den Trend beurteilen zu können, müßte jetzt nachrecherchiert werden. Natürlich spielt die Magie der Packung für die Tagesdosis eine Rolle.

Sill:
Eine 16er Packung könnte zur Minderung des Zigarettenkonsums beitragen.

Meister:
Das wäre auch ein Weg, den Konsum zu drosseln. Die Tabakindustrie ist aber sicher nicht daran interessiert, Packungen mit noch kleinerer Stückzahl anzubieten.

Geisler:
Man könnte sich vorstellen, daß es doch eine gewisse Überwindung braucht, noch eine weitere Packung zu kaufen oder anzubrechen.

Schultze-Werninghaus:
Vorhin ergab die Diskussion doch, daß der individuelle Nikotinbedarf das Raucherverhalten entscheidend beeinflußt. Nach Ihrer Motivationsliste scheint das einen ganz anderen Stellenwert zu haben.

Meister:
Bei den starken Rauchern ist sicher die Deckung des individuellen Nikotinbedarfs das Entscheidende.

Schultze-Werninghaus:
Wenn das der Fall ist, dann könnte die Packungsgröße nur einen untergeordneten Einfluß haben.

Meister:
Das ist richtig, aber bei den Personen mit mäßigem Zigarettenkonsum dürfte es etwas ausmachen. Dieser Personenkreis ist nicht so abhängig vom Nikotin.

Geisler:
Auch die konstante Zigarettenzahl über Jahre hinweg würde dafür sprechen, daß quasi eine bestimmte konstante Nikotindosis eingehalten wird.

Die Aussage, die ich persönlich als die interessanteste gefunden habe, war die der Stadt-Land-Unterschiede.

Schultze-Werninghaus:
Gibt es denn Zahlen von der Tabakindustrie, die bestätigen, daß die Angaben über die Verteilung von Rauchern oder verkaufter Packungen richtig sind und mit den doch subjektiven Erhebungen übereinstimmen?

Die Automatenhersteller wissen sicher ganz genau, was aus den ländlichen und was aus den städtischen Automaten verkauft wird. Dazu gibt es garantiert ganz gute Zahlen. Ich weiß nur nicht, ob die irgendwann einmal zusammengefaßt wurden.

Petro:
Interessant fand ich die Angaben, die zeigten, daß die Frauen im mittleren Alter plötzlich weniger rauchen und dann aber Mitte/Ende 50 prozentual ein steigendes Rauchverhalten zeigen. Was hat das eigentlich für eine Bedeutung? Hängt das mit der familiären Entwicklung, mit der Kindererziehung zusammen oder hat das etwas damit zu tun, daß sie später wieder in den Beruf zurückkommen. Welche Rolle spielt überhaupt der Beruf?

Meister:
Ich weiß nicht, ob die berufliche Entwicklung entscheidend war. Ich denke eher, daß es etwas mit der Geschichte zu tun hat. Die Generation mit dem geringsten weiblichen Raucheranteil wuchs in einer Zeit heran, als das Rauchen durch die damals herrschende politische Ideologie ein deutliches Negativ-Image erhielt. Erinnert sei nur an den Slogan: „Eine deutsche Frau raucht nicht!“ Fragt man heute die 55- bis 60jährigen: „Wie war es denn damals mit dem Rauchen?“, so erhält man von den meisten Frauen spontan die Antwort: „Das kam gar nicht in Frage“.

Schultze-Werninghaus:
Sie haben sehr schön gezeigt, daß durch diese Zigarettenwerbung ein positiveres Image aufgebaut wird. Ich bin sicher, daß die Kinder darauf reagieren.

Meister:
Die in der Zigarettenreklame abgebildeten Personen sind genau die Altersgruppe, die Vorbildcharakter für die 14jährigen hat. Die Jugend schaut nicht auf die 30- oder 40jährigen. Deshalb sollten auch bei der Zigarettenwerbung zum Schutz der Jugend nur Personen jenseits des 30. Lebensjahres dargestellt werden. Die in der Werbung abgebildeten Personen erwecken jedoch zumeist den Eindruck, wesentlich jünger zu sein.

Schultze-Werninghaus:
Am besten sollten nur alte und kranke Raucher gezeigt werden!

Eichelbaum:
Die Zahlen oder der Anteil der Raucher ist in westlichen wie in östlichen Industrieländern etwa gleich. Wenn man bedenkt, daß es dort eine Reklame für Zigaretten in unserem Sinn praktisch nicht gibt, so scheint mir als Motivation für den Einstieg in den Zigarettenkonsum die Reklame nicht schuld zu sein. Zielt die Reklame nicht mehr oder weniger auf eine Bevorzugung einer bestimmten Marke ab, so daß sie letztendlich auf den Prozentsatz der rauchenden Bevölkerung keinen großen Einfluß hat?

Meister:
Ich habe praktisch nur Zahlen für die DDR verfügbar, und diese belegen etwa den gleichen Trend wie in der Bundesrepublik.

Wir dürfen aber nicht vergessen, daß für viele in der DDR die Lebensqualität des Westens ein erstrebenswertes Ziel ist. Der Zigarettenkonsum ist dabei noch am schnellsten realisierbar und nachvollziehbar.

Geisler:
Wahrscheinlich ist eben der Raucher selbst die stärkste „Werbung“, wenn man das so vereinfacht sagen will. Und das ist natürlich besonders wichtig, wenn man die Zielgruppe der unter 10jährigen im Auge hat. Ich persönlich meine, daß wir mit der Primärprävention ganz früh anfangen müssen, bereits in der Schule. Und da wird ja nichts getan, Sexualkundeunterricht ja, aber so etwas wie Gesundheitsunterricht im weitesten Sinne wird überhaupt nicht gegeben. Hier wird eine ganz große Chance vergeben.

Meister:
Vor allem in den Gymnasien. Das zeigt eine Untersuchung von REINERT *(1980)* aus dem Saarland. Schüler wurden in dieser Erhebung gefragt, woher sie ihr Wissen über die Schädlichkeit des Rauchens haben. Von den Gymnasiasten wurden die Eltern, das Fernsehen, Zeitschriften und Bücher, nicht aber die Schule genannt! In den Hauptschulen gaben dagegen 16–40% der Befragten die Schule als Informationsquelle an.

Geisler:
Ähnliches ergibt sich aus der Publikation von BAUERMANN *(1985)* im Deutschen Ärzteblatt: Der Beginn des Rauchens wird von den 13- bis 15jährigen mehrheitlich vor dem 8. Schuljahr angegeben. Bei einer ganzen Reihe von Schülern in dieser kleinen Studie gehen die Raucherfahrungen zurück bis in das 8. Lebensjahr. Dann wird auf die Motivation eingegangen und z.B. gezeigt, daß Angst vor Folgeerkrankungen in diesem Alter nicht zieht, weil die Kinder nicht die Phantasie haben. Während die Motivation durch andere Faktoren wie z.B. „Du bist dann sportlich viel schlechter" eher zieht. Bei den Mädchen kann man mit gesundheitlichen Argumenten schon eher im Hinblick auf die spätere Mutterschaft etwas bewirken.

Eichelbaum:
Ist etwas bekannt, inwieweit über die Preisgestaltung eine Motivation zur Aufgabe des Rauchens erreicht werden kann? Es gibt ja Versuche, über exorbitant hohe Steuern eine Eindämmung zu erzielen. Gibt es darüber Zahlen? Hat das einen Einfluß? In skandinavischen Ländern ist teilweise die Steuer angehoben worden.

Meister:
Bisher hat es sich jedenfalls nicht ausgewirkt. Die Zigarette ist ja kontinuierlich teurer geworden. Das hat nicht zum Rückgang geführt.

Schultze-Werninghaus:
Das ist vergleichbar mit dem Alkoholismus, der ja auch nicht durch Prohibition eingeschränkt worden ist.

Petro:
Die letzte Steuererhöhung hat aber einen leichten Trend in Richtung einer nicht weiteren Zunahme gebracht.

Sill:
Das ist wie mit dem Benzin. Erst ein plötzlicher vier- bis fünffacher Preisanstieg würde einen Konsumverzicht auslösen.

Geisler:
Der Steuerungseffekt über den Preis ist jedenfalls ganz gering.

Sill:
Der einzige Steuerungseffekt, der erzielt werden kann, ist die Abschaffung verbilligter Zigaretten, z.B. im Militärbereich oder beim zollfreien Einkauf.

Schultze-Werninghaus:
Herr Sill, Sie waren früher ein starker Raucher. Was waren denn Ihre Beweggründe?

Sill:
Punkt eins, es war verboten. Punkt zwei, mein ältester Bruder rauchte und Punkt drei, es war schick.

Meister:
Der Einfluß der Freunde ist ganz entscheidend. Das geht eigentlich aus vielen Studien hervor. Am Anfang ist es häufig so, daß Jugendliche vom Freund die erste Zigarette bekommen. Der Freund, der schon raucht, gibt die Zigarette weiter; in aller Regel nicht die Eltern. Die rauchenden Eltern haben aber häufig Vorbildcharakter, ohne daß ihnen ihre Rolle immer klar bewußt ist.

Sill:
Und das geschieht schon sehr früh!

Schultze-Werninghaus:
Es gibt aber auch das Vorbild des großen starken Erwachsenen für den Jugendlichen, das die Entwicklung zum Raucher oder Nichtraucher beeinflussen kann.

Geisler:
Ich meine, daß sich über die gesellschaftliche Tabuisierung des Rauchens sehr viel erreichen läßt. Möchte noch jemand Daten zum Passivrauchen bringen?

Sill:
Es gibt Daten, die zeigen, daß das Risiko der Passivraucher im Vergleich zum Nichtraucher, an Bronchialkrebs zu erkranken, deutlich ansteigt. Ein Faktor gegenüber Nichtrauchern von 1 zu 2 wird genannt (LOEB *et al., 1984).* Dieser Tatbestand wird allerdings kontrovers diskutiert SCHIEVELBEIN *(1985).*

Schultze-Werninghaus:
Es gibt in den letzten zwei, drei Jahren zwei relativ gute Studien zur Lungenfunktion von Kindern rauchender Mütter. Es konnte ein deutlicher Zusammenhang zwischen Verschlechterung der Lungenfunktion und Rauchgewohnheiten der Mütter aufgezeigt werden. (TAGER *et al., 1983* und HASSELBLAD *et al., 1981).*

Meister:
WEISS *et al. (1980)* konnten bei Kindern nachweisen, daß es einen wesentlichen Unterschied macht, ob nur ein Elternteil raucht oder ob beide Teile rau-

chen. Es zeigte sich, daß die bronchialen Symptome bei den Kindern am häufigsten waren, wenn Vater und Mutter rauchten. Auch in dieser Untersuchung wurde auf die besondere Rolle der rauchenden Frau hingewiesen.

Geisler:
Man müßte auch berücksichtigen, daß der Passivraucher einem qualitativ anderen Rauch ausgesetzt ist als der Aktivraucher.

Sill:
Wo fängt der Begriff des Passivrauchers an?

Geisler:
In einem Report des *New England Journal of Medicine* (Fielding, *1985*) wird Passivrauchen definiert als Exposition von Nichtrauchern gegenüber Tabakrauchprodukten in geschlossenen Räumen.

Petro:
Zu den verheerenden Auswirkungen des Passivrauchens kann man hier die Arbeit von Hirayama *(1981)* anführen, wonach Frauen, die mit rauchenden Ehemännern verheiratet sind, eine mehr als doppelt so hohe Lungenkrebsrate aufweisen als die mit Nichtrauchern verheirateten Frauen. Interessant ist auch der von den Autoren erhobene Befund, daß die nichtrauchenden Ehefrauen von Rauchern im Durchschnitt vier Jahre früher sterben als Ehefrauen von Nichtrauchern.

Literatur

1) Backhouse, C. I.: Peak expiratory flow in youths with varying cigarette smoking habits. Br. med. J. 1 (1975) 360–362.
2) Busch, S., F. Kern, V. Schulz: Früherfassung bronchialer Erkrankungen bei jugendlichen Rauchern. Prax. Klin. Pneumol. 33 (1979) 651–654.
3) Eisenblätter, D., I. Böthig, W. Briedigkeit, M. Weiss, S. Choinowski, I. Heumann: Die Verbreitung des Rauchens bei 13jährigen Schulkindern. Dtsch. Gesundh.-Wesen 33 (1978) 2349–2350.
4) Enjeti, S., B. Hazelwood, S. Permutt, H. Menkes, P. Terry: Pulmonary function in young smokers: male-female differences. Am. Rev. Respir. Dis. 118 (1978) 667–676.
5) Fielding, J. E.: Smoking: Health effects and control (two parts). N. Engl. J. Med. 313 (1985) 491–498 und 555–561.
6) Goldberg, J.: Raucherberatung in der Schule – Erfahrungen in einer Stadt der DDR. Z. Erkrank. Atm.-Org. 148 (1977) 35–43.
7) Goldberg, J.: Lassen sich Rauchgewohnheiten Jugendlicher beeinflussen? Dtsch. Gesundh.-Wesen 32 (1977) 1809–1812.
8) Haynes Jr., W. F., V. J. Krstulovic, A. L. Bell Jr.: Smoking habit and incidence of respiratory tract infections in a group of adolescent males. Am. Rev. Respir. Dis. 93 (1966) 730–735.
9) Holland, W. W., D. D. Reid: The urban factor in chronic bronchitis. Lancet I (1965) 445.

10) Jedrychowski, W., B. Wojtyniak, M. Krzyzanowski, M. Wysocki: Prospective epidemiological study of chronic nonspecific chest diseases in relation to urban air pollution. VIth World Congress on Air Quality. Proceedings, Vol. 2, Paris 1983.
11) Lambert, P. M., D. D. Reid: Smoking, air pollution, and bronchitis in Britain. Lancet I (1970) 853–857.
12) Meister, R., V. Hinnah: Zum Symptom Husten in der Bevölkerung: Ergebnisse einer Repräsentativumfrage an 10016 Bürgern in der Bundesrepublik. Prax. Klin. Pneumol. 37 (1983) 257–264.
13) Meister, R., V. Hinnah, H. Schulte: Rauchen und Bronchitis-Symptomatik in der jungen Generation der Bundesrepublik Deutschland. Atemw.-Lungenkrkh. 10 (1984) 507–513.
14) Meister, R., H. Schulte, V. Hinnah: Zur regionalen Häufigkeit bronchialer Symptome (Husten, Auswurf, Atemnot) in der Bundesrepublik Deutschland. – Beziehungen zu den Waldschäden? In: „Luftverunreinigungen und Atemwegserkrankungen beim Menschen." Herausgegeben vom Projekt Europäisches Forschungszentrum für Maßnahmen zur Luftreinhaltung (PEF) – Kernforschungszentrum Karlsruhe. KfK – PEF 1 (1985) 37.
15) Niewoehner, D. E., J. Kleinerman, D. B. Rice: Pathologic changes in the peripheral airways of young cigarette smokers. N. Engl. J. Med. 291 (1974) 755–758.
16) Ramström, L. M.: Results in young people – an analysis of Swedish experiences in smoking control. Europ. J. resp. Dis. 63 [Suppl. 125] (1982) 145.
17) Reinert, M.: Rauchgewohnheiten von 8–16jährigen Schülern. Prax. Klin. Pneumol. 34 (1980) 620–627.
18) Reissig, M.: Zur Verbreitung des Rauchens unter der werkstätigen Jugend der DDR und zum Rauchverhalten Leipziger Jugendlicher. Z. Erkrank. Atm.-Org. 148 (1977) 268–277.
19) Rimpelä, A. H., M. Rimpelä: Increased risk of respiratory symptoms in young smokers of low tar cigarettes. Brit. med. J. 290 (1985) 1461–1463.
20) Rutishauser, M.: Lungenveränderungen bei jugendlichen Rauchern. Schweiz. Rundschau Med. 70 (1981) 1636–1637.
21) Salber, E. J., E. Goldman, M. Buka, B. Welsh: Smoking habits of high-school students in Newton, Massachusetts. N. Engl. J. Med. 265 (1961) 971.
22) Salber, E. J., J. Worcester: Change in women's smoking patterns, Cancer 17 (1964) 32.
23) Schlipköter, H.-W., K. Beyen: Luftverunreinigung und Atemwegserkrankungen. In: Muhar, F. und Schindl, R.: Inhalative Noxen – Inhalative Therapie. Österreichische Gesellschaft für Lungenerkrankungen und Tuberkulose. Arbeitsgemeinschaft für Lunge – Umwelt – Arbeitsmedizin. Workshop, Linz/Donau 1985.
24) Seely, J. E., E. Zuskin, A. Bouhuys: Cigarette smoking: Objective evidence for lung damage in teen-agers. Science 172 (1971) 741–743.
25) Sieber, M., J. Angst: Zur Epidemiologie des Drogen-, Zigaretten- und Alkoholkonsums bei jungen Männern. Schweiz. med. Wschr. 107 (1977) 1912–1920.
26) Ulmer, W. T.: Das Bronchialkarzinom im Stadt-/Landfaktor. Epidemiologische Studie mit Abgrenzung anderer Einflußgrößen. Bücherei des Pneumologen. Bd. 7, Thieme, Stuttgart, New York 1982.
27) Warner, K. E.: Cigarette advertising and media coverage of smoking and health. N. Engl. J. Med. 312 (1985) 384–388.
28) Zwi, S., H. I. Goldman, A. Levin: Cigarette smoking and pulmonary function in healthy young adults. Am. Rev. Respir. Dis. 89, (1964) 73.

Literatur zur Diskussion

1) Bauermann, E.: Warum greifen schon Schüler/-innen so häufig zur Zigarette? Deutsches Ärzteblatt 43 (1985) 3159–3163.
2) Fielding, J. E.: Smoking: Health effects and control (two parts). Engl. J. Med. 313 (1984) 491–488 u. 555–561.
3) Hasselblad, V., C. G. Humble, M. G. Graham, H. S. Anderson: Indoor environmental determinants of lung function in children. Am Rev. Resp. Dis. 123 (1981) 479–485.
4) Hirayama, T.: Non-smoking wives of heavy smokers have a higher risk of lung cancer: A study from Japan. Br. Med. J. 282 (1981) 183–185.
5) Lester, E.: Smoking behavior in medical students. Br. Med. J. 2 (1977) 1630–1631.

6) Loeb, L. A., K. L. Ernster, K. E. Warner, J. Abbot and J. Laszlo: Smoking and lung cancer: An overview. Cancer Research 44 (1984) 5940–5958.
7) Reinert, M.: Rauchgewohnheiten von 8–16jährigen Schülern. Prax. Klin. Pneumol. 43 (1980) 620–627.
8) Schievelbein, H.: Passivrauchen im wissenschaftlichen Meinungsstreit. Med. Prax. 80 [13] (1985) 29–31.
9) Tager, J. B., S. T. Weiss, A. Munoz, B. Rosner, F. E. Speizer: „Longitudinal study of the effects of maternal smoking on pulmonary function in children.“ N. Engl. J. Med. 309 (1983) 699–703.

Die funktionellen Folgen des Zigarettenrauchens

Gerhard Schultze-Werninghaus

Einleitung

Zigarettenrauchen ist der wichtigste Risikofaktor für das Entstehen der chronischen Bronchitis ohne und mit Atemwegsobstruktion, wie auch für Emphysem und Bronchialkarzinom. Dieser Zusammenhang ist durch zahlreiche Untersuchungen gesichert. Nicht jeder Raucher erkrankt jedoch an einem oder mehreren dieser Leiden, so daß Cofaktoren bzw. die individuelle Disposition eine wichtige zusätzliche Rolle zu spielen scheinen. Bei etwa einem Drittel der Zigarettenraucher treten die Zeichen der chronischen Bronchitis (regelmäßiger Husten, Auswurf) auf (Fischer *et al., 1985,* Meister *et al., 1984,* Paoletti *et al., 1985).* Ein Teil der Raucher mit Husten entwickelt eine schwere obstruktive Ventilationsstörung bzw. ein Emphysem oder erhebliche Gasaustauschstörungen mit nachfolgendem Cor pulmonale. Es ist daher von großem, auch volkswirtschaftlichem Interesse, die Folgen des Zigarettenrauchens im Detail zu untersuchen, unter anderem mit der Frage, welche funktionellen Folgen evtl. zur Früherkennung und prognostischen Beurteilung geeignet sind. Eine Übersicht über eine Reihe der wichtigsten Befunde wird hier gegeben.

Lungenfunktionsstörungen

Akute Exposition

Nach akuter Exposition gegen Zigarettenrauch kommt es im Sinne einer Irritation bei gesunden Nichtrauchern und in geringerem Maße bei Rauchern zu einer kurzdauernden Atemwegsobstruktion mit einem Maximum nach 10 Sekunden (Nadel und Comroe, *1961,* Rees *et al., 1982*). Die Effekte sind offenbar vom Grade der bronchialen Hyperreaktivität abhängig: Bei gesteigerter bronchialer Hyperreaktivität gegen Methacholin kann bereits geringfügiges Rauchen zu erheblicher Obstruktion führen, während starkes Rauchen bei geringer Hyperreaktivität nur eine geringe FEV_1-Erniedrigung verursacht (Barter und Campbell, *1976*).

Chronische Exposition: Atemwegsobstruktion

Abhängig von der Zahl gerauchter Zigaretten nehmen Vitalkapazität und Einsekundenkapazität des Zigarettenrauchers nach dem 25. Lebensjahr im

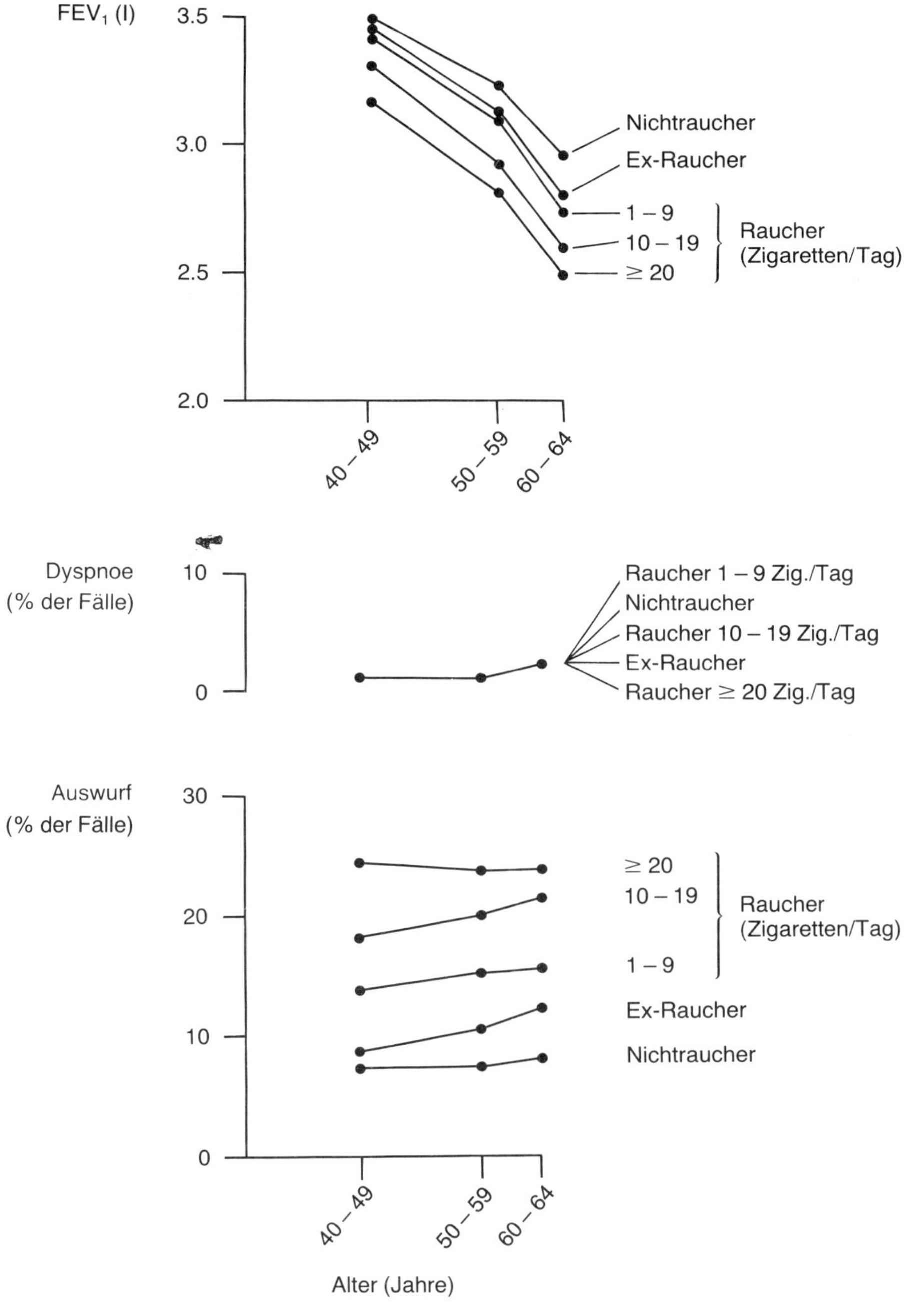

Abbildung 1: Rauchen verschlechtert die Lungenfunktion und führt zur Mukussekretion: Einsekundenkapazität (FEV_1), Dyspnoe und Auswurf bei 18 000 Personen in Abhängigkeit von Alter und Rauchgewohnheiten. Die altersabhängige Abnahme der FEV_1 ist bei Rauchern in Abhängigkeit von der Zahl gerauchter Zigaretten beschleunigt. Als klinisches Symptom steht der Auswurf (wie bei der FEV_1 abhängig von der Zigarettenzahl) im Vordergrund, Dyspnoe ist selten (nach HIGENBOTTAM *et al., 1980*).

Mittel stärker ab, als es dem altersentsprechenden Rückgang der Normwerte entspricht, parallel mit der Zunahme der Auswurfmengen (Fletcher und Peto, *1977,* Higenbottam *et al., 1980;* Abb. 1). Die jährliche Verringerung der FEV_1 beträgt bei Normalpersonen ca. 30 ml/Jahr; sie steigt bei einem Sechstel der starken Raucher (> 15 Zigaretten/Tag) bis auf 80 ml/Jahr und mehr (Fletcher und Peto, *1977;* Clément und van de Woestijne, *1982*). Dieser Teil der Raucher entwickelt eine Atemwegsobstruktion; bei etwa einem Sechstel der starken Raucher liegt die FEV_1 unter 0,5 l (= < 2,5 l bei 1,71 m) (Fletcher und Peto, *1977*); insgesamt leiden jedoch nur ca. 4% der starken Raucher im 65. Lebensjahr an einer schweren Obstruktion (FEV_1 < 1,2 l), verglichen mit 0,5% der Nichtraucher (Clément und van de Woestijne, *1982*).

Die Mortalität an Atemwegserkrankungen korreliert mit der Lungenfunktion (Fletcher *et al., 1976,* Fletcher und Peto, *1977,* Traver *et al., 1979,* Peto *et al., 1983*): Je niedriger die FEV_1 im 40. Lebensjahr bzw. zu Beginn einer Längsschnittuntersuchung ist, desto wahrscheinlicher ist ein Tod infolge chronischer Atemwegserkrankung mit Obstruktion (und Cor pulmonale) (Abb. 7, s. S. 56). Da bei Rauchern die Verminderung der FEV_1 gegenüber Nichtrauchern beschleunigt ist, besitzen Raucher eine ungünstige Prognose. Dieser Prozeß kann durch rechtzeitiges Aufgeben des Rauchens verlangsamt werden.

Chronische Exposition: Small airways disease

Somit erkrankt nur ein Teil der Raucher an den Zeichen der chronischen Atemwegserkrankung mit Husten, Auswurf und evtl. Atemwegsobstruktion. Auch bei asymptomatischen Rauchern lassen sich jedoch mit geeigneten Methoden Funktionsstörungen nachweisen. So fanden Seely *et al. (1971)* bei 331 15- bis 19jährigen Oberschülern mit erst 1- bis 5jähriger Raucheranamnese, daß der exspiratorische Fluß bei 25% der Vitalkapazität ($V_{max\,25}$) bei Jungen (> 15 Zigaretten pro Tag) und Mädchen (> 10 Zigaretten pro Tag) gegenüber Nichtrauchern signifikant vermindert war. Ähnliche Befunde über frühe Funktionsstörungen auch bei dem Fehlen klinischer Symptome und Normalwerte der Vitalkapazität und Einsekundenkapazität wurden von zahlreichen Untersuchern erhoben (Brown *et al., 1977,* Übersicht bei Buist und Ducic, *1979;* Schulz, *1980*).

Diese Befunde wurden interpretiert als Hinweise auf eine Erkrankung der kleinen Atemwege (small airways disease), da die angewendeten Tests ($V_{max\,25/50\%\,VC}$; Closing Volume, Flow-Volumen-Kurven mit Helium und Sauerstoff u. a.) Störungen im Bereich der Peripherie der Lunge reflektieren sollen. Dies Konzept ist bis heute nicht in vollem Umfang gesichert, unter anderem, da die genannten Parameter nicht mit genügender Sicherheit zur Erfassung der „small airways" (< 3 mm Durchmesser) geeignet sind. Es besteht jedoch kein Zweifel daran, daß Funktionsstörungen im Bereich der Atemwege vorhanden sein können, bevor klinische Symptome und eine manifeste Obstruktion (eine FEV_1-Verminderung) nachweisbar sind (Übersicht bei Macklem und Permutt, *1979*). Für die Entwicklung eines Lungenemphysems ist die frühzeitige Verminderung der Lungenelastizität (Zunahme der Lungendehnbarkeit) dabei von besonderer Bedeutung (Macklem, *1979*).

Passivrauchen

Kinder rauchender Mütter haben schlechtere Lungenfunktionswerte als Kinder aus Nichtraucherhaushalten: die Unterschiede betragen 28, 51 und 101 ml nach 1, 2 und 5 Jahren (10,7 %, 9,5 % bzw. 7,0 %) (Tager *et al., 1983*) (Abb. 2). Ähnliche Befunde sind auch von anderen Untersuchern erhoben worden (Hasselblad *et al., 1981*). Nicht alle Kinder werden hierdurch eine chronische Atemwegserkrankung erwerben; die Frequenz kindlicher Atemwegssymptome in Haushalten rauchender Mütter ist jedoch erhöht (Colley *et al., 1973;* u. a.). Asthmatische Kinder haben häufiger asthmatische Symptome, wenn im Haushalt geraucht wird (O'Conell und Logan, *1974*).

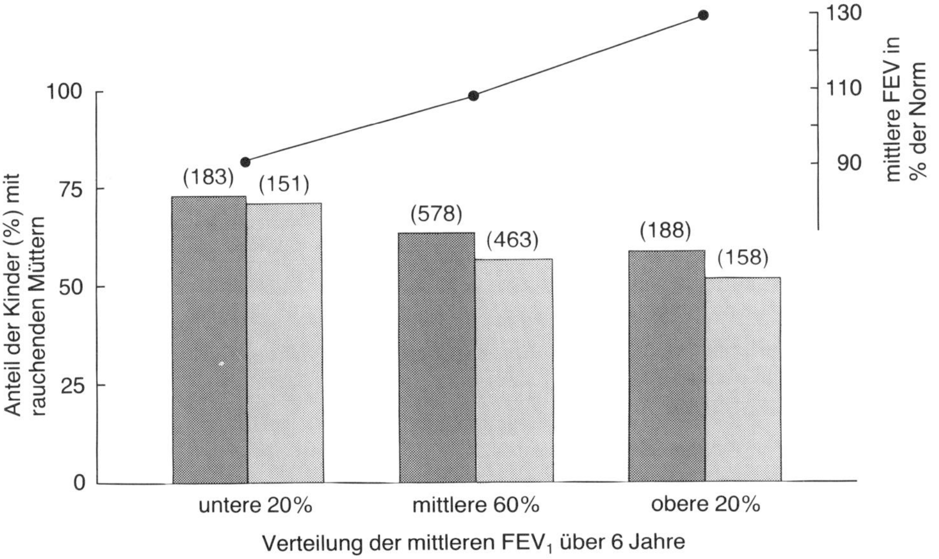

Abbildung 2: Mütterliches Rauchen verschlechtert die kindliche Lungenfunktion: Unterer Teil der Graphik: Prozentualer Anteil von Kindern mit rauchenden Müttern im Verlauf von 6 Beobachtungsjahren, unterteilt in drei Gruppen nach Lungenfunktionsbefund FEV_1: untere 20 %, mittlere 60 % und obere 20 % der FEV_1-Werte zu Beginn der Längsschnittuntersuchung (linke Säulen, grobgerastert) und nach 6 Jahren (rechte Säulen, feingerastert); in Klammern die Absolutzahl der untersuchten Kinder. Die Zahl der Kinder mit rauchenden Müttern ist bei niedrigen FEV_1-Werten größer als bei hohen FEV_1-Werten. Oberer Teil der Graphik: mittlere FEV_1-Werte jeder Gruppe (nach Tager *et al., 1983*).

Auch Passivrauchen am Arbeitsplatz führt bei langjähriger Exposition (> 20 Jahre) zu einer Verschlechterung der Lungenfunktionswerte im Vergleich mit Kontrollen (FEF 25–75%: 93% gegenüber 108% der Norm), vergleichbar den Werten leichter Raucher (< 10 Zigaretten pro Tag) (White und Froeb, *1980)*.

Erfolge des Einstellens des Zigarettenrauchens

Je früher das Rauchen eingestellt wird, desto besser ist die Prognose; die beschleunigte Verminderung der Lungenfunktionswerte wird verlangsamt (Fletcher und Peto, *1977,* Tashkin *et al., 1984*), eine Normalisierung der Werte ist jedoch nach längerem Rauchen nicht zu erreichen.

Hyperreaktivität der Atemwege

Chronische Effekte

Als Hauptcharakteristikum des Asthma bronchiale wird von vielen Autoren die Hyperreaktivität der Atemwege gegen zahlreiche bronchokonstriktorische Reize angesehen; infolge dieser Eigenschaft läßt sich durch physikalische (Kaltluft, körperliche Anstrengung, isokapnische Hyperventilation), chemische (SO_2), pharmakologische (Histamin, Acetylcholin, Leukotriene) und osmotische (aqua destillata) Reize eine dosisabhängige Bronchialobstruktion induzieren mit Dosierungen, die von nicht-hyperreagiblen Bronchialsystemen reaktionslos vertragen werden. Auch bei einem Teil der Patienten mit Husten und Auswurf, jedoch ohne manifeste Obstruktion, besteht eine Empfindlichkeitssteigerung der Atemwege (deVries *et al., 1964,* Brille, *1964,* Simonsson, *1965*). Derartige Befunde werden bei allergischen Patienten ohne Atemnot, aber mit Rhinopathie, Husten, bzw. „Atembeklemmungen" häufig erhoben (Cockroft *et al., 1977*), so daß eine Assoziation von Hyperreaktivität und IgE-vermittelten allergischen Reaktionen auch bei Nicht-Asthmatikern angenommen werden kann, etwa im Sinne einer subklinischen allergischen (Mit-)Reaktion der tieferen Atemwege bei allergischer Rhinopathie bzw. eines „beginnenden Asthma bronchiale". Da dieses Patientenkollektiv in Untersuchungen zur Hyperreaktivität bei „Bronchitis" häufig nicht gesondert untersucht wurde, lassen sich ältere Studien zu dieser Fragestellung oft nicht sicher beurteilen.

Von besonderer Bedeutung ist die Definition der nicht-asthmatischen Patienten bei Untersuchungen zur Hyperreaktivität wegen der Frage, ob das Zigarettenrauchen als kausaler Faktor für eine bronchiale Hyperreaktivität anzusehen ist, und ob damit das Rauchen selbst die Ursache einer chronischen Atemwegsobstruktion ist, oder aber ob nur solche Raucher eine Obstruktion entwickeln, die aus anderer Ursache (z.B. anlagebedingt oder durch allergische Faktoren) hyperreaktiv sind. Die letztere Hypothese wird als „dutch hypothesis“ (Orie *et al., 1961*), vor allem im angelsächsischen Sprachraum, bezeichnet.

Bei asymptomatischen Rauchern fanden Brown *et al. (1977)* nach Histamininhalation mit forcierten Atemmanövern keine gesteigerte bronchiale Reaktivität gegen Histamin im Vergleich zu Nichtrauchern, beschrieben jedoch Unterschiede zwischen beiden Kollektiven bei Verwendung partieller Flußvolumenkurven, die sie als unterschiedlich lokalisierte Histaminreaktionen interpretierten (eher zentral bei Rauchern). Zu ähnlichen Ergebnissen gelangten Malo *et al. (1982)* ebenfalls bei asymptomatischen Rauchern, die zeigen konnten, daß Parameter der „small airways“ stärker nach Methacholininhalation verändert waren als sGL und FEV_1. Taylor und Clarke *(1985)*

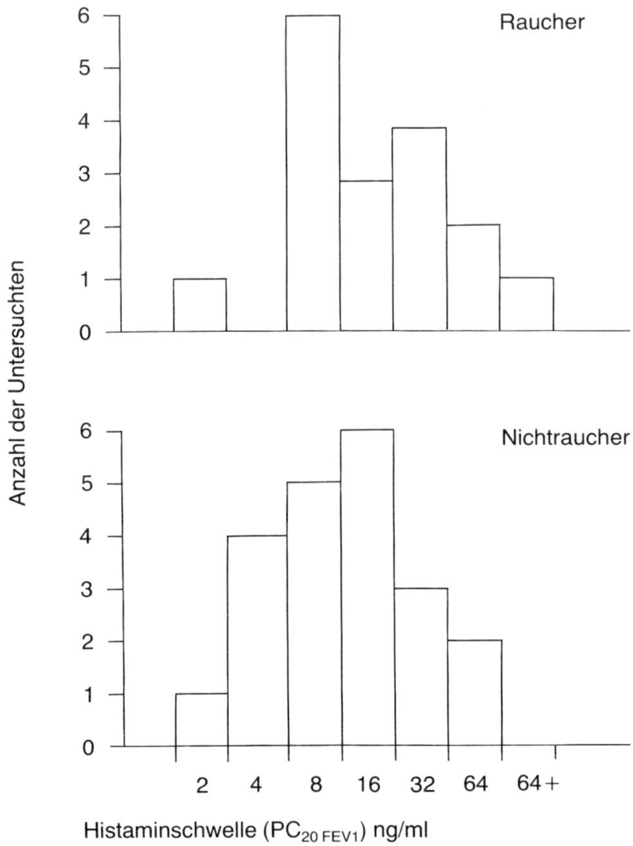

Abbildung 3: Rauchen und Hyperreagibilität:
Verteilung der Histaminempfindlichkeit bei 17 jungen, asymptomatischen Rauchern im Vergleich zu 21 Nichtrauchern. Die bronchiale Reaktivität ist in beiden Gruppen gleich verteilt: Rauchen führt nicht zur bronchialen Hyperreaktivität, zumindest, solange sich noch keine Atemwegsobstruktion entwickelt hat (nach Taylor und Clarke, *1985*).

fanden keine Unterschiede der Histaminempfindlichkeit (PC_{20} = Konzentration, die zu einem Abfall der FEV_1 um 20% führt) zwischen jungen asymptomatischen Rauchern und Nichtrauchern (Abb. 3).

Demgegenüber wiesen GERRARD *et al. (1980)* bei vorwiegend symptomatischen Rauchern eine gesteigerte Histaminempfindlichkeit (14 von 17 Rauchern) nach. Diese war jedoch im Vergleich mit Nichtrauchern und Asthmatikern nur mäßiggradig erhöht. TAYLOR *et al. (1985)* fanden eine Steigerung der bronchialen Reaktivität bei 1/3 der älteren männlichen Raucher mit normaler FEV_1. Bei starken, aber jüngeren Rauchern wiesen BUCZKO *et al. (1984)* eine gegenüber Nichtrauchern geringgradig gesteigerte Methacholinreagibilität nach, jedoch nur bei > 10 packyears.

Somit weisen jüngere und asymptomatische Raucher keine gesteigerte bronchiale Reaktivität auf, während ältere und symptomatische Raucher in einem Teil der Fälle eine Empfindlichkeitssteigerung gegen Histamin oder Methacholin zeigen. Diese ist im Mittel geringer als bei Patienten mit Asthma bronchiale. Der Mechanismus der bronchialen Hyperreaktivität bei Asthma und chronischer Bronchitis ist wahrscheinlich nicht identisch, wie unter anderem daran deutlich wird, daß die Reaktionen auf Methacholin und Kaltlufthyperventilation in beiden Kollektiven nicht übereinstimmen (RAMSDALE *et al., 1985*). Es wird angenommen, daß die Zunahme der Hyperreaktivität mit der Dauer des Rauchens vorwiegend die Folge der zunehmenden Atemwegsobstruktion ist, da allein aus „geometrischen" Gründen die Reaktivität auf einen Reizstoff mit abnehmendem Atemwegslumen zunimmt (TAYLOR UND CLARKE, *1985*). Ein direkter Effekt der Langzeiteinwirkung von Schadstoffen der Zigarette als Ursache der Hyperreaktivität ist jedoch bislang nicht auszuschließen. Ob schließlich die von WARREN *et al. (1982)* beschriebene Steigerung der IgE-Synthese bei Rauchern als kausaler Faktor in die Entstehung einer Hyperreaktivität eingreift, ist unklar.

Nach der Aufgabe des Rauchens kann (vorübergehend) eine Steigerung der bronchialen Reaktivität auftreten, im Gegensatz zu den Erwartungen des Therapeuten, wie BOLIN *et al. (1980)* zeigten. Möglicherweise ist dies durch den Entzug von Nikotin zu erklären, das als Pharmakon (beim Versuchstier) die bronchiale Hyperreaktivität dämpft (WALLIS *et al., 1982*). Langfristig scheint die bronchiale Reagibilität jedoch abzunehmen, sofern eine Hyperreaktivität vorgelegen hat (SIMONSSON UND ROLF, *1982*).

Akute Effekte

MCINTYRE *et al. (1982)* untersuchten den Akuteffekt des Rauchens auf die unspezifische Hyperreaktivität bei 12 von 20 zum Teil symptomatischen Rauchern und FEV_1-Erniedrigung unter 90% der Norm in 13 von 20 Fällen. Die bronchiale Reaktivität war bei 10 von 20 Patienten deutlich gesteigert (< 4 mg/ml bei Norm 8 mg/ml). Die Autoren führten Histamin- und Methacholinprovokationstests vor und nach 2 bzw. 4 Zigaretten sowie nach 40minütigem Rauchen durch. Ein akuter Einfluß des Rauchens auf die Hyperreaktivität ließ sich nicht zeigen.

Rauchen und Allergie

Die bronchiale Reaktivität von Patienten mit allergischer Rhinitis scheint bei Rauchern stärker ausgeprägt als bei Nichtrauchern (Buczko und Zamel, *1984*); somit ist es wahrscheinlich, daß bei allergischer Konstitution das Rauchen die Entwicklung eines Asthma bronchiale fördern kann bzw. evtl. auch ein Asthma weiter verschlimmert werden kann. Es wird jedoch von mancher Seite angenommen, daß bei vorbestehender Hyperreaktivität, wie sie den Asthmatiker auszeichnet, häufig das Zigarettenrauchen von vornherein vermieden wird, so daß hierdurch nur ein kleinerer Teil der gefährdeten Allergiker tatsächlich eine Zunahme ihrer Schleimhautempfindlichkeit infolge Zigarettenrauchens erwirbt (Taylor und Clarke, *1985*).

Unklar ist, ob die Steigerung der bronchialen Hyperreaktivität bei vorbestehender allergischer Konstitution auf der beobachteten Stimulation der IgE-Synthese beruht (Burrows *et al., 1981,* Warren *et al., 1982;* Halonen *et al., 1982*), wobei nicht sicher ist, ob diese gegen ein spezifisches Allergen gerichtet ist. Auch die periphere Eosinophilie bei Rauchern ist höher als bei Nichtrauchern mit gleichem Gesamt-IgE (Halonen *et al., 1982*). So scheint es, daß Zigarettenrauchen immunologische Reaktionen fördert, die mit einer IgE-Synthese und einer peripheren Eosinophilie verbunden sind, evtl. infolge allergischer Reaktion durch rezidivierende Infekte.

Bronchiale Sekretion und Expektoration

Zilienaktivität

In-vitro Untersuchungen zeigen, daß mehrere Bestandteile des Zigarettenrauchs, wie Acrolein, Formaldehyd, Phenol und Acetaldehyd, in der Lage sind, die Zilienaktivität zu vermindern, so an der Kaninchentrachea (Hee und Guillerm, *1985*), an der Trachea des Hühnerembryo (Pettersson *et al., 1985*). Die klinische Relevanz dieser Akutbefunde ist jedoch nicht klar, da unter anderem die tatsächlichen Schadstoffkonzentrationen an der Schleimhaut und die Expositionsdauer kaum vergleichbar sind, und Adaptationsvorgänge angenommen werden können, analog zu Befunden mit Ozon.

Die morphologischen Veränderungen bei chronischer Bronchitis sind jedoch immer auch mit gravierenden Störungen des Flimmerapparates verbunden, also mit einer Verminderung der Flimmerepithelzellen und einer Störung des rhythmischen Flimmerstromes.

Mukoziliäre Clearance

Die mukoziliäre Clearance ist bei asymptomatischen Rauchern gegenüber Kontrollen und asymptomatischen Exrauchern verlangsamt, symptomatische, z. T. obstruktive Raucher und Ex-Raucher haben eine noch stärker eingeschränkte Clearance (Vastag *et al., 1985*; Abb. 4). Rauchen besitzt wahrscheinlich keine wesentliche Akutwirkung auf die mukoziliäre Clearance; bei Langzeiteinwirkung (> 1 Jahr) kommt es jedoch zu einer Verminderung der tracheobronchialen Mukusgeschwindigkeit auf 30% der Norm, bedingt durch morphologische Veränderungen und funktionelle Störungen, wohl weniger infolge direkter Schadstoffeinwirkung (Übersicht bei Wanner, *1985*). Diese Veränderungen sind teilreversibel innerhalb von 3 Monaten.

Sekretion

Beim Versuchstier läßt sich nach 4 Wochen (1 Zigarette pro Tag) bereits eine Vermehrung der Schleimproduktion zeigen (Übersicht bei Wanner, *1985*). Dieser Befund entspricht dem klinischen Befund einer Sekretionszunahme

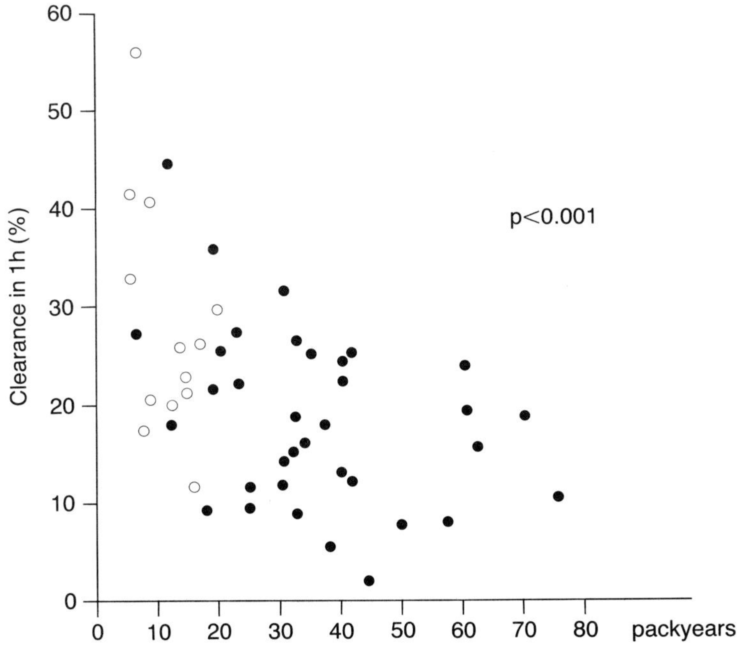

Abbildung 4: Rauchen verschlechtert die tracheobronchiale Clearance: Korrelation zwischen Rauchgewohnheiten in packyears (20 Zigaretten täglich (= 1) × Jahre) und Elimination von inhalierten, ^{99m} Technetium-markierten monodispersen Erythrozyten innerhalb der ersten 60 min bei Rauchern ohne (O), n = 13, und mit Bronchitis (●), n = 35. Die Reinigungsfunktion der Lunge nimmt mit Dauer bzw. Intensität des Rauchens ab (nach Vastag *et al., 1985*).

mit der Dauer des Rauchens und der Höhe des Zigarettenkonsums (Higenbottam *et al., 1980*). Morphologische Befunde zeigen, daß eine Hypertrophie und Hyperplasie der submukösen Schleimdrüsen sowie eine Funktionsänderung der Becherzellen zu dieser Sekretvermehrung beitragen dürften (Reid, *1960*).

Die ältere Anschauung, daß diese Sekretionsvermehrung über die Begünstigung respiratorischer Infekte als Hauptursache der Progredienz einer Atemwegserkrankung anzusehen sei, ist durch die Untersuchungen von Fletcher und Peto, *1977* bzw. Peto *et al., 1983* widerlegt worden. Nicht die Hypersekretion, sondern die Atemwegsobstruktion (FEV_1) zu Beginn der Beobachtungsphase determinieren den Verlauf. Zu klären bleibt bei diesem Konzept, wodurch die FEV_1-Erniedrigung zu Beginn des beobachteten Verlaufs verursacht ist.

Rauchen und Lungenzellfunktion

Die Technik der bronchoalveolären Lavage (BAL) hat es ermöglicht, die Änderung der Funktion der Lungenzellen detailliert zu beschreiben, in Ergänzung der histologischen Befunde (Reid, *1960*). Die Zellzahl in der BAL bei Rauchern ist gegenüber Nichtrauchern um den Faktor 3–5 erhöht, von denen 90–95% Alveolarmakrophagen sind (Übersichten bei Gee und Fick, *1980*, Costabel und Matthys, *1985*). Diese Alveolarmakrophagen weisen charakteristische schwarze, kugelige Einschlüsse auf, die aus Kaolinitpartikeln infolge Kontamination des Tabakblattes mit Mineralstoffen bestehen (Gee und Fick, *1980*). In-vitro sind diese Makrophagen enzymatisch aktiver als bei Nichtrauchern, so daß eine größere Aktivität gegen Schadstoffe wie Staub, Elastasen und Oxidantien resultieren könnte (Gee and Fick, *1980*); es ist jedoch fraglich, ob diese Aktivitätssteigerung auch in-vivo vorhanden ist (Ando *et al., 1984*). Die Lymphozytenzahl ist relativ vermindert, absolut aber konstant. Der Quotient T-Helfer/T-Suppressor-Lymphozyten ist auf einen Wert von 1 gegenüber 2 bei Nichtrauchern vermindert. Neutrophile Granulozyten sind absolut erhöht; im Vergleich zu Nichtrauchern ist der prozentuale Anteil jedoch nicht vergrößert.

Die Zunahme der Alveolarmakrophagen in der BAL bei Rauchern ist vermutlich als Folge-Abwehr gegen die gesteigerte Schadstoffbelastung der Atemwege aufzufassen. Die gleichzeitige Zunahme der neutrophilen Granulozyten könnte ebenfalls Ausdruck vermehrter Abwehrfunktionen sein, u.a. auch gegen Mikroorganismen. Gleichzeitig nimmt hierdurch die Belastung der Atemwege und der Lunge mit potentiell schädlichen Enzymen, wie neutrophilen Elastasen, zu, so daß die Folgeerkrankungen Bronchitis und Emphysem begünstigt würden. Beeinflußt scheinen gleichzeitig weitere Abwehrmechanismen; so ist bei Rauchern das sekretorische Immunglobulin A im Respirationstrakt möglicherweise vermindert (Gotoh *et al., 1983*). Studien zur Zusammensetzung der löslichen BAL-Komponenten sind bislang jedoch wegen fehlender Bezugsgrößen nicht endgültig beurteilbar.

Emphysem

Das Rauchen führt nicht nur zur Bronchialerkrankung, sondern auch zur Parenchymveränderung, dem Emphysem, dessen Charakteristika die Destruk-

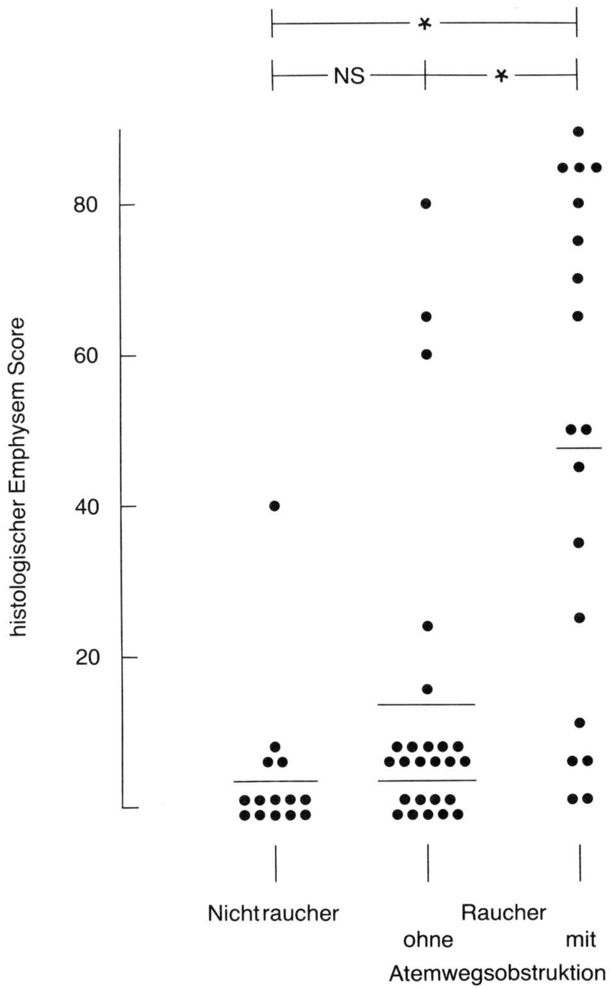

Abbildung 5: Emphysem als Folge des Rauchens:
Postmortaler, histologischer Schweregrad des Emphysems bei 14 Nichtrauchern, 25 Rauchern ohne Atemwegsobstruktion und 18 Rauchern mit Atemwegsobstruktion (FEV_1 6–52% der Norm). NS = nicht signifikant, * = $p < 0.01$. (nach Hale *et al., 1984*)

tion des elastischen Faserapparates und schließlich der Alveolarwände sind. Die Assoziation zwischen chronischer Bronchitis und Emphysem ist vielfach belegt (Thurlbeck, *1976,* Hale *et al., 1984)* (Abb. 5), hierbei auch unter anderem die dosisabhängige Beziehung zum Rauchen. In-vivo läßt sich die zunehmende Destruktion elastischer Anteile der Lunge bei Rauchern indirekt durch Bestimmung der Lungendehnbarkeit (Compliance) zeigen (Macklem, *1979*). Der Elastizitätsverlust der Lunge bzw. des Faserapparates, der für die Elastizität der Atemwege verantwortlich ist, trägt unter anderem zu der zunehmenden FEV_1-Verminderung bei. Diese ist somit sowohl Ausdruck der „echten Obstruktion" der Atemwege durch Mukosaveränderungen, Muskelkontraktion und Mukus, als auch der Emphysemkomponente (infolge Flußlimitierung durch vermehrte Kollapsibilität der Atemwege).

Neue pathogenetische Vorstellungen über die Entstehung des Emphysems beruhen auf der Hypothese von der Notwendigkeit eines Gleichgewichts zwischen gewebsabbauenden (enzymatischen proteolytischen bzw. oxidativen) Prozessen und deren physiologischer Gegenregulation. Diese Modellvorstellungen wurden initiiert durch eine Sonderform des Emphysems bei Patienten mit hereditärem homozygotem Mangel an $alpha_1$-Antitrypsin

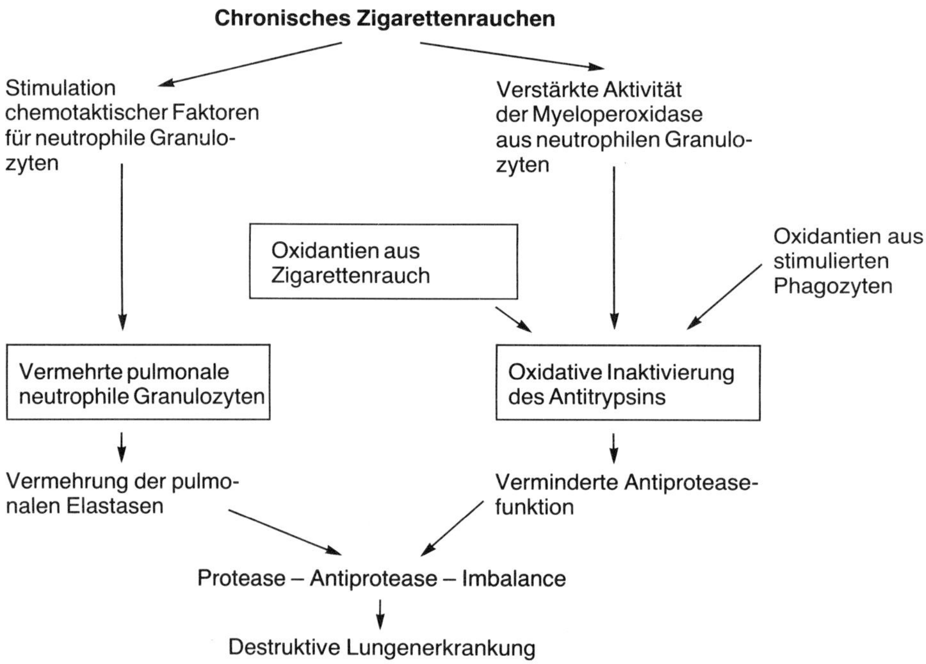

Abbildung 6: Rauchen und Protease-Antiprotease-Imbalance:
Mögliche biochemische Vorgänge bei der Entstehung des Emphysems als Folge des Zigarettenrauchens (nach Bridges *et al., 1985*).

(PiZZ), dem Hauptantagonisten proteolytischer Enzyme (Proteaseinhibitor Pi) in der Lunge. Bei Rauchern tritt dieses Emphysem frühzeitiger auf als bei Nichtrauchern (Übersichten bei CANTIN UND CRYSTAL, *1985*, BRIDGES *et al.*, *1985)*, möglicherweise bedingt durch gleichzeitige Zunahme der Elastasen aus neutrophilen Granulozyten (s. Abschnitt BAL) in der Lunge, wie auch die Inaktivierung des alpha$_1$-Antitrypsins, so daß die vermehrten Elastasen verstärkt wirksam werden können.

In ähnlicher Weise wird die Emphysementstehung bei chronischer Bronchitis ohne alpha$_1$-Antitrypsinmangel auf verstärkten enzymatischen Abbau der Lunge infolge Elastasenfreisetzung aus vermehrten neutrophilen Granulozyten und Alveolarmakrophagen und durch Inaktivierung des alpha$_1$-Antitrypsins durch Oxidation (Myeloperoxidase) zurückgeführt (Übersicht CANTIN AND CRYSTAL, *1985*). Charakteristisch ist der morphologische Typ, das zentrilobuläre Emphysem. Auch direkte emphysemfördernde Effekte (ohne wesentliche chronische Entzündungsvorgänge) sind möglich: – Zigarettenrauch enthält zahlreiche Oxidantien ($^1/_2$ O_2, $^1/_2$ Cl_2, H_2O_2, $^1/_2$ (H_2O_2), O_3); so werden mit jedem Zuge 10^{14} Radikale (gelöst und als Partikel) freigesetzt, zum Teil mit Halbwertszeiten von > 5 min, so daß diese die Alveolarräume erreichen können. Die Belastung der Atemwege mit Oxidantien durch Zigarettenrauch ist wesentlich höher als z. B. durch Smog. Es wird für weitere Details auf die genannten Übersichten verwiesen (Abb. 6).

Der Schweregrad des Emphysems ist für den Verlauf einer Zigarettenrauch-induzierten Atemwegserkrankung von besonderer Bedeutung, wie aus einer Untersuchung von HALE *et al.*, *1984*, hervorgeht, in der postmortale Befunde mit dem klinischen Bild verglichen wurden. Der Emphysemgrad war dabei am besten mit der Schwere der klinischen Atemwegserkrankung korreliert (Abb. 5), insbesondere aber mit dem Grade der pulmonalarteriellen Mediahypertrophie und Intimafibrose.

Schlußfolgerungen

Die funktionellen Folgen des Zigarettenrauchens sind vielfältig. Ein großer Teil der Raucher bemerkt Symptome, die durch eine Steigerung der bronchialen Sekretion verursacht werden, als Auswurf bzw. „Raucherhusten". Vorausgehen können diskrete Störungen der Lungenfunktion, die häufig als Ausdruck einer Erkrankung der Atemwege < 3 mm Durchmesser angesehen werden (small airways disease), möglicherweise aber lediglich Ausdruck einer noch geringfügigen generalisierten Schleimhautschädigung und der nachfolgenden Ventilationsstörungen ist. Eine bronchiale Hyperreaktivität ist in diesem Stadium der Erkrankung nicht nachweisbar, dementsprechend auch keine asthmatische Symptomatik. Höhe des Zigarettenkonsums, individuelle Disposition, Rauchgewohnheiten und Cofaktoren, wie evtl. allergische Konstitution, Infekte, inhalative Schadstoffbelastung durch Umwelt und Arbeitsplatz können die Effekte des Rauchens in weiten Grenzen modifizieren. Ein kleiner Teil der Zigarettenraucher (ca. 1/6) entwickelt eine obstruktive Ventilationsstörung und die klinischen Zeichen der chronisch-obstruktiven Atemwegserkrankung, frühzeitig charakterisiert durch eine stärkere Abnahme der FEV_1-Werte, als es der Norm von 30 ml/Jahr entspricht. Die Ursache dieser Sonderentwicklung ist noch unklar. Gesichert erscheint, daß der Grad der Mukushypersekretion nicht als kausaler Faktor in Betracht kommt. Möglicherweise spielt der Grad der bronchialen Hyperreaktivität, die sich bei längerem Rauchen entwickelt, und für deren Entstehung individuelle Faktoren vermutet werden, eine wichtige Rolle (dutch hypothesis). Es erscheint aber ebenso naheliegend, die bronchiale Hyperreaktivität lediglich als Folge der Erkrankung anzusehen und für den jeweiligen Schweregrad dieser Funktionsstörung das Ausmaß der morphologischen Veränderungen verantwortlich zu machen. Befunde über die Zunahme der Schleimhautpermeabilität nach Zigarettenrauch in Zusammenhang mit entzündlichen Veränderungen (HOGG, *1981*) könnte diese Annahme stützen, da Hyperreaktivität und Hyperpermeabilität bei bronchialen Noxen miteinander verknüpft scheinen.

Als schwerwiegende morphologische Folgen der Zigarettenrauch-induzierten Atemwegserkrankung sind nicht nur das Bronchialkarzinom infolge Hyper- und Fehlregenerationsvorgängen des Epithels, sondern vor allem

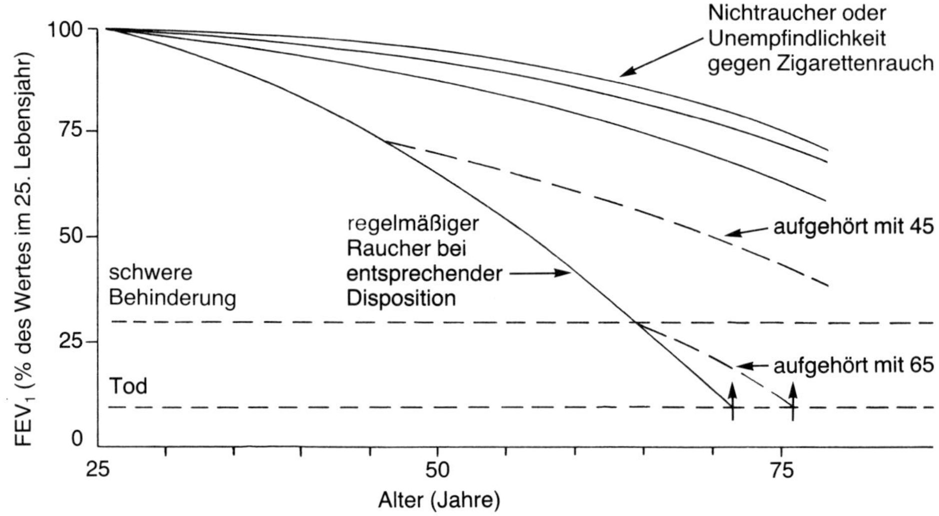

Abbildung 7: Rauchen und Lungenfunktion:
Risiko der FEV_1-Verminderung mit dem Lebensalter bei Nichtrauchern, Rauchern ohne und mit Disposition zur raschen Zunahme der Obstruktion sowie Effekt der Zigarettenabstinenz bei bestehender Obstruktion (nach FLETCHER und PETO, *1977*).

auch das Emphysem zu nennen. Das Emphysem scheint durch entzündliche Prozesse wie auch durch direkte Einwirkung des Zigarettenrauchs zu entstehen. Das Ausmaß des Emphysems bestimmt maßgeblich den Verlauf und die Prognose der Erkrankung.

Die Zigarette stellt die bedeutsamste bronchiale Noxe dar, ungleich wichtiger als Umweltnoxen oder Staub am Arbeitsplatz (DFG-Forschungsbericht, 1981). Das Aufgeben des Rauchens ist in jedem Stadium der bronchialen und pulmonalen Symptomatik sinnvoll, da zumindest die Progredienz der Folgen vermindert werden kann. Eine volle Reversibilität der Funktionsstörungen ist aber nur während eines begrenzten Zeitraums gegeben (Abb. 7).

Diskussion

Geisler:
Gibt es genaue Aufschlüsselungen über den Raucher-Nichtraucher-Anteil bei klar definierten Gruppen von Asthmatikern und Bronchitikern mit Emphysem?

Schultze-Werninghaus:
Es gibt keine Zahlen, daß rauchende und nicht rauchende Asthmatiker unterschiedliche Reaktionen zeigen. Es gibt auch keine Zahlen über Emphysem-Bronchitis-Asthma, die so klar sind, daß man sie präsentieren könnte. Das liegt unter anderem daran, daß in Amerika die Emphysem-Definition völlig anders ist als bei uns.

Es gibt in den Staaten nicht diese strenge pathologische Definition, sondern Emphysem ist drüben mehr oder weniger alles, was zum Auswurf führt.

Es gibt eine Studie von Gerrard *(1980),* in der Raucher um die Fünfzig untersucht worden sind; aus den Daten geht hervor, daß ganz eindeutig hyperreaktive Personen darunter waren. Es gibt daneben eine ganze Reihe von Untersuchungen bei jungen asymptomatischen Rauchern, bei denen ganz offensichtlich keine Hyperreagibilität vorliegt. Daraus kann man sicher ableiten, daß mit längerem Rauchen auch der Grad der Hyperreagibilität zunimmt. Das stimmt auch mit der praktischen Erfahrung überein. Patienten um die Fünfzig, die rauchen, haben eher Obstruktionen als junge Leute. Was mir ganz wichtig erscheint, der hier ausgelöste Entzündungsvorgang scheint anders zu sein als beim Asthma. Hier liegen doch ganz andere Mechanismen zugrunde.

Sill:
Wie ist es, wenn Sie bei Rauchern und Nichtrauchern provozieren, bekommen Sie dann bei ersteren eine stärkere bronchiale Obstruktion?

Schultze-Werninghaus:
Wir haben das nicht systematisch untersucht. Mein Eindruck ist, daß kein Unterschied da ist, außer bei ganz exzessiven Rauchern. Wenn Sie diese Raucher provozieren, scheint sich Rauchen plus Allergie irgendwie zu verstärken. Aber der Eindruck ist nicht so allgemein zu fassen, daß ich jetzt behaupten möchte, daß Asthmatiker, die rauchen, schwerer krank sind als Asthmatiker, die nicht rauchen.

Meister:
Besteht da nicht eine inverse Beziehung derart, daß mit steigender Überempfindlichkeit des Bronchialsystems der Konsum zurückgeht? Ich habe eigentlich die Erfahrung gemacht, daß es viele Asthmatiker gibt, die frühzeitig mit dem Rauchen aufgehört haben, weil sie gemerkt haben, daß es ihnen darunter schlechter ging. Der Leidensdruck ist offenbar eine wirkungsvolle Bremse für das Rauchverhalten.

Schultze-Werninghaus:
Den Eindruck habe ich auch, daß viele Allergiker nicht rauchen und primär Nichtraucher sind. Daß diese Patienten die Erfahrung haben: „Im Wirtshaus kriege ich immer Asthma."

Geisler:
Das sind dann auch diejenigen Patienten, die sich am stärksten gegen das Passivrauchen wehren. Mein Eindruck ist genauso subjektiv. Er stützt sich auf Tausende von Zuschriften, die die *Deutsche Liga zur Bekämpfung der Atemwegserkrankungen* erhält. Dabei fällt auf, daß offenbar gerade die, die sich in den Briefen als Asthmatiker bezeichnen und die durch unsere massiven Attacken gegen das Rauchen herausgefordert werden, ganz dick in ihren Briefen unterstreichen: „Ich habe nie geraucht." Das ist ein so auffallend großer Prozentsatz, daß man sich sagen muß, das kann nicht nur eine negative Selektion sein, dadurch daß die, die rauchen, eben nicht schreiben.

Schultze-Werninghaus:
Wir haben eine Allergieambulanz, die nur allergische Asthmatiker sieht und eine andere, die nichtallergische Asthmatiker sieht. Die Rauchfrequenz ist sicher in der einen viel geringer als in der anderen; aber Zahlen kenne ich dazu nicht.

Meister:
Was hat man denn für Vorstellungen über die Entwicklung einer Hyperreagibilität beim Rauchen? Ist es vielleicht so, daß die ‚tight junctions' ein bißchen undicht werden?

Schultze-Werninghaus:
Es besteht offenbar keine unmittelbare Beziehung zwischen Hyperpermeabilität und Hyperreagibilität. Während z. B. bei chronischer Bronchitis die „tight junctions" häufig gelockert erscheinen, ist dies bei allergischem Asthma nie der Fall, obwohl beide Krankheitsbilder mit einer Hyperreaktivität verbunden sind. Ich glaube, man sollte über die Grundlagen im Moment lieber auf die Praxis bezogen nichts sagen. Wir müssen eines sicher trennen, Emphysem und Atemwegserkrankung. „Was bewirkt das Rauchen in Richtung Emphysem, was macht das Rauchen in Richtung Bronchitis aus?" hat eine viel größere klinische Bedeutung.

Petro:
Ich habe noch ein methodisches Problem, das ich gern fragen oder zur Diskussion stellen möchte. Es war ja ein roter Faden in Ihrem Vortrag, daß die Hyperreagibilität und Hypersensitivität dann zunehmen, wenn die Obstruktion zunimmt. Wenn eine Obstruktion da ist, ist doch jede Reaktion auf eine Noxe sehr viel stärker in der Auswirkung, rein physikalisch gesehen. Das heißt also, wenn ich Patienten mit einer Resistance von 1,5 kPa·s/l [$\triangleq$ 15,3 cm $H_2O \cdot s \cdot l^{-1}$] teste, dann ist die Frage:

1. Kann ich die eigentlich überhaupt noch provozieren?
   und
2. Wenn die Atemwege nur kleinste Reaktionen zeigen, dann bekomme ich natürlich rein meßtechnisch eine Hyperreagibilität.

Schultze-Werninghaus:
Sie haben völlig recht. Das ist auch, wie ich vermute, die Ursache in den Untersuchungen, die bei Rauchern eine Hyperreagibilität gezeigt hat. Daß hier mehr oder minder nur die Geometrie eine Rolle spielt, läßt sich schon daran erkennen, daß im Gegensatz dazu die Asthmatiker bei gleichen Ausgangswiderständen vollkommen unterschiedliche Reagibilitäten haben können. Die Studien bei Rauchern belegen eigentlich allesamt das Gleiche, daß bei erhöhten Ausgangswerten bei Rauchern auch die Hyperreagibilität da ist und sie bei normalen Ausgangswerten nicht vorliegt. Mit anderen Worten, es scheint ein ganz anderer Mechanismus dafür verantwortlich zu sein. Man muß wirklich eines trennen, jeder Hyperreagible ist auch in irgendeiner Weise rauchüberempfindlich. Das hat nichts damit zu tun, daß der Rauch die Ursache für die Hyperreagibilität ist, sondern es ist die Folge eines ganz anderen Defektes. Ich meine, wir dürfen nicht den Eindruck entstehen lassen, daß Hyperreagibilität und Rauchen nichts miteinander zu tun haben, sondern wir müssen eher in den Vordergrund stellen, daß jeder bronchial Überempfindliche das Rauchen nicht vertragen kann. Das ist, glaube ich, das Entscheidende.

Sill:
Gibt es eine Möglichkeit für ein kleines Kollektiv, daß sie doch Überempfindlichkeit produzieren? In den Zigaretteninhaltsstoffen ist Formaldehyd, Urethan u.a. enthalten. Es wäre also die Frage, ob z.B. bei den Isocyanatbedingten Allergikern dort eine Möglichkeit zur Entwicklung einer Hyperreagibilität gegeben ist?

Schultze-Werninghaus:
Es gibt, wie Sie wissen, auf Formaldehyd sehr wenig überzeugende asthmatische Reaktionen. Ein ganz kleiner Teil der Formaldehyd-exponierten Personen entwickelt Asthma. Vielleicht ist ein kleiner Teil der Raucher wirklich gefährdet, aufgrund des Rauchens eine Hyperreagibilität zu entwickeln.

Eichelbaum:
Aber Sie bekommen eine Histaminfreisetzung mit Formaldehyd!

Schultze-Werninghaus:
Es gibt große Studien (NORDMAN *et al. 1985*) mit Hunderten von exponierten Personen, und nur in Einzelfällen wird das Auftreten von Asthma beschrieben. Sie wissen dann aber nicht, ob es wirklich kausal bedingt ist.

Sill:
Wir sollten einen funktionellen Zustand nicht unerwähnt lassen, nämlich, daß die Inhalation von Zigaretten-Stoffen zur Beeinträchtigung der Clearance führt.

Meister:
Herr Schultze-Werninghaus, Sie hatten auch eine Gruppe gezeigt – ich glaube die Pollinotiker – die kein Asthma haben, aber doch eine erhöhte Empfindlichkeit des Bronchialsystems aufweisen. Etwas Ähnliches haben wir bei Patienten mit Urticaria gesehen. Auch hier fand sich eine teils deutlich gesteigerte bronchiale Reagibilität ohne die klinische Symptomatik eines Asthmas. Die stärksten Reaktionen boten Patienten mit der Sonderform der cholinergen Urticaria (MEISTER *et al. 1981,* CZARNETZKI *et al. 1984*).

Schultze-Werninghaus:
Obwohl der umgekehrte Aspekt mir auch noch bedeutsamer scheint, daß man hier eventuell diejenigen Individuen erkennen kann, die am Beginn ihrer asthmatischen Erkrankung sind, daß man hier also quasi ein Maß für die zukünftige Entwicklung hat.

Meister:
Wären das Risikopatienten?

Schultze-Werninghaus:
Oder Patienten, die nur ihren „normalen Husten" angeben, in Wirklichkeit aber doch deutliche Obstruktionsmerkmale haben. Zur Differentialdiagnose Husten oder zum Beginn der Obstruktion ist das doch ganz wichtig.

Meister:
Haben Sie in der Literatur etwas über den Zusammenhang zwischen allgemeiner Luftverschmutzung und Asthma gefunden? Sie haben es ganz kurz angesprochen. Es gibt dazu schon etwas länger zurückliegende aber gut fundierte Publikationen (Yoshida *et al. 1966*) aus Japan.

Schultze-Werninghaus:
Ich glaube, daß man wieder zwei Dinge trennen muß: Die Entwicklung der Lungenfunktion – und da gibt es eine ganze Reihe von Untersuchungen, die Tendenzen zeigen, periphere Obstruktion – small airways disease – usw. und Hyperreagibilität. Das sind offenbar zwei verschiedene Dinge. Wenn Sie die Daten suchen, die zeigen, daß Schwefeldioxyd, allgemeine Luftverschmutzung oder Kombination von NO_x und SO_2 eine primäre Veränderung bewirken, dann ist das sehr schwierig nachzuempfinden.

Bei vorbestehender Hyperreaktivität können Schadstoffe durchaus zur Obstruktion führen (Thiel *1982,* Bouhuys *1978*).

Meister:
In der Tat ist das Bronchialsystem des Gesunden ein recht unempfindlicher Bioindikator für Umweltreize. Das sehe ich auch so.

Gibt es eine unspezifische Hyperreagibilität, die durch Isocyanate induziert wird und nach Meidung der Noxe vollständig rückbildungsfähig ist?

Schultze-Werninghaus:
Ja, Isocynate können eine ursprüngliche Hyperreaktivität induzieren, die zumindest partiell reversibel ist(O'Brien *et al., 1979,* Mapp *et al., 1985*). Mit zunehmender Dauer der Erkrankung ist jedoch die Reversibilität wahrscheinlich nur noch partiell.

Literatur

1) Ando, M., M. Sugimoto, R. Nishi, M. Suga, S. Horio, H. Kohrogi, K. Shimazu, S. Araki: Surface morphology and function of human pulmonary alveolar macrophages from smokers and nonsmokers. Thorax 39 (1984) 850–856.
2) Barter, C. E., A. H. Campbell: Relationship of constitutional factors and cigarette smoking to decrease 1-second forced expiratory volume. Am. Rev. Respir. Dis 113 (1976) 305–314.
3) Bolin, J. F., T. E. Dahms, R. G. Slavin: Effect of discontinuing smoking on mecholyl sensitivity in asthmatic smokers. J. Allergy Clin. Immunol. 65 (1980) 207–208.

4) Bridges, R. B., R. J. Wyatt, S. R. Rehm: Effect of smoking on peripheral blood leukocytes and serum proteases. Eur. J. Respir. Dis. 66, Suppl. 139 (1985) 24–33.
5) Brille, D.: Discussion. In: Orie, N. G. M., H. J. Sluiter (eds.): Bronchitis II, Royal VanGorcum, Assen (1964) 187–190.
6) Brown, N. E., E. R. McFadden jr., R. H. Ingram: Airway responses to inhaled histamine in asymptomatic smokers and nonsmokers. J. Appl. Physiol. 42 (1977) 508–513.
7) Buczko, G., A. Day, J. L. Vanderdoelen, R. Boucher, N. Zamel: Effects of cigarette smoking and short-term smoking cessation on airway responsiveness to inhaled methacholine. Am. Rev. Respir. Dis. 129 (1984) 12–14.
8) Buczko, G. B., N. Zamel: Combined effect of cigarette smoking and allergic rhinitis on airway responsiveness to inhaled methacholine. Am. Rev. Respir. Dis. 129 (1984) 15–16.
9) Buist, S., S. Ducic: Smoking. In: Macklem, P. T., S. Permutt (eds.): The lung in the transition between health and disease. Dekker, New York 1979.
10) Burrows, B., M. Halonen, R. A. Barbee, M. D. Lebowitz: The relationship of serum immunoglobulin to cigarette smoking. – Am. Rev. Respir. Dis. 124 (1981) 523–527.
11) Cantin, A., R. G. Crystal: Oxidants, antioxidants and the pathogenesis of emphysema. Eur. J. Respir. Dis. 66, Suppl. 139 (1985) 7–17.
12) Clément, J., K. P. van de Woestijne: Rapidly decreasing forced expiratory volume in one second or vital capacity and development of chronic airflow obstruction. Am. Rev. Respir. Dis. 125 (1982) 553–558.
13) Cockroft, D. W., D. N. Killian, J. J. A. Mellon, F. E. Hargreave: Bronchial reactivity to inhaled histamine: a method and clinical survey. Clin. Allergy 7 (1977) 235–243.
14) Colley, J. R. T., J. W. B. Douglas, D. D. Reid: Respiratory disease in young adults. Influence of early childhood lower respiratory tract illness, social class, air pollution, and smoking. Br. Med. J. 2 (1973) 195–198.
15) Costabel, U., H. Matthys: Die klinische Bedeutung der bronchoalveolären Lavage. Deutsches Ärzteblatt 49 (1985) 3693–3700.
16) Deutsche Forschungsgemeinschaft: Forschungsbericht chronische Bronchitis und Staubbelastung am Arbeitsplatz; Teil 2, Boldt, Boppard, 1981.
17) Fischer, J., K.-H. Rühle, H. Matthys: Die chronische Bronchitis, eine Studie zur Früherkennung. In: Seidel, A., M. Wiener (eds.): Kolloquium Luftverunreinigungen und Atemwegserkrankungen beim Menschen. Kernforschungszentrum Karlsruhe, Karlsruhe (1985) 95–124.
18) Fletcher, C. M., R. Peto, C. M. Tinker, F. E. Speizer: The natural history of chronic bronchitis and emphysema. Oxford University Press, Oxford (1976).
19) Fletcher, C. M., R. Peto: The natural history of chronic airflow obstruction. Br. Med. J. 1 (1977) 1645–1648.
20) Gerrard, J. W., D. W. Cockroft, J. T. Mink, D. J. Cotton, R. Poonawala, J. A. Dosman: Increased nonspecific bronchial reactivity in cigarette smokers with normal lung function. Am. Rev. Respir. Dis. 122 (1980) 577–581.
21) Gee, J. B. L., R. B. Fick jr.: (Editorial) Bronchoalveolar Lavage. Thorax 35 (1980) 1–8.
22) Gotoh, T., S. Ueda, T. Nakayama, Y. Takishita, S. Yasuoko, E. Tsubura: Protein components of bronchoalveolar lavage fluid from non-smokers and smokers. Eur. J. Respir.-Dis. 64 (1983) 369–377.
23) Hale, K., S. L. Ewing, B. A. Gosnell, D. E. Niewoehner: Lung disease in long-term cigarette smokers with and without chronic air-flow obstruction. Am. Rev. Respir. Dis. 130 (1984) 716–721.
24) Halonen, M., R. A. Barbee, M. D. Lebowitz, B. Burrows: An epidemiologic study of the interrelationship of total serum immunglobulin E, allergy skin-test reactivity, and eosinophilia. J. Allergy Clin. Immunol. 69 (1982) 221–228.
25) Hasselblad, V., C. G. Humble, M. G. Graham, H. S. Anderson: Indoor environmental determinants of lung function in children. Am Rev. Respir. Dis. 123 (1981) 479–485.
26) Hee, J., R. Guillerm: Discussion on smoke and mucociliary transport. Eur. J. Respir. Dis. 66, Suppl. 139 (1985) 86–88.
27) Higenbottam, T., M. J. Shipley, T. J. H. Clark, G. Rose: Lung function and symptoms of cigarette smokers related to tar yield and number of cigarettes smoked. Lancet (1980) 1, 409–411.
28) Hogg, J. C.: Bronchial mucosal permeability and its relationship to airways hyperreactivity. J. Allergy Clin. Immunol. 67 (1981) 421–425.

29) Macklem, P.T., S. Permutt (eds.): The lung in the transition between health and disease. Lung biology in health and disease, vol. 12, Dekker, New York (1979).
30) Macklem, P.T.: Changes in lung mechanics. In: Macklem, P.T., S. Permutt (eds): The lung in the transition between health and disease. Dekker New York (1979) 53–72.
31) Malo, J.L., S. Filiatrault, R. R. Martin: Bronchial responsiveness to inhaled methacholine in young asymptomatic smokers. J. Appl. Physiol. 52 (1982) 1464–1470.
32) McIntyre, E.L., R. E. Ruffin, J. H. Alpers: Lack of short-term effects of cigarette smoking on bronchial sensitivity to histamine and methacholine. Eur. J. Respir. Dis. 63 (1982) 535–542.
33) Meister, R., V. Hinnah, H. Schulte: Rauchen und Bronchitis-Symptomatik in der jungen Generation der Bundesrepublik Deutschland. Atemw.-Lungenkrankheiten 10 (1984) 507–513.
34) Nadel, J.A., J. H. Comroe jr.: Acute effects of inhalation of cigarette smoke on airway conductance. J. Appl. Physiol. 16 (1961) 713–716.
35) O'Conell, R., G. B. Logan: Parental smoking in childhood asthma. Ann. Allergy 32 (1974) 142.
36) Orie, N.G.M., H.J. Sluiter, K. de Vries, G.J. Tammeling, J. Witkop: The host factor in bronchitis. In: Orie, N.G.M., H.J. Sluiter, (eds.): Bronchitis. Royal VanGorcum (1961) 43–59.
37) Paoletti, P., A. E. Camilli, C. J. Holberg, M. D. Lebowitz: Respiratory effects in relation to estimated tar exposure from current and cumulative cigarette consumption. Chest 88 (1985) 849–855.
38) Peto, R., F. E. Speizer, A. L. Cochrane, F. Moore, C. M. Fletcher, C. M. Tinker, I. T. T. Higgins, R. G. Gray, S. M. Richards, J. Gilliland, B. Norman-Smith: The relevance in adults of air-flow obstruction, but not of mucus hypersecretion, to mortality from chronic lung disease. Am. Rev. Respir. Dis. 128 (1983) 491–500.
39) Pettersson, B., M. Curvall, C. Enzell: The inhibitory effect of tobacco smoke compound on ciliary activity. Eur. J. Respir. Dis. 66, suppl. 139 (1985) 89–92.
40) Ramsdale, E.H., R. S. Roberts, M. M. Morris, F.E. Hargreave: Differences in responsiveness to hyperventilation and methacholine in asthma and chronic bronchitis. Thorax 40 (1985) 422–426.
41) Rees, P.J., P.J. Chowienczyk, T.J.H. Clark: Immediate response to cigarette smoke. Thorax 37 (1982) 417–422.
42) Reid, L.: Measurement of the bronchial mucus gland layer: a diagnostic yardstick in chronic bronchitis. Thorax 15 (1960) 132–141.
43) Schulz, V.: Small airways disease. Prax. Pneumol. 34 (1980) 187–218.
44) Seely, J.E., E. Zuskin, A. Bouhuys: Cigarette smoking: objective evidence for lung damage in teen-agers. Science 172 (1971) 741–743.
45) Simonsson, B.G.: Clinical and physiological studies on chronic bronchitis. Acta allergol. 20 (1965) 325–348.
46) Simonsson, B.G., C. Rolf: Bronchial reacitivity to methacholine in ten non-obstructive heavy smokers before and up to one year after cessation of smoking. Eur. J. Respir. Dis. 63 (1982) 526–534.
47) Tager, I.B., S.T. Weiss, A. Munoz, B. Rosner, F. E. Speizer: Longitudinal study of the effects of maternal smoking on pulmonary function in children. N. Engl. J. Med. 309 (1983) 699–703.
48) Tashkin, D.P., V. A. Clark, A. H. Coulson, M. Simmons, L. B. Bourque, C. Reems, R. Detels, J. W. Sayre, S. N. Rokaw: The UCLA population studies of chronic obstructive respiratory disease. VIII. Effects of smoking cessation on lung function: A prospective study of a free-living population. Am. Rev. Rspir. Dis. 130 (1984) 707–715.
49) Taylor, R.G., S.W. Clarke: Bronchial reactivity to histamine in young male smokers. Eur. J. Respir. Dis. 66 (1985) 320–326.
50) Taylor, R.G., H. Joyce, E. Gross, F. Holland, N. B. Pride: Bronchial reactivity to inhaled histamine and annual rate of decline in FEV_1 in male smokers and ex-smokers. Thorax 40 (1985) 9–16.
51) Thurlbeck, W.M.: Chronic airflow obstruction in lung disease. Sonders Philadelphia (1976) 1071–1076.
52) Traver, G.A., M. G. Cline, B. Burrows: Predictors of mortality in chronic obstructive pulmonary disease. Am. Rev. Respir. Dis. 119 (1979) 895–902.
53) Vastag, E., H. Matthys, D. Köhler, L. Gronbeck, Daikeler: Mucociliary clearance and airways obstruction in smokers, ex-smokers and normal subjects who never smoked. Eur. J. Respir. Dis. 66, suppl. 139 (1985) 93–100.

54) de Vries, K., H. Booij-Noord, J. T. Goei, N. J. Grobler, H. J. Sluiter, G. J. Tammeling, N. G. M. Orie: Hyperreactivity of the bronchial tree to drugs, chemical and physical agents. In: Orie, N. G. M., H. J. Sluiter (eds.): Bronchitis II, Royal VanGorcum, Assen (1964) 167–180.
55) Wallis, T. W., W. R. Rogers, W. G. Johanson jr.: Effects of acute and chronic exposure to nicotine aerosol on bronchial reactivity to inhaled methacholine. J. Appl. Physiol. 52 (1982) 1071–1076.
56) Wanner, A.: A review of the effects of cigarette smoke on airway mucosal function. Eur. J. Respir. Dis. 66, suppl. 139 (1985) 49–53.
57) Warren, C. P. W., V. Holford-Strevens, C. Wong, J. Manfreda: The relationship between smoking and total immunoglobulin E levels. J. Allergy Clin. Immunol. 69 (1982) 370–375.
58) White, J. R., H. F. Froeb: Small-airways dysfunction in nonsmokers chronically exposed to tobacco smoke. N. Engl. J. Med. 302 (1980) 720–723.

Literatur zur Diskussion

1) Czarnetzki, B. M., C. Galinski, R. Meister: Cutaneous and pulmonary reactivity in cholinergic urticaria. Br. J. Dermatol. 110 (1984) 587–591
2) Bouhuys, A., G. J. Beck, J. B. Schoenberg: Do present levels of air pollution outdoors affect respiratory health? Nature 276 (1978) 466–471.
3) Gerrard, J. W., D. W. Cockroft, J. T. Mink, D. J. Cotton, R. Poonawala, J. A. Dosman: Increased nonspecific bronchial reactivity in cigarette smokers with normal lung function. Am Rev. Respir. Dis. 122 (1980) 577–581.
4) Mapp, C. E., R. Polato, P. Maestrelli, D. J. Hendrick, L. M. Fabbri: Time course ot the increase in airway responsiveness associated with late asthmatic reactions to toluene di-isocyanate in sensitised subjects. J. Allergy clin. Immunol. 75 (1985) 568–572.
5) Meister, R., C. Gesenhues, B. M. Czarnetzki: Studies of cutaneous and bronchial reactivity in patients with cholinergic urticaria. Respiration 42 [Suppl. 1] (1981) 26.
6) Nordman, H., H. Keskinen, M. Tuppurainen: Formaldehyde asthma – rare or overlooked? J. Allergy Clin. Immunol. 75 (1985) 91–99.
7) O'Brien, M., H. J. Newman-Taylor, P. S. Burge, M. G. Harries, I. W. Fawcett, J. Pepys: Toluene di-isocyanate induced asthma. Clin. Allergy 9 (1979) 7–15.
8) Thiel, H.: Inhalation von Schadstoffen. Verh. Dtsch. Ges. Inn. Med. 88, 280–295. (1982)
9) Yoshida, K., H. Oshima, M. Imai: Air pollution and asthma in Yokkaichi. Arch. Environ. Health 13 (1966) 763–768.

Lungenbefunde und Rauchgewohnheiten – Pathologische Anatomie

KLAUS-MICHAEL MÜLLER

Epidemiologische Studien und die klinische Erfahrung belegen Zusammenhänge zwischen Rauchgewohnheiten und Krankheiten der luftleitenden Organe und der Lunge wie chronisch-obstruktive Bronchitis (COLD), Bronchialkarzinom, Larynxkarzinom und Lungenemphysem (WYNDER, *1972, u.a.)*.

Für den Pathologen ist aber die Diagnose „Raucherbronchitis, Raucherkrebs oder Raucheremphysem" ohne Kenntnis der Rauchgewohnheiten nicht sicher möglich oder nur zu vermuten, da die pathologisch-anatomischen Befunde nicht spezifisch sind.

Chronische Bronchitis und Rauchgewohnheiten

Morphologisch faßbare Befunde der Bronchialschleimhaut beim klinischen Bild einer sogenannten Raucherbronchitis sind zunächst unspezifisch. Nach einer umfangreichen morphologischen Studie am Obduktionsgut in Korrelation mit anamnestischen Daten über die Rauchgewohnheiten ist bei einem täglichen Zigarettenkonsum von 11–20 Zigaretten das histo-morphologische Bild einer chronischen Bronchitis in 75%, bei 21–40 Zigaretten täglich in über 90% der Fälle nachzuweisen (Literaturübersicht s. STEINBACH, *1981*, DIESEL, *1980*).

Nach dem schichtenweisen Aufbau der Bronchialwand sind Anomalien im Oberflächenepithel, zellulär-entzündliche Infiltrate, besonders in der Lamina propria, Ektasie und Hyperämie der Blut- und Lymphgefäße sowie Verschiebungen der Zellzusammensetzung in den seromukösen Bronchialwanddrüsen zu belegen. Der beim sog. Raucherkatarrh vermehrt produzierte Schleim stammt aus einer teilweise extrem vermehrten Becherzellenhyperplasie im Oberflächenepithel und einer mukösen Transformation der Epithelzellen in den Drüsenazini. Bei weiter vorgeschrittenen Krankheitsphasen mit dem klinischen Bild des trockenen, unproduktiven Reizhustens im Zusammenhang mit einer chronischen Zigaretteninhalation wird das Bild von einem zunehmenden metaplastischen Epithelumbau des Oberflächenepithels, begleitet von einer chronisch-entzündlich bedingten Atrophie der Bronchialwanddrüsen, geprägt.

A

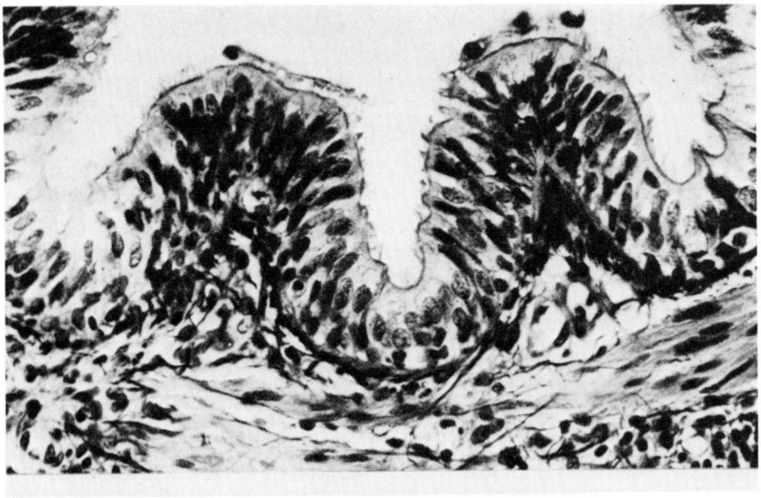

B

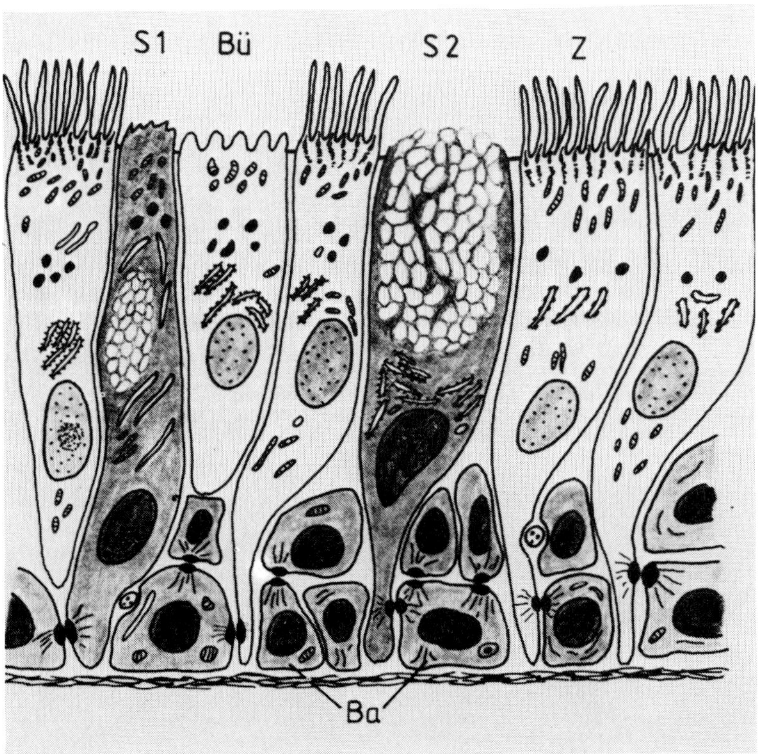

Abbildung 1:

A. Regelrechte Bronchialschleimhaut im Querschnitt eines kontrahierten Bronchus (oben, 350 ×; nach K.-M. Müller, 1979).

B. Schema des Schleimhautaufbaues nach elektronenmikroskopischen Befunden (unten, nach J. Rhodin, 1966). Z = zilientragende Epithelzelle, S1 = frühe Entwicklungsphase – S2 = voll entwickelte schleimbildende Becherzellen, Bü – Bürstenzelle, Ba = Basalzellen.

Bereits eine starke Becherzellenhyperplasie mit deutlicher Reduktion der kinozilientragenden Oberflächenepithelien sind ein gutes morphologisches Korrelat für eine insuffiziente mukoziliäre Clearance. Hierdurch wird das Eindringen von Schadstoffen aus der Gasphase, besonders aber aus dem Zigarettenkondensat, bis in periphere Bronchiolen und die Alveolen verständlich. Bei einem lichtmikroskopisch noch erhaltenen Kinozilienbild sind in Schleimhautbiopsien nach chronischem Inhalationsrauchen elektronenoptisch aber bereits ausgeprägte Zilienanomalien zu belegen, die mit einer Funktionsstörung korrelierbar sind (MÜLLER und MÜLLER, *1983,* GONZALEZ *et al., 1985;* Abb. 2).

Präneoplasien

Pathologische Schleimhautbefunde in Bronchusbiopsien von starken Inhalationsrauchern gehören heute zu täglichen Befunden des Pathologen im bioptischen Untersuchungsgut. Nach klar definierten morphologischen Kriterien sind Hyperplasien, Metaplasien und Dysplasien bis hin zum Carcinoma in situ unter dem Oberbegriff der Präneoplasien abzugrenzen. Die besonders in den Segment- und Subsegmentbronchien nachzuweisenden Veränderungen sind am häufigsten Folge rezidivierender Schleimhautreizungen durch inhalierte, z.T. als karzinogen belegte Substanzen mit einer im Regelfall begleitenden chronischen Entzündung bedingt. Die vermehrte und schließlich atypische Umstrukturierung des Oberflächenepithels ist Folge eines gesteigerten Zellersatzes nach Zellverlust und einer fortdauernden Schädigung durch Karzinogene, die als wesentliche Ursache des „entgleisten", ungeordneten, dysplastischen Epithelersatzes mit intraepithelialen Neoplasien bis zum Carcinoma in situ gelten.

Bei der Plattenepithelmetaplasie besteht das Oberflächenepithel aus einer epidermisähnlichen Zellschichtung unterschiedlicher Dicke. Kinozilientragende Zylinderzellen sind nicht mehr nachweisbar. Elektronenoptisch sind zwischen den Epithelzellen vermehrte Desmosomen und Tonofilamente bzw. Tonofilamentbündel sowie erweiterte Interzellularräume vorhanden. Diese Befunde machen verständlich, daß karzinogene Substanzen aus der Lichtung im Bereich metaplastischer und dysplastischer Epithelareale des Oberflächenepithels bis in den tiefen Schleimhautbereich, also den Bereich der proliferierenden Basalzellen, gelangen können (MÜLLER und MÜLLER, *1983,* GONZALEZ *et al., 1985*).

Als Mikropapillomatose wird eine hernienartige Vorwölbung der Bronchialschleimhaut mit vaskularisierten Stromapapillen und mehrschichtigen metaplastischen Oberflächenepithelien unter den Präneoplasien geführt.

Der Begriff der Dysplasie der Bronchialschleimhaut ist in Analogie zu den Befunden an anderen Organen wie Kehlkopf und Portio uteri gerechtfertigt

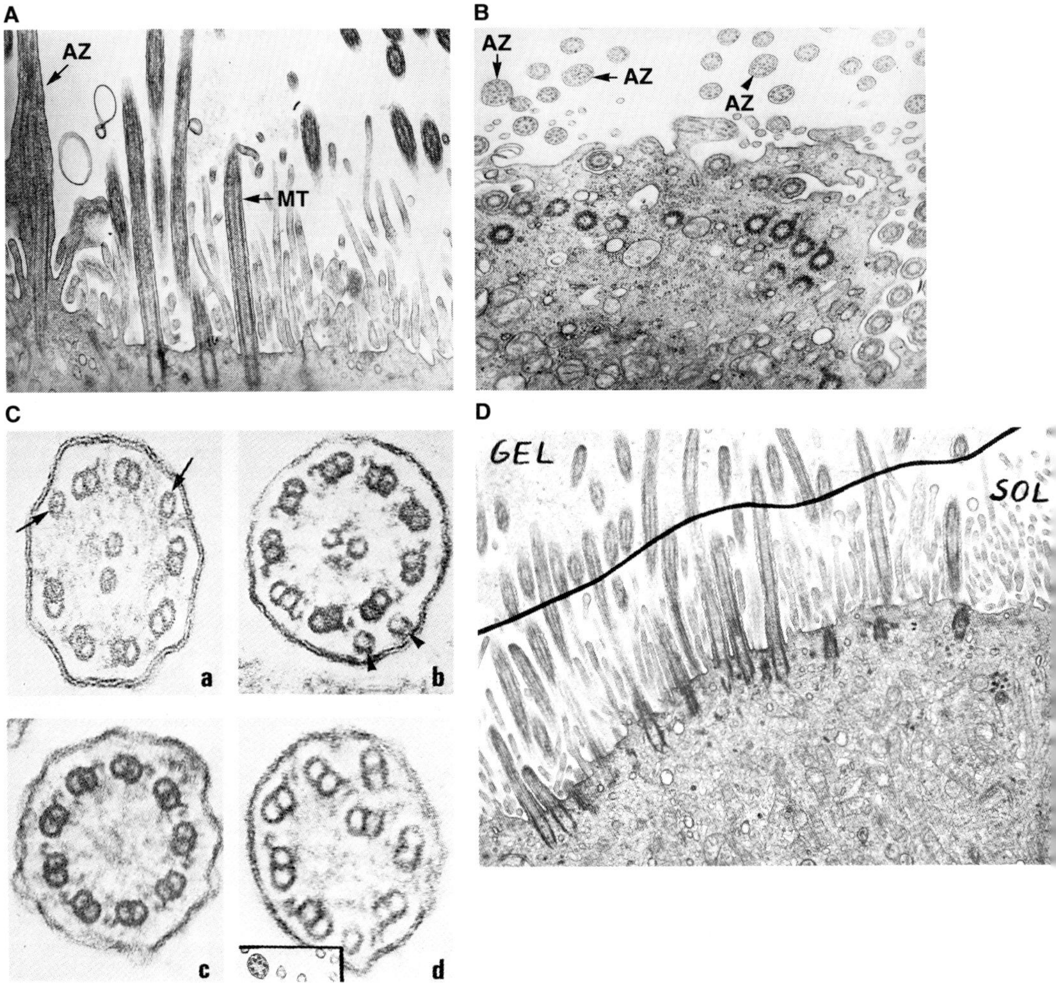

Abbildung 2: A/B/C Luminaler Bereich von Oberflächenzellen aus einer schwachen Dysplasie

A. Atypische Kinozilien im Längsschnitt (22.000x)

B. Atypische Kinozilien im Querschnitt mit einer vermehrten Anzahl von Mikrotubuli (22.000x)

Az = atypische Kinozilie
MT = Mikrotubulus

C. Atypische Mikrotubuli

a. einzelne periphere Mikrotubuli (Pfeil)
b. zusätzliche einzelne periphere Mikrotubuli (Pfeil)
c. fehlendes zentrales Filament
d. unregelmäßig angeordnete Mikrotubuli-Paare

D. Längsschnitt durch eine intakte Bronchialschleimhaut

(nach Müller, K.-M. und Müller, G., 1983)

(Übersicht s. MÜLLER, *1979,* GRUNDMANN, *1980,* MÜLLER und KROHN, *1980*).

Dysplastische Epithelveränderungen sind durch zelluläre Atypien in metaplastischen Gewebsarealen charakterisiert. Die Einteilung gradueller Unterschiede dysplastischer Epithelanomalien (Dysplasiegrade I–III) basiert auf zytologisch, histologisch, elektronenoptisch und morphometrisch gewonnenen Kriterien (Literatur s. STEINBACH *et al., 1981,* G. MÜLLER, *1983,* GONZALEZ *et al., 1986*).

Die WHO definiert in ihrer 1977 überarbeiteten Klassifikation der Lungentumoren die Dysplasie als „weniger schwere Veränderungen des Epithels als beim Carcinoma in situ" (WHO 1981).

Beim Carcinoma in situ sind die lichtmikroskopisch faßbaren Änderungen der Kern-/Plasmarelation zugunsten der Kerne, Mitosen und verändertes Färbeverhalten der Zellen in allen Abschnitten eines wechselnd breiten dysplastischen Oberflächenepithels bei ungeordnetem Gewebsverband vorhanden. Zur Diagnose eines manifesten Karzinoms fehlen hier nur die vollständige Destruktion der Basalmembran und die Infiltration des Stromas. Durch jüngste elektronenoptische und immunhistochemische Befunde konnte in Präneoplasien auch eine gesteigerte Proliferation von Zellen des APUD-Systems mit neurosekretorischen Granula und einer heterogenen atypischen Proliferation von Epithelzellen mit gleichzeitiger Expression von Tonofilamenten, neurosekretorischen Granula und Schleimvakuolen belegt werden (MENNE *et al., 1986,* GONZALEZ *et al., 1986*).

Unter den ätiologischen Faktoren für eine vermehrte Zellproliferation mit histologischen Befunden von Epithelhyperplasien und Dysplasien bis hin zum Carcinoma in situ spielen chronische Entzündungsreize und Noxen mit bekannter karzinogener Potenz eine besondere Rolle. Die Häufigkeit von Basalzellenhyperplasien und Metaplasien läßt sich mit dem Ausmaß des Zigarettenkonsums korrelieren (Literaturübersicht s. AUERBACH *et al., 1979,* MÜLLER, *1979*).

Tierexperimentell wurden im Rahmen der chemisch-induzierten Karzinogenese des Bronchialkarzinoms die Befunde über ätiologische Faktoren der Präneoplasien beim Menschen entscheidend untermauert (Literatur s. HARRIS *et al., 1970,* NETTESHEIM, *1976,* REZNIK-SCHÜLLER, *1978,* BECCI *et al., 1978,* MCDOWELL *et al., 1978,* KOBAYASHI *et al., 1978,* TRUMP *et al., 1978,* MOHR, *1979,* KLEIN-SZANTO *et al., 1982,* G. MÜLLER, *1983*).

Nach diesen Untersuchungen kann aber auch davon ausgegangen werden, daß Präneoplasien der Bronchialschleimhaut bis zum Grad einer Dysplasie nach Ausschaltung der chronischen Noxe reversibel sind. Ob dies auch für das Carcinoma in situ zutrifft, kann zur Zeit noch nicht eindeutig entschieden werden.

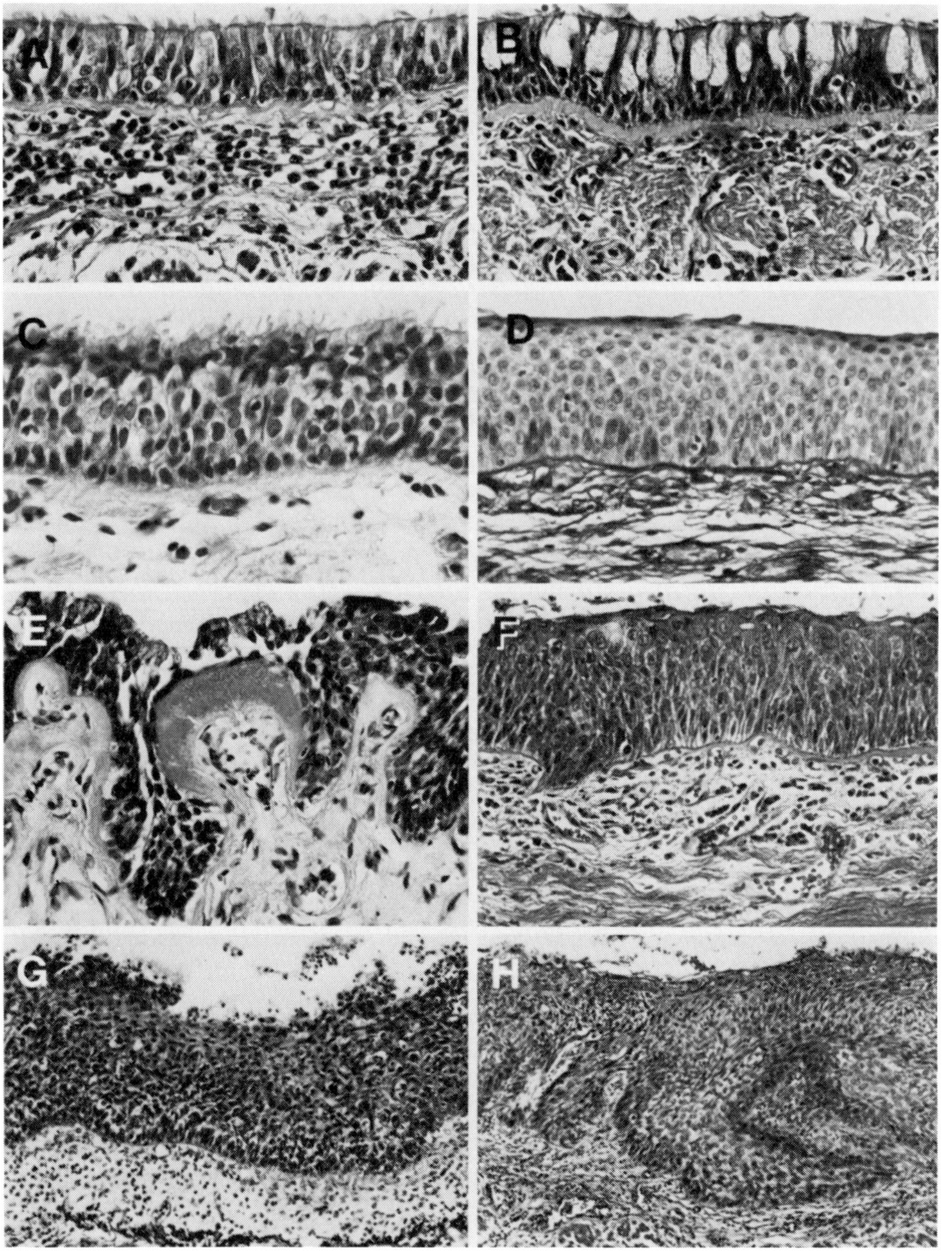

Abbildung 3: A–H. Beispiele verschiedener Präneoplasien der Bronchialschleimhaut. **A** Normale Bronchialschleimhaut (310 ×). **B** Becherzellenhyperplasie (31ox). **C** Basalzellenhyperplasie (310 ×). **D** Plattenepithelmetaplasie (310 ×). **E** Mikropapillomatose (310 ×). **F** Dysplasie (125 ×). **G** Carcinoma in situ (125 ×). **H** Beginnendes Plattenepithelkarzinom (75 ×).
(nach MÜLLER, K.-M. 1985)

„Raucherkrebs“

Aus den morphologisch faßbaren lokalen aber auch multifokalen verschiedenartigen Präneoplasien der Bronchialschleimhaut lassen sich Karzinome verschiedener histologischer Struktur und Differenzierung ableiten. Die beim Raucher häufigsten histologischen Karzinomtypen, wie Plattenepithelkarzinome und kleinzellige Karzinome, zeigen enge histogenetische Beziehungen zu den Präneoplasien, wodurch der Ausgangspunkt der Tumoren vom atypisch proliferierenden Oberflächenepithel belegt wird. Der gleichzeitige elektronenoptische und immunhistochemische Nachweis von Schleim und Keratinproteinen bzw. neurosekretorischen Granula innerhalb derselben Zelle von Präneoplasien und manifesten Karzinomen führten zur Annahme einer indifferenten Zelle als möglichen Vorläufer histologisch kombinierter Präneoplasien und kombinierter bösartiger Lungentumoren beim Raucher (Literatur s. McDowell und Trump, *1981*, Gonzalez *et al., 1986*).

Alveolarmakrophagen, sog. Raucherzellen

Aus der täglichen Erfahrung in der broncho-alveolären Lavage, Lungenbiopsien und im Obduktionsgut erlaubt der Gehalt braunpigmentierter Makrophagen im Lichtmikroskop einen morphologischen Hinweis auf eine ab-

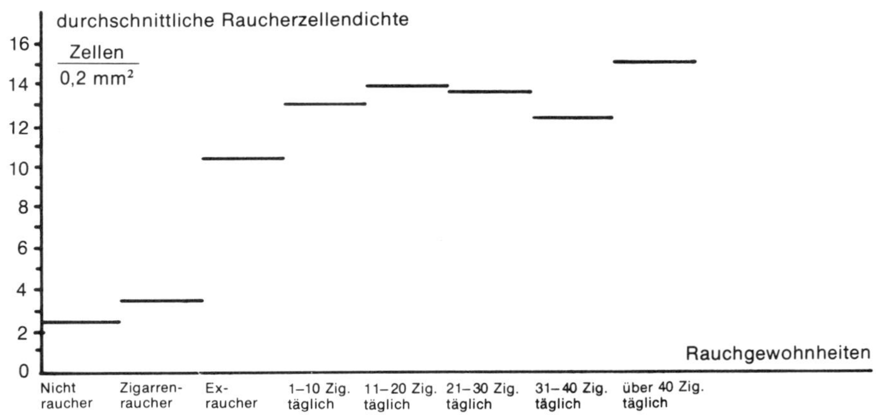

Rauchgewohnheiten	Nichtraucher	Zigarrenraucher	Exraucher	1–10 Zig. täglich	11–20 Zig. täglich	21–30 Zig. täglich	31–40 Zig. täglich	über 40 Zig. täglich
Summe der Fälle	13	9	18	5	25	11	11	8
durchschnittliche Raucherzellendichte	2,3	3,3	10,3	13	13,8	13,7	12,3	15

Abbildung 4: Auffallend bei der Dichte von braun pigmentierten Alveolarmakrophagen in den Gruppen vergleichbarer Rauchgewohnheiten ist die Verteilung um den Wert 13.
(nach Müller, K.-M., 1986)

gelaufene erhöhte Kondensatinhalation in Abhängigkeit von den Rauchgewohnheiten. An mehr als 200 männlichen Leichenlungen haben wir morphometrisch die Anzahl der Makrophagen pro Flächeneinheit bestimmt (Methodik s. STEINBACH, *1981*). Im zweiten Untersuchungsabschnitt wurden die morphologischen und morphometrischen Befunde mit den durch Fremdanamnese in einem Fragebogen erhobenen Rauchgewohnheiten korreliert. Der Wert der Makrophagendichte (= Makrophagenanzahl pro Flächeneinheit Lungengewebe) zeigte eine signifikante Zunahme der Raucherzellendichte beim Vergleich der Gruppen der Nichtraucher mit den Zigarettenrauchern. Bei einem Wert von 2,5 Makrophagen pro 0,2 mm^2 alveolären Lungengewebes stieg dieser Wert auf 13 Zellen pro Gesichtsfeld bei einem täglichen Zigarettenkonsum von 10–20 Zigaretten an (Abb. 4).

Auch die Einzelgröße der Makrophagen wies eine Zunahme mit einem mittleren Durchmesser von 14,4 µm auf. Die Rauchermakrophagen waren damit größer als Makrophagen vom Typ sog. Herzfehlerzellen oder kohlenstaubspeichernder Makrophagen. Die Zunahme der durchschnittlichen Makrophagenpigmentdichte ließ sich wie die durchschnittliche Raucherzellendichte mit den Rauchgewohnheiten korrelieren (Abb. 5).

Die von uns in menschlichen Lungen gefundenen pathologischen morphometrischen Werte zur Makrophagenpigmentdichte und durchschnittlichen Raucherzellendichte im Lungengewebe entsprechen tierexperimentel-

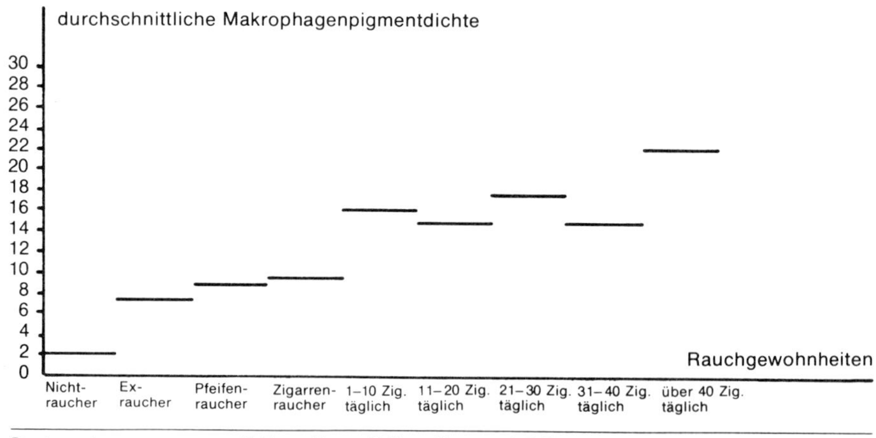

Rauchgewohnheiten	Nicht-raucher	Ex-raucher	Pfeifen-raucher	Zigarren-raucher	1–10 Zig. täglich	11–20 Zig. täglich	21–30 Zig. täglich	31–40 Zig. täglich	über 40 Zig. tägl.
Summe der Fälle	24	55	5	9	7	35	11	10	5
durchschnittl. Pigmentdichte	2,1	6,8	8,4	9,1	16,0	14,5	17,3	14,3	22

Abbildung 5: Auch die subjektiv ermittelte Pigmentmenge in den Raucherzellen weist auf eine Abhängigkeit zu den Rauchgewohnheiten hin.
(nach MÜLLER, K.-M., 1986)

Ultrastruktur der Granula		µm Größe	Granula Form	Elektr. Dichte	vermuteter Substanzgehalt
1		bis 3,5	abgerundet osmiophiler Rand	–/+	lipidartige Zonen im Innern
2		bis 2,4	abgerundet stark osmiophile Granula	–/++	lipidartige Zonen im Innern
3	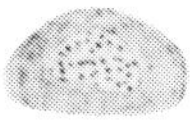	bis 3,5	grob granulär im Zentrum homogener Rand	–/+	
4		bis 4,0	abgerundet große Granula im Zentrum	+/++	
5		bis 2,0	abgerundet dichte Matrix homogen	++	
6		bis 2,3	rund, dichte Matrix mit Vakuolen	++/–	
7	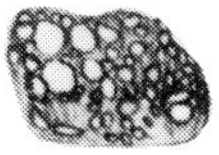	bis 4,5	rund, polyvakuolig, schaumig	–/+	lipidartige Zonen im Innern
8		bis 2,2	rund, zwiebelschalenförmige Lamellen	+	Surfactant, Zellreste von Typ-II-Alveocyten
9		bis 2,2	entrundet, fein fädig, nadelförmige Struktur	+	vermutlich Kaolinit Kristalle
10	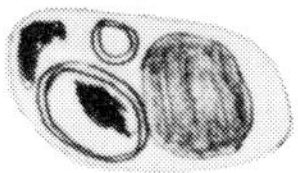	bis 6,5	rund, polyvakuo. feingranulär	–/+	Erythrocyten-Überrest
11		4,0–6,5	entrundet grob granulär	–	
12		bis 5,2	rund, stark osmiophil mit hellen Vakuolen	++/+	
13		2,3–5,4	rund, helle Matrix, feingranulär	+	Lipidspeicherung
14		bis 5,5	rund, helle Matrix, dunkle u. helle Vakuolen	+/++	lipidartige Zonen im Innern
15		bis 4,0	entrundet, stark osmiophiler Rand Zentrum leer	–/++	

Abbildung 6: Schematische Darstellung der zytoplasmatischen Einschlußkörper (Granula) in Alveolarmakrophagen von Patienten nach behandeltem akutem Lungenversagen bzw. nach Tabakrauchinhalation mit Angaben zur mittleren Größe, Form, Elektronendichte und vermutetem Substanzgehalt. Siehe auch die fotografischen Aufnahmen der Einschlußkörper in Abbildung 7.

(nach Müller, K. M. und Hirschberg, M., 1984)

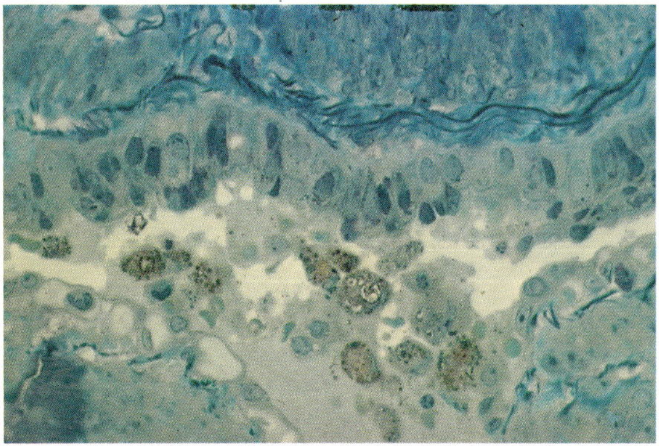

Braunpigmentiert Makrophagen im Bronchiallumen oberhalb des Bronchialepithels

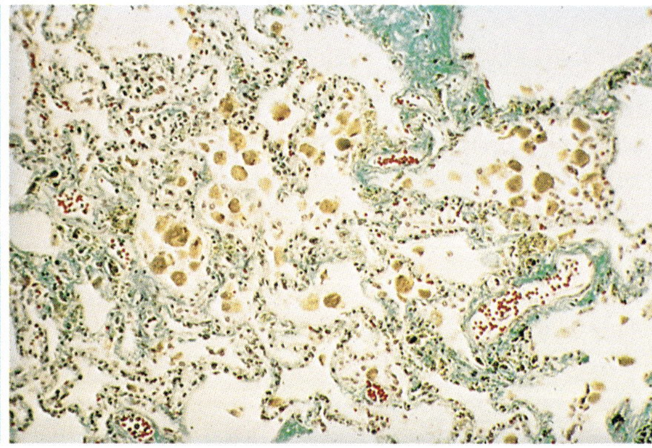

Zahlreiche Makrophagen im alveolären Bereich

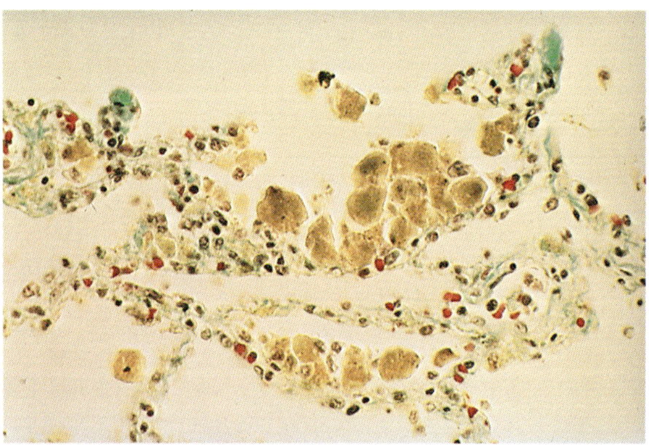

Anlagerung von Rauchermakrophagen im Bereich der Alveolarwand

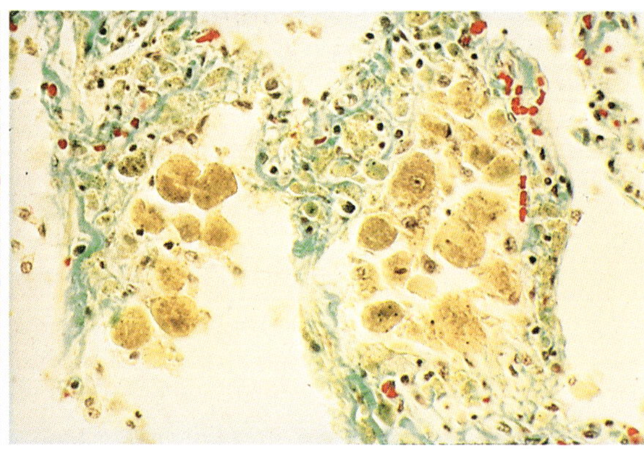

Massenhaft Alveolarmakrophagen in einer Alveole.
Entzündliche Alveolarwandinfiltration und beginnende Fibrose

Abbildung 7: Rauchermakrophagen sind lichtoptisch durch einen relativ großen Zytoplasmaanteil und einen kleinen, meist exzentrisch gelegenen Zellkern charakterisiert. Hier die Raucherzellen eines 42 Jahre alten Mannes nach akutem Herztod. Rauchkonsum 31 bis 40 Zigaretten täglich über 23 Jahre.

len Untersuchungsbefunden an Alveolarmakrophagen in Lungen, z.B. berauchter Ratten (Literatur s. PRATT *et al., 1971,* MARTIN, *1973,* BRODY und CRAIGHEAD, *1975,* DAVIES *et al., 1977,* MATULIONIS und TRAURIG, *1977,* MÜLLER und HIRSCHBERG, *1984*).

Elektronenoptisch konnten 15 morphologisch verschiedenartige Einschlußkörper in Alveolarmakrophagen vom Typ der Raucherzellen nachgewiesen werden (Abb. 6 und 7). Bei den überwiegend rundlichen und wechselnd elektronendichten, teils polyvakuolisierten intrazytoplasmatischen Granula muß es sich um Abbauprodukte aus Substanzen des Zigarettenkondensates aber auch aus körpereigenem Material handeln. Ein isoliertes für sog. Rauchermakrophagen spezifisches Zellsubstrat konnte von uns nicht belegt werden. Kristalline, längliche Einschlußkörper werden von einzelnen Autoren als typische Rauchereinschlüsse angesehen und mit phagozytierten Kaolinit-Kristallen aus der Tabakpflanze in Verbindung gebracht. Wir konnten diesen Befund als konstantes Merkmal der Makrophagen nach Tabakrauchinhalation nicht bestätigen (ausführliche Literatur s. MÜLLER und HIRSCHBERG, *1984)*.

Raucheremphysem

Klinische Erfahrungen und Beobachtungen im Obduktionsgut zeigen, daß bei Rauchern häufiger ein Lungenemphysem nachgewiesen wird als bei Nichtrauchern (Abb. 8 und 9). Unklar ist bis heute, ob und welche der bekannten pathogenetischen Emphysemfaktoren bei der Entwicklung des Raucheremphysems die wesentliche Rolle spielen. Diskutiert wird eine Änderung des Oberflächenfaktors durch Schädigung der Pneumozyten II, da in der Lungenlavage erheblich erniedrigte Lecithinwerte bei Rauchern im Vergleich zu Nichtrauchern gefunden wurden (FINLEY und LADMAN, *1972,* u.a.).

Eine Schädigung der Faserstruktur der Alveolarwand mit nachfolgender Emphysementwicklung ist aber besonders auch durch den Zerfall von aktivierten Makrophagen und einem Mangel an Alpha-1-Antitrypsin anzunehmen. Dabei kommt den Kollagenasen und Elastasen sowie anderen lysosomalen Enzymen der Makrophagen eine besondere Rolle zu. Der Anstieg lysosomaler Enzyme im Lungengewebe nach Berauchung ist tierexperimentell belegt.

Das sog. Raucheremphysem hat sicher eine multifaktorielle Genese. Neben der Beeinflussung des Oberflächenfaktors durch die Rauchinhalation und mögliche Einwirkungen lysosomaler Enzyme aus Rauchermakrophagen auf das Lungengewebe spielen obstruktive Ventilationsstörungen im Rahmen der chronischen „Raucherbronchitis" sowie Alter und Geschlecht eine Rolle. Bei morphometrischen Studien an Leichenlungen konnten wir bedingt eine Korrelation zwischen dem Ausmaß emphysematischer Lungenveränderungen, dem anamnestisch bekannten Zigarettenkonsum und der Anzahl von Rauchermakrophagen pro Flächeneinheit belegen (ausführliche Literatur s. DIESSEL, *1980)*.

Zusammenfassung

Zusammenfassend sind am Bronchialsystem, besonders im Schleimhautbereich und im Lungenparenchym des Menschen morphologisch zahlreiche

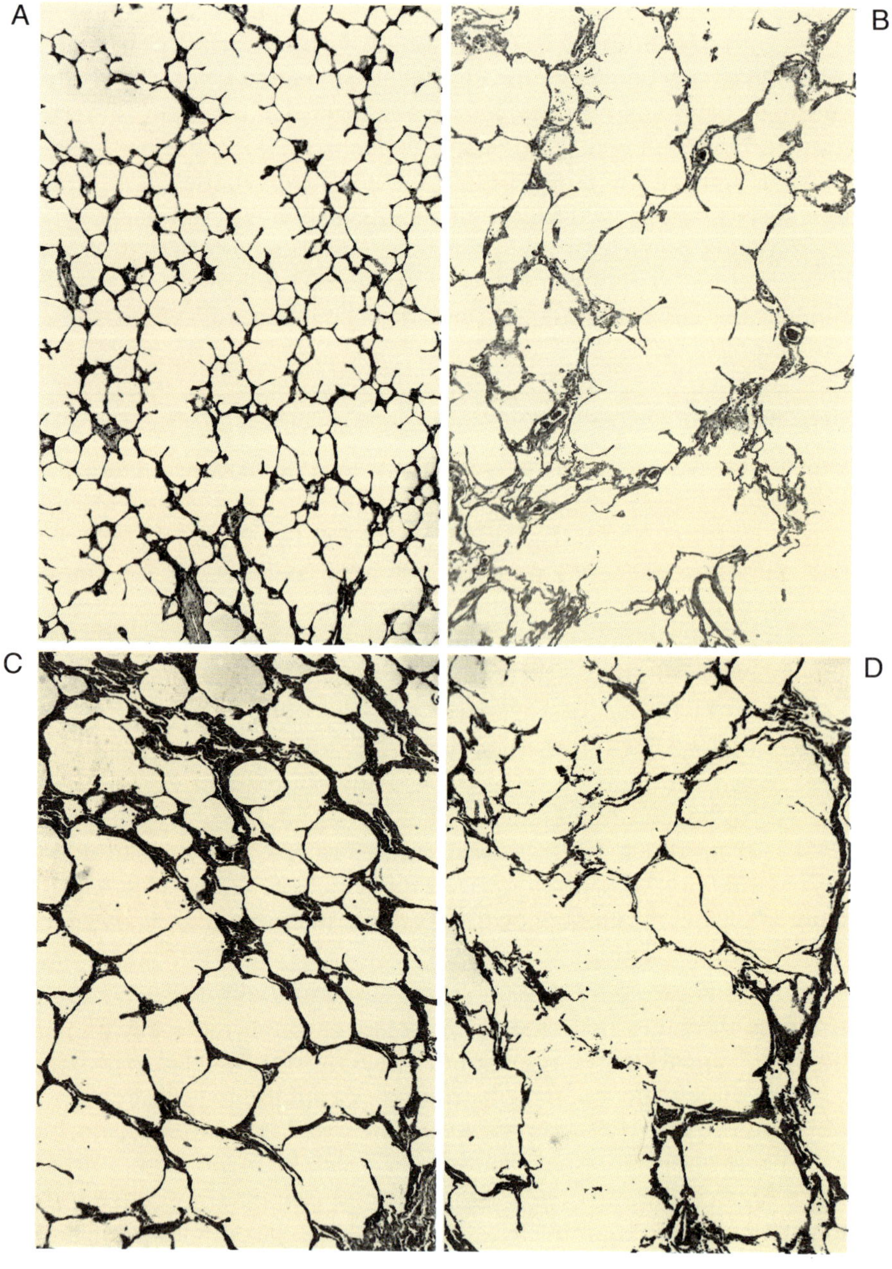

Abbildung 8: Beispiele verschiedener Emphysemgrade: A) Regelrechtes Lungengewebe (15 Jahre alter Junge). B) Vesikuläres Emphysem (Grad I) (48 Jahre alter Mann, 21 bis 30 Zigaretten täglich über 33 Jahre). C) Kleinblasiges Emphysem (Grad II) (77 Jahre alter Mann, 60 Zigaretten täglich über 51 Jahre). D) Großblasiges Emphysem (Grad III) (46 Jahre alter Mann, 31 bis 40 Zigaretten täglich über 21 Jahre).
(nach MÜLLER, K.-M., 1978)

Befunde zu erheben, die als Folge einer chronischen inhalativen Noxe, besonders durch Kondensatbestandteile des Tabakrauches, mit karzinogenem Potential zu werten sind. Die einzelnen histo-morphologischen, enzymhistochemischen und submikroskopisch faßbaren, klar definierten pathologischen Strukturanomalien sind allein betrachtet kein sicheres „Rauchersubstrat". Die Kombination der morphologischen Veränderungen und die Heranziehung anamnestischer Daten über die Rauchgewohnheiten belegen aber den hohen Stellenwert des chronischen Inhalationsrauchens bei den Krankheitsbildern chronisch-obstruktive Ventilationsstörung, Präneoplasien, Bronchialkarzinom und Lungenemphysem (Abb. 10).

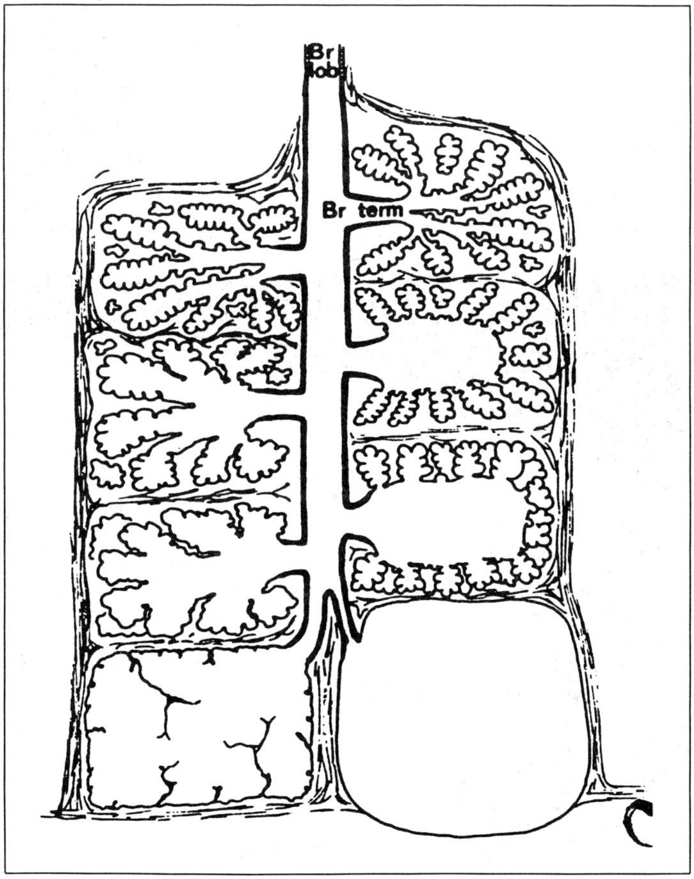

Abbildung 9: Phasen der Emphysementwicklung im Bereich eines Lungenläppchens: Panazinäres diffuses Emphysem durch Ausweitung der Alveolargänge und Abbau der Alveolarwandungen (links). Zentroazinäres Emphysem durch fortschreitenden Abbau der Gangstrukturen und Alveolarräume im Azinus bis zum blasigen Umbau. Typ des obstruktiven Emphysems (rechts).
(nach GIESE, W., 1974)

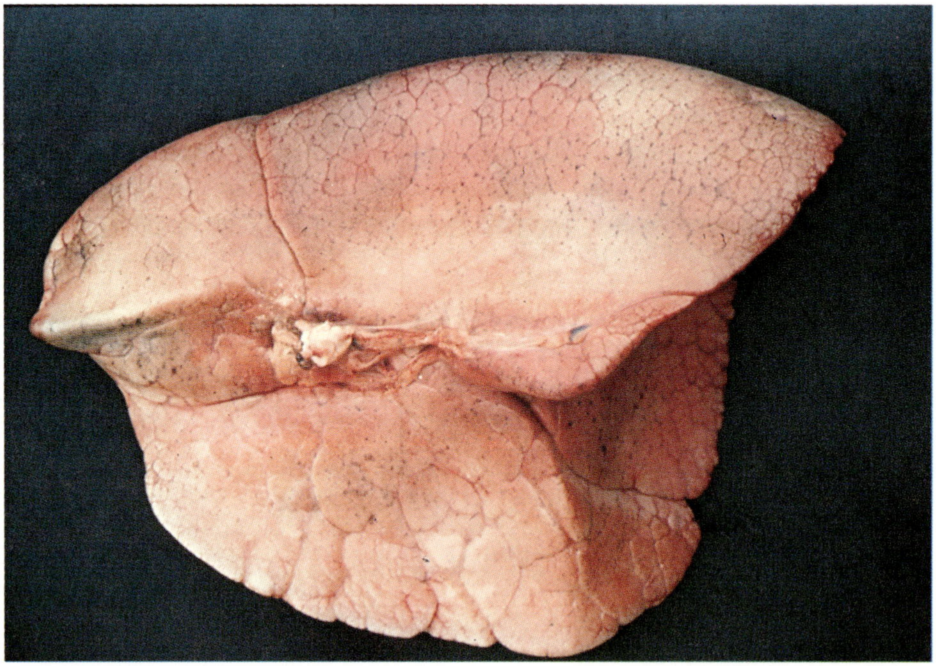

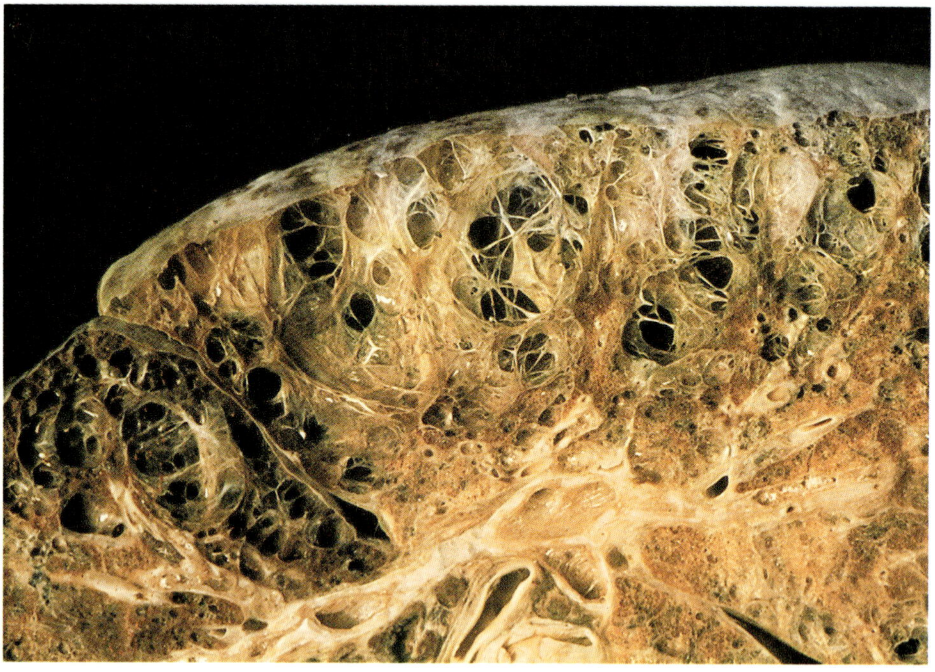

Abbildung 10:

A. Expandierte regelrechte Lunge

B. Fixierte Lungenschnittfläche eines chronischen Rauchers mit herdartiger Pigmentierung und Herdemphysem bei chronischer Bronchitis

Diskussion

Sill:
In einer von Lumsden *und Mitarbeitern (1984)* veröffentlichten Arbeit heißt es, daß die Clara-Zellen deutlich vermindert werden. Sie gehen in Ihrer Arbeit darauf nicht ein. Sind Sie nicht der Auffassung, daß dies für die Stabilität der Atemwege und der atelektasen Komponenten von Bedeutung wäre?

Müller:
Die Arbeit aus der Gruppe von Dr. Lamb (Lumsden *et al., 1984*) aus Edinburgh ist mir bekannt. Die Verminderung der Clara-Zellen ist durchaus ein besonderer morphologischer Befund, leider wissen wir aber über die genaue Funktion der Clara-Zellen noch relativ wenig. Nach eigenen Erfahrungen stehen bei der sog. Raucherbronchitis die Befunde im Oberflächenepithel und der intramuralen Bronchialwanddrüse ganz im Vordergrund.

Geisler:
Da die Hoffnung auf Reversibilität der Veränderungen bis hin zum Carcinoma in situ angesprochen wird, stelle ich die Frage, wie lange solche reparativen Vorgänge dauern bzw. wann Rückbildungen wirklich morphologisch nachweisbar sind.

Müller:
Nach unseren heutigen Kenntnissen kann man ähnlich den Befunden im Bereich anderer Organe davon ausgehen, daß Veränderungen im Oberflächenepithel bis zur Dysplasie bei Ausschaltung der chronischen Inhalationsnoxe und Rückgang der rezidivierenden Entzündungen rückbildungsfähig sind. Beim Carcinoma in situ sind die Verhältnisse wahrscheinlich anders. Nach sehr umfangreichen Kontrollstudien von Nasiell *und Mitarbeitern (1982)* ist nach zytologischen Verlaufsuntersuchungen mit der Entwicklung eines manifesten Karzinoms im Bereich eines Carcinoma in situ im Verlauf von 8 bis 14 Jahren zu rechnen. Die Befunde beim Menschen sind durch vielfache tierexperimentelle Untersuchungsergebnisse nach Einwirkung karzinogener Substanzen nachhaltig untermauert.

Meister:
In diesem Zusammenhang interessiert mich die Frage, was Retinoide bewirken, von denen französische Autoren behaupten, daß sie zu einer Rückbildung von Plattenepithel-Metaplasien im Bronchialsystem führen.

Müller:
Eine positive Wirkung der Retinoide ist m. E. bisher nur für besondere hyperplastische Plattenepithelanomalien im Kehlkopfbereich eindeutig belegt.

Gesicherte prospektive Studien über die Reversibilität bzw. prophylaktische Bedeutung der Retinoide in Bezug auf Plattenepithelmetaplasien im Bronchialsystem sind mir aus dem pathologisch-anatomischen Schrifttum nicht bekannt.

Meister:
Nach Ihrer Arbeit werden Becherzellen deutlich vermehrt. Erkennen Sie nicht einen Widerspruch zu den Angaben von MORGENROT, der darauf hinweist, daß die Becherzellen präformiert sind, aber zum großen Teil inaktiv bleiben? Erst unter dem Einfluß eines Infektes oder durch das Rauchen werden diese „schlummernden“ Becherzellen aktiviert. Sie sind also zahlenmäßig nicht vermehrt.

Müller:
Der Begriff der „Becherzellen-Hyperplasie“ im Oberflächenepithel der Bronchien und den Bronchialwanddrüsen ist ein fester Begriff in der täglichen morphologischen Biopsie- und Autopsiebegutachtung und auch im Schrifttum gängig. Hiermit werden die sehr eindrucksvollen histomorphologischen, histochemischen und immunhistochemischen Befunde der stark verschobenen Relation der kinozilientragenden Oberflächenepithelien zu vermehrten schleimbildenden Becherzellen (normalerweise Verhältnis 4:1) erfaßt. Elektronenoptisch läßt sich zeigen, daß eine numerische Zunahme im Sinne einer echten Hyperplasie nur selten faßbar ist. Der entscheidende Prozeß ist eine gestörte und überstürzte Proliferation und Produktion von Becherzellen im Schleimhautbereich (Becherzellen-Hypertrophie), die sich aus den pluripotenten Basalzellen ableiten lassen. Eindrucksvoll läßt sich elektronenoptisch zeigen, daß restliche vorhandene Flimmerzellen zwischen den hypertrophierten großen schleimbildenden Becherzellen komprimiert werden. Hieraus läßt sich bedingt eine zusätzliche Funktionsstörung der Flimmerzellen neben den demonstrierten submikroskopisch faßbaren Strukturanomalien im Kinozilienapparat ableiten. Als morphologisches Substrat der Dyskrinie läßt sich zeigen, daß es in den hypertrophierten und vermehrt vorhandenen Becherzellen zu einer fehlerhaften, quasi überstürzten Sekretproduktion mit Ausschleusung abnormer Prämuzingranula kommt.

Sill:
Zu den histologischen Unterschieden bei den Präneoplasien möchte ich fragen: Warum gibt es nicht mehr Doppelkarzinome? Oder die schwierige Frage einfacher formuliert: Warum geht das nur an einer Stelle los?

Müller:
Zunächst findet man bei einem manifesten Karzinom bei ausführlicher morphologischer Untersuchung anderer Äste des Bronchialsystems im Ope-

rations- oder Autopsiegut fast immer Präneoplasien unterschiedlicher Schweregrade als Zeichen möglicher Vorläufer weiterer Karzinome. Berichte über Doppelkarzinome der Lunge sind zwar immer noch selten, im Obduktionsgut eines Jahres fanden wir 1985 in 5 Fällen Doppelkarzinome und in 10 Fällen klinisch bis zum Tod nicht diagnostizierte Lungenkarzinome. Eine Erklärung für die relativ seltene Diagnose von Zweittumoren der Lunge im klinischen Beobachtungsgut leitet sich u.a. auch von der Tatsache ab, daß die ganz überwiegende Mehrzahl der Karzinompatienten binnen Jahresfrist nach Diagnosestellung an der Grundkrankheit stirbt und das Zweitkarzinom nicht mehr bis zum Stadium einer klinisch faßbaren Größe gelangt.

In den letzten Jahren sind aber bei Patienten mit längeren Überlebenszeiten nach operativ entferntem Lungenkrebs Zweitkarzinome wiederholt mitgeteilt worden. Ich darf hier auf die Arbeit von SMITH *et al. (1976)* hinweisen.

Schultze-Werninghaus:
Aus der Emphysemliteratur entnehme ich, daß Raucheremphyseme von Nichtraucher-Emphysemen – jene als zentrilobuläre, diese als panlobuläre Emphyseme – deutlich unterschieden und erkennbar sind. Aus dem Schlußsatz Ihrer Arbeit allerdings erfahre ich, daß Raucheremphyseme nur im Zusammenhang mit der Anamnese erkennbar sind. Sehen Sie darin nicht einen Widerspruch? – Zudem: Können Sie den bei mir entstandenen Eindruck entkräften, Sie führten als Emphysem-Ursache nicht Entzündungsvorgänge, sondern eher die Obstruktion an, die ja dann zur Neuauflage der doch überholten Theorie der Überblähung führen müßte?

Müller:
Es trifft zu, daß man morphologisch ein zentrilobuläres Emphysem, z.B. wie beim sog. Kohlenstaubemphysem der Bergarbeiter, von einem destruktiven panazinären (primären?) Emphysem abgrenzen kann. Ich habe versucht darzulegen, daß sich beim sog. Raucheremphysem offensichtlich verschiedene pathogenetische Faktoren bei der Emphysementwicklung kombinieren bzw. potenzieren können. Neben einem enzymatischen Abbau des bindegewebigen Alveolargerüstes u.a. durch Einwirkung von Rauchermakrophagen spielen aber entzündlich-bronchiolitische Veränderungen sicher auch eine wesentliche Rolle. Daß der pathogenetische Mechanismus des obstruktiven Emphysems eine überholte Theorie ist, vermag ich nicht zu bestätigen. In der wöchentlichen klinischen Konferenz unseres Institutes kann ich fast regelmäßig chronische Herdemphyseme demonstrieren, für die sich als wesentliche pathogenetische Faktoren mechanische und funktionelle, obstruktive Bronchiolenstenosen belegen lassen. Im Regelfall ist hier eine gute Korrelation zwischen den klinisch gemessenen pathologischen Funktionsparametern, der Morphologie und dem Röntgenbefund herzustellen.

Geisler:
Widerspricht nicht auch Ihrem Schlußsatz, daß man Raucherschäden im Grunde nur mit der Anamnese zusammen interpretieren kann, Ihre eigene Bemerkung, daß die Makrophagen ganz typisch verändert sind?

Müller:
Vielleicht habe ich mich bezüglich der sog. Rauchermakrophagen nicht klar genug ausgedrückt. Nach Anzahl, Lage, Färbeverhalten und Form der Makrophagen kann man am histologischen Schnitt und im Sputum durchaus die wahrscheinliche Verdachtsdiagnose von sog. Rauchermakrophagen stellen. Unsere elektronenoptischen Untersuchungen haben aber gezeigt, daß diese Makrophagen ein sehr heterogenes Bild meist lysosomaler Speicherstrukturen aufweisen, wobei sich ein wiederkehrendes, verbindliches Korrelat mit Rückschluß auf eine bestimmte Substanz, z. B. aus dem Zigarettenkondensat – wie dies bei Kohlepartikeln, Quarzkristallen oder Blutpigment möglich ist – nicht bestimmen ließ.

Literatur

1) Auerbach, O., E. G. Hammond, and L. Garfinkel: Changes in bronchial epithelium in relation to cigarette smoking, 1955–1960 VS 1970–1977. N. Engl. J. Med. 300 (1979) 381–386.
2) Becci, P. J., E. M. McDowell, and B. F. Trump: The respiratory epithelium II. Hamster trachea, bronchus and bronchioles. J. Nat. Cancer Inst. 61 (1978) 551–561.
3) Brody, A. R., J. E. Craighead: Cytoplasmic inclusions in pulmonary macrophages of cigarette smokers. Lab. Invest. 32 (1975) 125–132.
4) Cortese, D. A. et al.: Roentgenographically occult lung cancer. A ten year experience. J. Thorac. Cardiovasc. Surg. 86 (1983) 373–380.
5) Davies, P., G. C. Sornberger, G. L. Huber: The stereology of pulmonary alveolar macrophages after prolonged experimental exposure to tobacco smoke. Lab. Invest. 37 (3) (1977) 297–306.
6) Diessel, C. L.: Morphologische Untersuchungen über die Auswirkungen der langzeitigen Tabakrauch-Inhalation auf Alveolarmakrophagen und Lungenstruktur. Inaugural-Dissertation, Medizinische Fakultät Münster (1980).
7) Finley, T. N., A. J. Ladman: Low yield of pulmonary surfactant in cigarette smokers. N. Engl. J. Med. 286 (1972) 223–227.
8) Giese, W.: Atemwege und Lungen. In: W. Doerr: Organpathologie Bd. I Thieme Verlag, Stuttgart 1974.
9) Gonzalez, S., D. B. v. Bassewitz, E. Grundmann, J. A. Nakosteen, K.-M. Müller: The ultrastructural heterogenity of potentially preneoplastic lesions in the human bronchial mucosa. Pathology (1986) in press.
10) Gonzalez, S., D. B. v. Bassewitz, E. Grundmann, K.-M. Müller, J. A. Nakhosteen: Rudimentary cilia in hyperplastic, metaplastic and neoplastic cells of the lung and pleura. Path. Res. Pract. 180 (1985) 511–515.
11) Grundmann, E.: Precancerous lesions and their clinical consequences. Arch. Geschwulstforsch. 50 (1980) 539–548.
12) Harris, J. O., E. W. Swenson, J. E. Johnson: Human Alveolar Macrophage: Comparison of Phagocytic Ability Glucose Utilization and Ultrastructure in Smokers and Nonsmokers. J. Clin. Invest. 49 (1970) 2086–2096.

13) Klein-Szanto, A. J. P., P. Nettesheim, G. Saccomanno: Lesions of the Human Respiratory Tract. Cancer 50 (1981) 107–113.
14) Kobayashi, N., M. Kanisawa, T. Okamoto, M. Okiba, H. Katasuki: Sequential cytologic study of the development of squamous cell carcinoma induced in subcutaneously implanted bronchial autograft of dog. Acta Cytol. 22 (1978) 99–104.
15) Lamb, D., L. Reid: Goblet cell increase in rat bronchial epithelium after exposure to cigarette and cigar tobacco smoke. Br. Med. J. I (1969) 33–35.
16) Martin, R. R.: Altered morphology and increased acid hydrolase content of pulmonary macrophages from cigarette smokers. Am. Rev. Respir. Dis. 107 (1973) 596–599.
17) Matulionis, D. H., H. H. Traurig: In situ response of lung macrophages and hydrolase activities to cigarette smoke. Lab. Invest. 37 (3) (1977) 314–326.
18) McDowell, E., J. S. McLaughlin, D. K. Merenyl, R. F. Kieffer, C. C. Harris, B. F. Trump: The respiratory epithelium. V. Histogenesis of lung carcinomas in the human. J. Nat. Cancer Inst. 61 (1978) 539–606.
19) McDowell, E. M., B. F. Trump: Pulmonary small cell carcinoma showing tripartite differentiation in individual cells. Hum. Pathol. 12 (1981) 286–294.
20) Menne, R., S. Gonzalez, K.-M. Müller: Transformation des Oberflächenepithels im Bronchialsystem Therapiewoche 36 (1986) 407–412.
21) Mohr, M.: Ätiologie und Pathogenese der frühen neoplastischen Veränderungen an Experimentalbeispielen. Verh. Dtsch. Krebsges., Stuttgart: Fischer-Verlag Bd. II (1979) 165–174.
22) Müller, G.: Krebsvorstadien der Bronchialschleimhaut. Licht und elektronen-mikroskopische Untersuchungen. Inaugural-Dissertation, Münster (1983).
23) Müller, K.-M.: Pathologisch-anatomische Lungenbefunde und Rauchgewohnheiten. Der informierte Arzt 11 (1979) 70–83.
24) Müller, K.-M.: Krebsvorstadien der Bronchialschleimhaut. Verh. Dtsch. Ges. Path. 63 (1979) 112–131.
25) Müller, K.-M.: Präneoplasien des Bronchialsystems. Pathologische Anatomie. Prax. Klin. Pneumol. 37 (1983) 644–648.
26) Müller, K.-M.: Pathologie der Lungentumoren aus: Trendelenburg, F.: Handbuch der inneren Medizin, Bd. IV/4A Tumoren der Atmungsorgane und des Mediastinums A, Springer-Verlag Berlin Heidelberg New York Tokyo (1985) 87–127.
27) Müller, K.-M., M. Hirschberg: Alveolar macrophages after chronic tobacco smoke inhalation and after artificial respiratory therapy for acute pulmonary failure. Klin. Wochenschr. 62 (Suppl. II) (1984) 43–50.
28) Müller, K.-M., B. R. Krohn: Smoking habits and their relationship to precancerous lesions of the larynx. J. Cancer Res. Clin. Oncol. 96 (1980) 211–217.
29) Müller, K.-M., G. Müller: The ultrastructure of preneoplastic changes in the bronchial mucosa. In: Current Topics in pathology, Vol. 73 Pulmonary Diseases Edit.: Müller, K.-M., Springer Verlag, Berlin Heidelberg (1983) 233–263.
30) Nasiell, M., E. Carlens, G. Auer, Y. Hayata, H. Kato, C. Konaka, V. Roger, K. Nasiell, I. Enstad: Pathogenesis of bronchial carcinoma, with special reference to morphogenesis and the influence on the bronchial mucosa of 20-methylcholanthrene and cigarette-smoking. In: Band PR ed Early detention and localization of lung tumors in high risk group (Recent results of cancer research) Springer, Berlin, Heidelberg, New York (1982) 53–68.
31) Nettesheim, P.: Precursor lesions of Bronchogenic Carcinoma. Cancer 36 (1976) 2645–2657.
32) Pratt, S. A., H. S. Morris, A. J. Ladman, T. M. Finley: The ultrastructure of alveolar macrophages from human cigarette smokers and nonsmokers. Lab. Invest. 24 (5) (1971) 331–338.
33) Reznik-Schüller, H.: Sequential morphologic alterations in the bronchial epithelium of Syrian golden hamsters during N-nitroso-morpholine-induced pulmonary tumorigenesis. Am. J. Pathol. 89 (1978) 59.
34) Rhodin, J.: Utrastructure and function of the human tracheal mucosa. Am. Rev. Respir. Dis. 93 (1966) 1–15.
35) Steinbach, Th.: Einsatz der automatischen quantitativen Bildanalyse in der Histopathologie – Möglichkeiten und Grenzen –. Inaugural-Dissertation, Medizinische Fakultät Münster (1981).

36) Steinbach, Th., J. Adämmer, K.-M. Müller: Computer-gestützte Einteilung präneoplastischer Epithel-Veränderungen der menschlichen Bronchialschleimhaut. Prax. Klin. Pneumol. 35 (1981) 667–669.
37) Trump, B. V., E. M. McDowell, F. Glavin, L. A. Barrett, P. J. Becci, W. Schürch, H. E. Kaiser, C. C. Harris: The respiratory epithelium. III Histogenesis of epidermoid metaplasia and carcinoma in situ in the human. J. Nat. Cancer Inst. 61 (1978) 563–571.
38) WHO: Histological classification of lung tumors. Geneva (1981).
39) Wynder, E. L.: Etiology of lung cancer reflections on two decades of research. Cancer 30 (1972) 1332–1339.

Literatur zur Diskussion

1) Lumsden, A. B., A. McLean, D. Lomb: Goblet and clara cells of human distal airways: Evidence for smoking induced changes in their numbers. Thorax 39 (1984) 844–849
2) Nasiell, M., E. Carlens, G. Auer, Y. Hayata, H. Kato, C., Konaka, V. Roger, K. Nasiell, I. Enstad: Pathogenesis of bronchial carcinoma, with special reference to morphogenesis and the influence on the bronchial mucosa of 20-methylcholanthrene and cigarette-smoking. In: Band PR ed Early decention and localization of lung tumors in high risk groups, (Recent results of cancer research). Springer, Berlin, Heidelberg, New York (1982) 53–68.
3) Smith, R. A., B. K. Nigam, J. M. Thompsen, Second primary lung carcinoma. Thorax, 31 (1976) 507–516.

Methoden der Raucherentwöhnung

Volker Sill

Seit der Publikation von Wynder und Graham *1950,* in der Rauchen als ein möglicher ätiologischer Faktor beim Bronchial-Karzinom beschrieben wurde, sind 36 Jahre vergangen. Obwohl heute jeder weiß, daß Inhalieren von Zigarettenrauch schädlich ist, verbleibt im Umgang mit der Zigarette sehr viel Irrationales. Bei Meldungen über eine eventuelle karzinogene Wirkung einer Tablette wird ein ganzes Volk sensibilisiert. Anfragen zur Schädlichkeit der Zigaretten gibt es dagegen nicht, obschon auf jeder Packung in der Bundesrepublik zu lesen ist:

Der Bundesgesundheitsminister: Rauchen gefährdet Ihre Gesundheit. Der Rauch einer Zigarette dieser Marke enthält nach DIN die auf dem Steuerzeichen angegebenen Mengen an Nikotin (N) und Kondensat (K) (Teer).

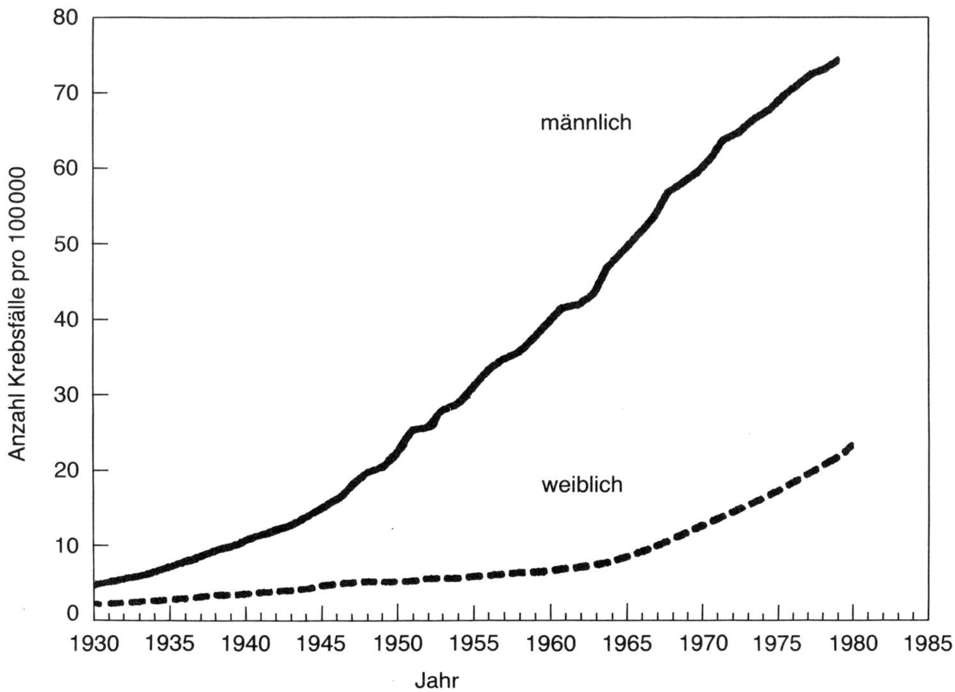

Abbildung 1: Lungenkrebs-Mortalitätsrate 1930–1980 in den USA (Erhebung des Department of Epidemiology and Statistics, American Cancer Society).
(nach Loeb et al., 1984)

Rauchen wird ätiologisch in Zusammenhang gebracht mit chronisch obstruktiven Lungenerkrankungen, Bronchial-Karzinom, koronarer Herzkrankheit, arterieller Verschlußkrankheit, thrombotisch cerebro-vasculären Erkrankungen, peptischen Ulcera, Tumor-Erkrankungen des Gastro-Intestinaltraktes, des Pankreas, der Harnblase und der Cervix (Steinfeld, *1985;* Rogers *et al., 1985*). Mc Kenna geht davon aus, daß 75% aller Bronchial-Karzinome selbst verschuldet sind, d.h. durch Nikotinmißbrauch (Gunby, *1985*). Es ist zu erwarten, daß 1985 auch bei Frauen in den USA das Lungen-Karzinom an erster Stelle steht (siehe Abb. 1, 2 u. Tab. 1).

Frauen rauchen wie Männer und sterben wie Männer.

Die Fakten über die Schädlichkeit des Aktivrauchens sind erdrückend; bezüglich des Passivrauchens mehren sich die Beweise, daß nicht nur eine Belästigung vorliegt, sondern auch ein Gesundheitsrisiko (Schmidt, *1985*). Passivraucher sind dem freiwerdenden karzinogenen Nitrosamin erheblich ausgesetzt. Aldehydwerte, CO-Spiegel im Blut sowie Urinkotinin-Spiegel sind eindeutig bei Passivrauchern erhöht (Reckendorf, *1985,* Loeb *et al., 1984*).

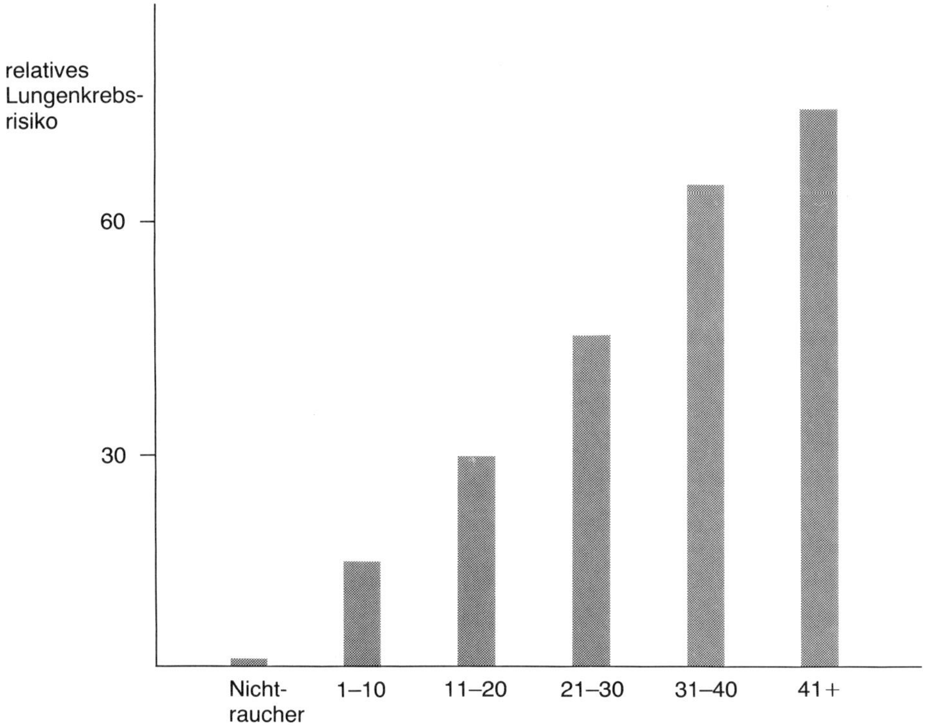

Abbildung 2: Relatives Lungenkrebsrisiko in Abhängigkeit der pro Tag gerauchten Zigaretten. (nach Wynder und Stellman, 1979)

Tabelle 1: Lungenkrebs-Mortalitätsverteilung – prospektive Studien

Bevölkerungsgruppen	untersuchte Gruppen	Anzahl Sterbefälle	Nicht-raucher	Zigaretten-raucher
Britische Ärzte	34 000 männlich	441	1.00	14.00
	6194 weiblich	27	1.00	5.00
Schwedische Untersuchung	27 000 männlich	55	1.00	7.00
	28 000 weiblich	8	1.00	4.50
Japanische Untersuchung	122 000 männlich	940	1.00	3.76
	143 000 weiblich	304	1.00	3.58
American Cancer Society (unter Beteiligung von 25 US-Staaten)	358 000 männlich	2018	1.00	8.53
	483 000 weiblich	439	1.00	3.28
United States veterans	290 000 männlich	3126	1.00	11.28
Canadian veterans	78 000 männlich	331	1.00	14.20
American Cancer Society (unter Beteiligung von 9 US-Staaten)	188 000 männlich	448	1.00	10.73
Kalifornien 9 verschiedene Berufsgruppen	68 000 männlich	368	1.00	7.61

United States Public Health Service (1982)

Epidemiologische Untersuchungen schätzen das Lungenkrebs-Risiko eines Passivrauchers auf das 2- bis 3fache höher ein (Tab. 2).

Erste Konsequenzen sind gezogen; auf der *MAK-Liste 85* ist das Passivrauchen als krebsgefährdend eingestuft. In Schweden wurde bereits einem Hinterbliebenen einer nicht rauchenden Arbeitnehmerin eine Berufsschadens-Rente gezahlt, weil der Lungenkrebs durch das Rauchen der Arbeitskollegen am Arbeitsplatz verursacht sein könnte *(Gerichtsentscheid, 1985)*.

Die Hoffnungen, die mit der sog. leichten Zigarette verbunden waren, haben sich nicht erfüllt. Die Raucher modifizieren ihre Rauchtechniken und halten so ihre Schadstoffkonzentrationen nahezu konstant (Schmidt, *1985*). Nach Minty *et al. (1985)* bleiben beim Wechsel von Zigaretten mit mittlerem zu weniger Teergehalt die TcDTPA-Clearance, der COHb sowie die Kotinin-Urin-Ausscheidung fast unverändert (Abb. 3 und 4).

Rauchen ist ein Milliardengeschäft. In der Bundesrepublik werden 14 Milliarden DM Tabaksteuer pro Jahr eingezogen. Dafür werden u. a. in Kauf genommen: 140000 Herzinfarkte pro Jahr, 100000 Frühinvaliden pro Jahr, die dem Zigarettenkonsum zuzuschreiben sind (Schmidt, *1985*). In den USA werden die durch das Rauchen verursachten medizinischen Kosten auf 27 Milliarden Dollar pro Jahr geschätzt (Gunby, *1985*).

Tabelle 2: Epidemiologische Studie bei Passivrauchern und Lungenkrebsrisiko

Autor	Land	Studiendesign und Geschlecht	Ausmaß der Raucherexposition pro Tag	Relatives Risiko
Hirayama (1981)	Japan	Gruppe (Frauen)	**Ehemann**	
			Nichtraucher	1.00
			< 20 Zigaretten	1.60*
			≥ 20 Zigaretten	2.08*
Trichopoulos (1981)	Griechenland	Fall-Kontrolle (Frauen)	**Ehemann**	
			Nichtraucher	1.00
			< 1 Packung	2.40*
			≥ Packung	3.40*
Garfinkel (1981)	USA	Gruppe (Frauen)	**Ehemann**	
			Nichtraucher	1.00
			< 20 Zigaretten	1.37**
			≥ 20 Zigaretten	1.04**
Correa et al. (1983)	USA	Fall-Kontrolle (beide Geschlechter)	**Ehepartner**	
			Nichtraucher	1.00
			< 40 Zigaretten	1.48*
			≥ 40 Zigaretten	3.11*

nach Loeb et al., 1984

* Ergebnisse sind statistisch signifikant $p < 0,05$
** nicht signifikant

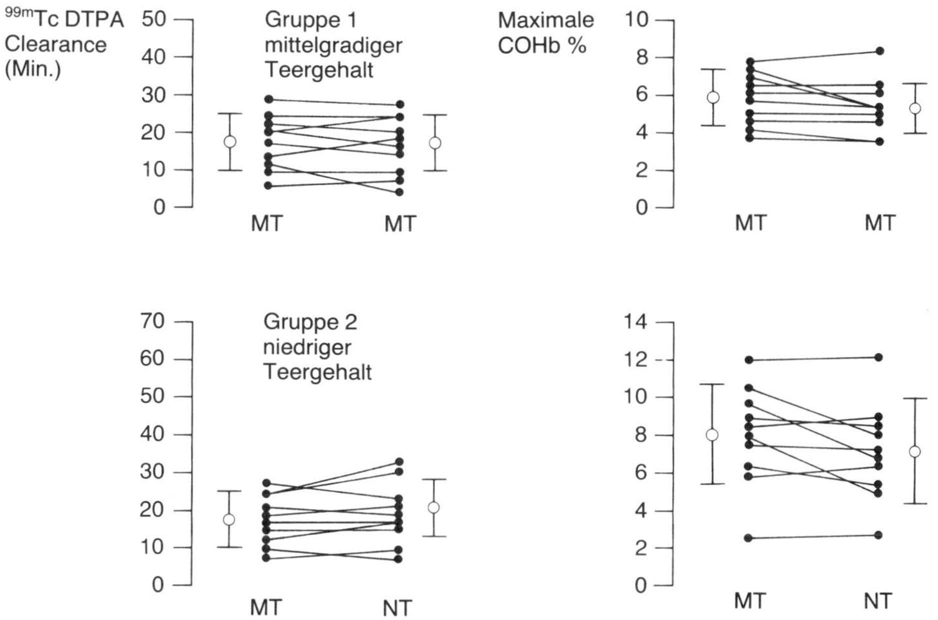

Abbildung 3: Individuelle Ergebnisse für ^{99m}Tc-diethylentriaminpentaacetat (^{99m}Tc DTPA) Clearance und Carboxyhämoglobin-Konzentration (COHb). Durchgezogene Linie •——• gibt die Veränderungen von Woche 2 zu Woche 4 der Untersuchung wieder. Gruppe 1 rauchte Zigaretten mit mittlerem Teergehalt (MT) während des gesamten Studienverlaufs. Gruppe 2 wechselte nach der 2. Woche zu Zigaretten mit niedrigem Teergehalt (NT).

Individuelle Durchschnittswerte und Standardabweichung ⌶

(nach Minty et al., 1985)

Auch im persönlichen Bereich werden erhebliche finanzielle Belastungen in Kauf genommen. 10 Jahre Rauchen bei einem täglichen Konsum von 20 Zigaretten entsprechen ca. 15 000,– DM ohne Zinsen, 40 Jahre täglicher Konsum von 40 Zigaretten führen zu der stattlichen Summe von ca. 120 000,– DM; viel Geld für 7 Tassen Teer (Schmidt, *1984*).

Erdrückende gesundheitsschädigende Fakten sowie finanzielle Belastungen werden in Kauf genommen, weil 90% den Nikotingenuß als angenehm empfinden. Luban-Plozza und Knaak-Sommer *(1974)* teilten die Raucher ein in:

Gewohnheitsraucher ca. 50–60%,
Gelegenheitsraucher ca. 20–30%
sowie Genuß- bzw. Suchtraucher (Schmidt, *1984*).

Nach Henningfield *et al. (1985)* hat Nicotin – i.v. oder durch die Zigarette verabreicht – dasselbe Wirkprofil wie psychoaktive Drogen.

Der Siegeszug der Zigarette seit dem 30jährigen Krieg in Europa (1618–1648) ist durch die Tatsachen zu erklären, daß das Wohlbefinden –

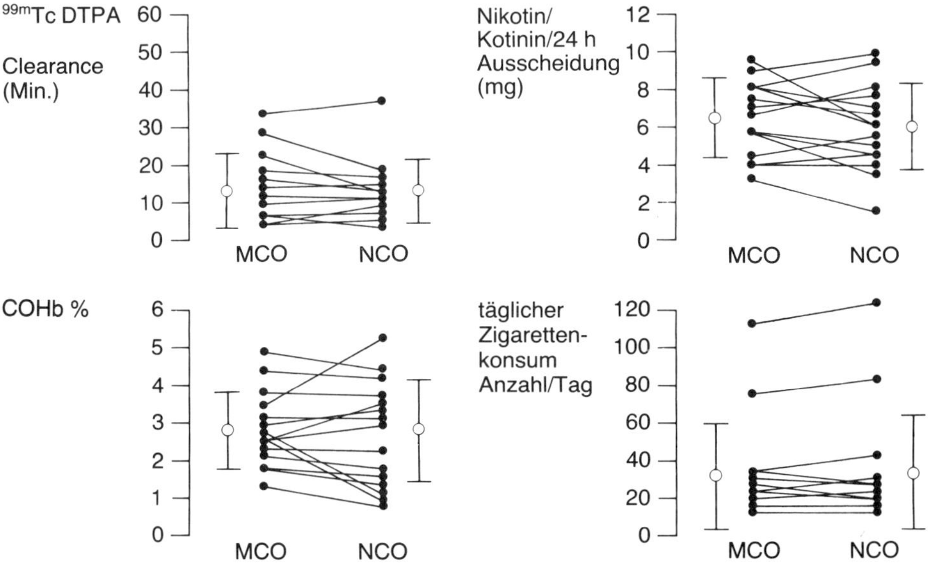

Abbildung 4: Individuelle Ergebnisse für ^{99m}Tc-diethylentriaminpentaacetat (^{99m}Tc DTPA) Clearance und Carboxyhämoglobin-Konzentration, Nikotin / Kotinin / 24 h Ausscheidung und Zigarettenkonsum. Durchgezogene Linie •——• repräsentiert die Durchschnittswerte von Woche 2 und 3 (mittlerer Kohlenmonoxid-Gehalt (MCO)) sowie Woche 5 und 6 (niedriger Kohlenmonoxid-Gehalt (NCO)). Ab Woche 3 wurde zu Zigaretten mit niedrigem CO-Gehalt gewechselt.

Individuelle Durchschnittswerte und Standardabweichung ⊥

(nach Minty et al., 1985)

insbesondere nach üppiger Mahlzeit – gesteigert wird und die Leistungs- und Merkfähigkeit zunimmt, wobei kritisch anzumerken ist, daß im höheren Alter die Zigarette die Hirndurchblutung reduziert (Rogers *et al., 1985*). Millionen haben den Effekt der Angst-, Schmerz- und Hungerreduktion im Krieg und der Gefangenschaft schätzengelernt.

Die *American-Heart-Association (AHA)* hat sich das Ziel gesetzt, bis zum Jahre 2000 die USA von Nikotin zu befreien. Das Land, von dem die Zigarette den Siegeszug durch die Welt begann, steht heute an erster Stelle bei dem Kampf gegen die Zigarette. Von Mitte 1950 bis 1980 ist bei der männlichen amerikanischen Bevölkerung der Raucheranteil von ungefähr 52% auf ca. 32% zurückgegangen. Im selben Zeitraum gelang es jedoch nicht, die Frauen zu bekehren; während 1950 ca. 33% rauchten, sind es jetzt 30%.

Verschiedenste Formen der Raucherentwöhnung wurden bis heute versucht. Zu unterscheiden sind die Einzelentwöhnung von der Gruppentherapie sowie die Schlußpunktmethode von der Taktik der kleinen Schritte. Die Einzelmethode sollte immer zuerst versucht und gleichzeitig die Schlußpunktmethode bevorzugt werden. Nach einer Umfrage von Mohl *(1979)* in der BRD mit 12000 Zuschriften haben 76% der Antwortenden von heute auf morgen den Nikotinmißbrauch sein gelassen. Bei der Taktik der kleinen Schritte ist anzumerken, daß Entzugserscheinungen durch 10 Zigaretten/Tag vermieden werden und daß die Genußzigarette nach dem Essen das größte Risiko darstellt *(MMW, 1985).*

Verschiedene Raucherentwöhnungsprogramme, z.B. Bad Nauheimer Raucherentwöhnungskur, 7-Stufen-Programm, Akupunktur, Hypnose, erreichen in etwa eine Erfolgsquote von ca. 20–30% nach 1 Jahr (Richmond und Webster, *1985,* Schmidt, *1984).* Bei Raucherentwöhnungskuren der *AOK Mettmann* unternahmen ca. 1/3 der freiwilligen Teilnehmer den 2. Versuch, und ca. 50% hatten bereits mehrere erfolglose Entzugsversuche – eine Bilanz, die die Abhängigkeit demonstriert – hinter sich. Am Kursende waren etwa 55% nikotinfrei, nach 1 Jahr nur noch ca. 30% *(AOK, 1983).* Wichtige Aussagen sind weiterhin:

Wer nicht vollständig aufhört, hat eine schlechte Prognose. Bei vitaler Bedrohung, z.B. nach stattgefundenem Herzinfarkt, ist die Chance größer als bei Wohlbefinden und fehlender körperlicher Symptomatik.

Allen Raucherentwöhnungstechniken gemeinsam ist, daß

- der Wille zum Aufhören vorhanden sein muß,
- Ablenkungstechniken benutzt werden.

Um den Erfolg zu verbessern, muß:

- eine Bewußtseinsbildung bezüglich der Gesundheitsaspekte erfolgen – wie vorzeitiges Altern, verkürzte Lebensprognose, nachlassende Hirndurchblutung, Risikofaktor für z.B. Bronchial-Karzinom, Herzinfarkt, chronischen Erstickungstod (Schmidt, *1984*),
- den rauchenden jungen Frauen und Müttern das Tabaksyndrom nahegebracht und ihnen gleichzeitig vergegenwärtigt werden, daß sie durch das Rauchen während der Schwangerschaft eine intrauterine Kindesmißhandlung betreiben; rauchende werdende Mütter sind verantwortlich für: gehäufte vorzeitige Placentalösung, erhöhte Rate von Frühgeburten, reduziertes Geburtsgewicht des Kindes bis zu 250g sowie Mangel beim Wachstum der intellektuellen und emotionalen Entwicklung (Hermann, *1983,* Huch, *1984,* Nieburg *et al., 1985),*
- der ästhetische Aspekt herausgearbeitet werden: „Raucher stinken", „Einen Raucher zu küssen, ist wie einen Aschenbecher auszulecken", „Nikotin macht häßlich", und
- im 2. Versuch ist die Einbindung in ein ärztlich kontrolliertes Programm notwendig, um die Komponente der Scham vor dem Versagen auszunutzen (Richmond und Webster, *1985*).

Von geringem Effekt sind ungezielte öffentliche Programme. An dem Programm des *„British Television-Programmes“ (So Want You To Stop Smoking)* haben 3,4% der Raucher teilgenommen. Von ausgewerteten 62 Rauchern haben 9 aufgehört und 25 den Konsum reduziert; ein Langzeitergebnis liegt nicht vor. Es ist umstritten, ob ein Verbot oder ein Antirauchprogramm einer Regierung den Zigarettenkonsum einzuschränken vermag. Ein Verbot in Griechenland für Werbung in Zeitungen und Radio war ohne Wirkung. Erst eine massive Kampagne durch den Gesundheitsminister führte zu einer 10%igen Erfolgsquote, gemessen am Tabakkonsum. Nach Beendigung der Kampagne und fortbestehendem Werbungsverbot 1979–1981 stieg der Tabakverbrauch sofort auf alte Werte an (Doxiadis *et al., 1985)*.

Der Entzugswillige sollte vor der Raucherentwöhnung die allgemeinen Hinweise des „Ärztlicher Arbeitskreis Rauchen und Gesundheit e.V.“ zur Kenntnis nehmen (Tab. 3). In diesem Programm wird auch darauf aufmerksam gemacht, daß eine medikamentöse Zusatztherapie zu jeder beliebigen Raucherentwöhnungsmethode den Erfolg steigern kann. Hall, *et al. (1985)* betonen, daß der Raucherentwöhnungserfolg mit dem Kaugummi Nicorette® (Befriedigung des Nikotinbedarfs über das Kaugummi) in der 3., 12. und 26. Woche signifikant höher liegt als im Vergleichskollektiv, aber nicht mehr nach 52 Wochen. In einer randomisierten, Placebo-kontrollierten Doppelblind-Studie von Hjalmarson *(1984)* mit der 2mg-Nicorette® waren nach 1 Jahr von 106 Rauchern 29% abstinent, in dem Kontrollkollektiv von 99 Pa-

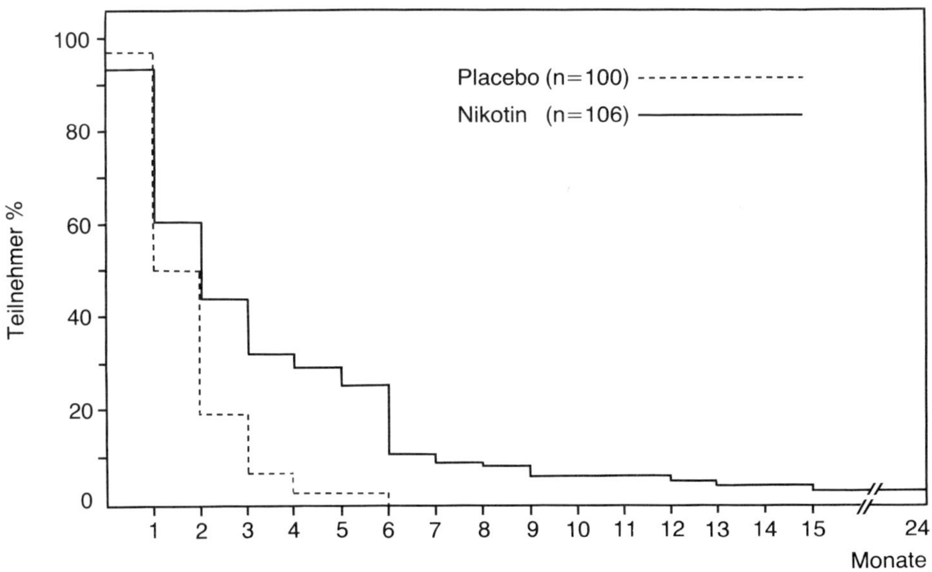

Abbildung 5: Dauer der Placebo und Nikotin-Kaugummi Anwendung. (nach Hjalmarson, 1984)

tienten 16%. Allerdings benutzten 3% das Kaugummi noch nach 2 Jahren (Abb. 5). Diese erfreuliche Bilanz kommt allerdings nicht in allen Studien zum Tragen *(LANCET, 1985)*. Die Kaugummitechnik ist bevorzugt anzuwenden, wenn mit Nikotinentzugssymptomatik zu rechnen ist. Die Mindestanwendungsdauer beträgt 4 Monate, die Dosis schwankt von einzelnen 2mg-Kaugummis bis zu 15 4mg-Kaugummis/Tag. An dieser Stelle darf in Erinnerung gerufen werden, daß 50mg Nikotin – im Bolus verabreicht –, tödlich wirken.

Tabelle 3: Allgemeine Hinweise zur Raucherentwöhnung

1. Informieren Sie sich bitte vor einem Entwöhnungsversuch ausreichend über die wahrhaft katastrophalen Folgen des Rauchens; nur wer ausreichend informiert ist, bringt erfahrungsgemäß die Kraft für einen klaren Entschluß und seine Durchführung auf.
   Schriften zu dieser Frage:
   Dr. med. M. BAJOG: Wer raucht, denkt nicht – wer denkt, raucht nicht (89 S.) Verlag R. S. Schulz, 8136 Percha
   Dr. med. F. FAUST: Drogen – Ausdruck unserer Zeit. Teil 1 Rauchen. (ca. 50 S.) Unter Mitarbeit von H. MENSEN, F. SCHMIDT und W. F. WEHNER (Neuauflage 1984) Hoheneck-Verlag, Hamm/Westf.
   Dr. med. O. HAMMER: Raucherentwöhnung. Heimkurs auf Kassetten. Ritter-Verlag, 8031 Wörthsee (direkt vom Verlag zu beziehen).
   Prof. Dr. med. F. SCHMIDT: Jung sein und rauchen (16 S.) Hoheneck-Verlag 47 Hamm (20. Aufl.)
   Prof. Dr. med. F. SCHMIDT: Raucherentwöhnung. Rowohlt-Taschenbuch-Verlag, Hamburg (Juli 1984)
2. Fangen Sie erst mit der Entwöhnung an, wenn Sie sich zu einem klaren Entschluß durchgerungen haben!
3. Die Festigkeit Ihres Entschlusses können Sie leicht prüfen: Am Morgen des entscheidenden Tages erklären Sie vor Familienangehörigen, Freunden und Arbeitskollegen: „Ab heute rauche ich nicht mehr!“
   Diesen Satz wiederholden Sie jeden Morgen laut vor sich selbst.
4. Vernichten Sie alle Tabakwaren in Reichweite!
5. Sie müssen von heute auf morgen aufhören; allmähliches Abgewöhnenwollen ist viel schwerer und in der Regel erfolglos.
6. Beginnen Sie nicht an einem Tag besonderer beruflicher oder nervlicher Beanspruchung! Eine leichte Erkältung, jeder Zeitpunkt, an dem eine Zigarette ohnehin nicht schmeckt, ist vorzuziehen.
7. Gehen Sie während der Entwöhnungszeit zeitig schlafen, Sie brauchen gute Nerven!
8. Stellen Sie möglichst Ihre Lebensweise um! Treiben Sie Gymnastik oder Sport, gehen Sie jeden Tag wenigstens eine halbe Stunde spazieren; am besten ist ein kleiner Spaziergang nach jeder Hauptmahlzeit. Körperliche Betätigung neben Maßhalten im Essen ist auch der beste Schutz gegen unerwünschte Gewichtszunahme.
9. Vermeiden Sie in der Entwöhnungszeit untätiges Sitzen vor dem Fernsehschirm, Alkohol in jeder Form, der den Willen schwächt, ebenso scharfgewürzte Speisen! Trinken Sie viel Obstsaft anstelle von Kaffee und Tee. Dadurch wird die Entschlackung gefördert.
   Auch einige Äpfel täglich mindern oft schon das Rauchverlangen und wirken der zeitweiligen Stuhlträgheit entgegen.
10. Falls Sie die manuelle Betätigung der Mundwerkzeuge entbehren: Nehmen Sie Kaugummi, Dörrobst, Gewürznelken, u. a.
11. Meiden Sie in der ersten Zeit die Gesellschaft rauchender Kollegen! Ehepaare sollten möglichst gemeinsam aufhören; noch leichter ist es im größeren Kreis Gleichgesinnter.

12. Sie wissen: Wenn Sie die erste Woche ohne Zigarette überstanden haben, wird jeder Tag leichter. Mit jedem weiteren kommen Sie dem Zeitpunkt näher, an dem Sie in lächelnder Überlegenheit an jene Zeit zurückdenken, in der Sie noch Sklave des Glimmstengels waren.
13. Sie müssen sich im klaren sein, falls Sie Medikamente zur Unterstützung der Raucherentwöhnung einnehmen (siehe Liste am Schluß): Die Wirkung selbst des besten Medikaments ist zeitlich begrenzt. Auch Medikamente zur Raucherentwöhnung können nur helfen, die erste Zeit, die erfahrungsgemäß die schwerste ist, zu überwinden. Dann müssen Sie auf eigenen Beinen stehen. Sie können nicht zeitlebens Tabletten schlucken.
14. Falls Sie einmal schwach geworden sein sollten: Werfen Sie die Flinte nicht gleich ins Korn! Auch Rom ist nicht an einem Tag erbaut worden. Fangen Sie unverdrossen von vorne an! Was Tausende vor Ihnen aus eigener Willenskraft erreicht haben, werden Sie – ggf. mit medikamentöser Unterstützung – ebenfalls schaffen.
15. Speziell bei Medikamenten zur Raucherentwöhnung, die als Geschmacksvergällungsmittel wirken, ist – abweichend von dem Rat in Punkt 5 – sogar zu empfehlen, zunächst weiterzurauchen, nachdem sie kurz vorher eine Tablette gelutscht haben, bis sich ein bedingter Reflex entwickelt hat, der bis zu einem echten Ekelgefühl vor dem Tabakrauch führen kann.
16. Die Forschungsstelle für Präventive Onkologie hat kürzlich in einem Großversuch alle in der Bundesrepublik erhältlichen Raucherentwöhnungsmittel an mehr als 7000 Rauchern, die sich als freiwillige Testpersonen zur Verfügung stellten, geprüft. Bei diesem Test erwiesen sich die einzelnen Präparate in der angeführten Reihenfolge als mehr oder minder wirksam. Die angeführten Präparate sind – außer Präparat 2 und 3 – rezeptfrei in allen Apotheken erhältlich.
    1. Ni-Perlen®, Hersteller: Pharmalpina, München
    2. Atabakko®, Hersteller: Boxberger, Bad Kissingen
    3. Citotal®, Hersteller: Müller, Göppingen
    4. Nicobrevin®, Hersteller: Brevipharm, Bad Homburg

Amerika, das Land, das uns den Tabak schickte, ist heute in der Raucherbekämpfung am weitesten fortgeschritten. Der Anschluß in der Befreiung von diesem Laster darf nicht verpaßt werden, weil uns Trägheit, Feigheit, fehlender Sachverstand und mißverstandener Freiheitsbegriff hemmen.

Die Aktivitäten müssen gerichtet werden auf die Konsumreduktion, die Vorbeugung sowie auf den Schutz der Nicht- und Exraucher. Verantwortlich sind hier alle medizinischen Berufe, alle Berufe mit erzieherischer Funktion, Lehrer, Journalisten, Film- und Theaterregisseure, alle Politiker und Gewerkschafter. Die Verantwortlichen haben in ihrer Gesamtheit bisher versagt.

Die *AHA* fordert *(AHA, 1985)*, die Tabaksteuer zu verdoppeln, bei Reklame alle anreizenden Motive zu verbieten, Nikotinverbot in Verkehrsmitteln, Restaurants und öffentlichen Institutionen.

Weitere Maßnahmen wären denkbar:

- Keine verbilligten Zigaretten – z. B. für Militär oder zollfreien Verkauf – (Gunby, *1985)*,
- Programm für Frauen mit den Schlagworten: Verantwortung für Körper und Leben, die Emanzipation ist zigarettenunabhängig, Qualm macht die Einsamkeit nicht attraktiver und Schlankheit durch Bewegung und ohne Zigarette *(AHA, 1985)*,
- Jugendprogramme: Erlernen der Gegenargumente, um dem Druck der Altersgenossen zu widerstehen, Einbeziehung der Droge Zigarette in den

ökologischen Unterricht, Verbot von Zigarettenautomaten, Abschaffung von Raucherzimmern in der Schule,

- Nichtraucher- und Exraucherschutz durch Staat und Werksärzte,
- Maßnahmen in Krankenhäusern nach den Vorschlägen von Ho (1985; siehe Tab. 4),
- Aufnahme der Gesundheitsberatung in die *GOÄ;* der Zeitaufwand ist so groß wie bei einer Diätberatung.

Werksärzte sowie staatliche Institutionen müssen aktiviert werden, um die scheinbar unpopulären Maßnahmen eines Nikotinverbotes durchzusetzen (Ho, 1985, Reckendorf, 1985). Gesellschaftlich relevante Gruppen – wie Gewerkschaften, Versicherungen und Ärzteverbände – sind zur Mithilfe aufgerufen.

Tabelle 4: Vorschläge zur Kontrolle des Rauchens in Krankenhäusern. (nach Ho, *1985)*

1. Tabakprodukte sollten in Krankenhäusern nicht verkauft werden.
2. Jeder Patient, sofern geistig dazu in der Lage, sollte über die Regeln des Krankenhauses bezüglich des Rauchens unterrichtet werden.
3. Verstärkte Aufklärung der Öffentlichkeit. Ablehnung und Noncompliance können reduziert werden, wenn kein Zweifel an der Durchsetzung der Raucherregelung des Krankenhauses gelassen wird. Diese Regelung sollte an allen bedeutenden Stellen innerhalb und außerhalb des Hauses auch an jedem Patientenbett ausgehängt und durch die Massenmedien publiziert werden.
4. Das Rauchen sollte nur in bestimmten Arealen erlaubt werden, so daß Nichtraucher nicht den Unannehmlichkeiten und dem gesundheitlichen Risiko ausgesetzt sind. Um die Nichteinhaltung und die damit verbundene Brandgefahr zu vermindern, sollte Patienten und Besuchern die Lokalisation dieser Areale bekannt gegeben werden. Das Rauchen bei geistig und körperlich Behinderten sowie deren Zugang zu Streichhölzern und Feuerzeugen sollte überwacht werden.
5. Patienten, die sich nicht an die Regeln halten, sollten von den anderen isoliert werden. Für Besucher, die wiederholt außerhalb der speziell dafür vorgesehenen Areale rauchen, sollten dieselben sozialen und legalen Konsequenzen gelten wie bei Übertretungen anderer Krankenhausregeln.
   Tabak sollte gegenüber Alkohol, dessen Verbot in Krankenhäusern kaum Schwierigkeiten macht, keine Vorrechte genießen.
6. Krankenhausangestellte sollten nicht rauchen, wenn sie gesehen werden können, speziell nicht in Berufskleidung. Nichtraucher sollten angemessen beachtet und belohnt werden.
7. Es wurde gezeigt, daß eine gute Aufklärung die Abstinenz fördern kann. Krankenhäuser sollten entsprechende Literatur und Hilfen zum Aufgeben des Rauchens frei zur Verfügung stellen und sollten häufig Seminare über die Gesundheitsgefährdung durch das Rauchen und verschiedene Techniken sowie Mythen und Realität des Entwöhnens veranstalten. Ebenso sollte auf Spezialseminare und Hilfe bzw. Selbsthilfegruppen hingewiesen werden.
8. Alle Zeitschriften, die kostenlos an Patienten und Besucher verteilt werden, sollten bei ihrer Zigarettenwerbung Vermerke enthalten, die dem beabsichtigten Ziel entgegenwirken. Im Krankenhaus sollten Publikationen, die eine Unterstützung von Tabakprodukten beinhalten, nicht verkauft werden.
9. Ein spezielles Sonderkomitee, repräsentiert durch alle Krankenhausabteilungen, sollte gebildet werden, um die Ausführung der Nichtraucherkampagne zu beaufsichtigen, die Durchsetzung zu beschleunigen, notwendige Änderungen vorzunehmen und seine Fortschritte mit anderen Krankenhäusern zu koordinieren.

Nachdem die Klagen in den 60er Jahren gegen die Zigarettenindustrie ohne Erfolg waren, kündigt sich in Amerika eine neue Prozeßserie an. Bei dem geänderten ökologischen Bewußtsein, den zunehmend gesicherten Erkenntnissen sind die Chancen für erfolgreiche Schadensersatzklagen nicht schlecht, wie das oben zitierte schwedische Urteil beweist.

Diskussion

Geisler:
Vielen Dank. So deprimierend die Bilanz der Raucherentwöhnung im Grunde ist, ganz ohne Hoffnung waren die Aspekte, die Sie gezeigt haben, doch nicht. Ich glaube, daß letzten Endes nur über ein geändertes Gesundheitsbewußtsein hier etwas Erfolgversprechendes in Gang gesetzt werden kann. Was gibt es an Fakten zum Thema „Rauchen und Schwangerschaft"? Die wenige Literatur, die ich habe, ist doch recht kontrovers. Ich habe zwei Übersichtsarbeiten, eine Arbeit von Frau Professor Renate Huch *(1984)* aus Zürich, die wirklich ein beängstigendes Szenario entwickelt, was Rauchen und Schwangerschaft anbelangt, und dann eine auf ganz breite Literatur sich stützende Übersichtsarbeit von Hermann *(1983),* der sagt, letzten Endes ist außer der Reduktion des Geburtsgewichtes nichts wirklich bewiesen.

Schultze-Werninghaus:
Ich meine, es wäre schon ein ganz beeindruckendes Argument, wenn man sagt, „Ihre Kinder bleiben klein, bloß weil Sie geraucht haben". Normalerweise wird ja geringes Geburtsgewicht nicht ganz wieder aufgeholt: Kleine Kinder bleiben klein.

Sill:
Meine Angaben zur Frage „Rauchen in der Schwangerschaft" beziehen sich insbesondere auf eine Arbeit in „JAMA" (Nieburg *et al., 1985*). Die Publikation ist mit dem Titel „Das fetale Tabaksyndrom" überschrieben und enthält zahlreiche Literaturhinweise. Nach diesen Angaben ist die Schädigung des Föten durch Rauchen in der Schwangerschaft eindeutig. Außerdem ist die Fertilität durch das Rauchen vermindert (Baird und Wilcox, *1985).*

Petro:
Ein kurzer Kommentar zur veränderten Rechtslage, die Herr Sill mit dem Grundsatzurteil in Schweden angesprochen hat. Wieschnath *(1981)* meint, daß Tabakraucheinwirkung selbst geringer Exposition, sofern sie nicht einmalig oder vorübergehend bleibt, sondern wiederholt auftritt, als ein recht-

lich relevanter Eingriff in die körperliche Unversehrtheit gemäß Art. 2 Abs. 2 Grundgesetz gilt.

Es gibt inzwischen in Deutschland eine ganze Anzahl von Gerichtsbeschlüssen, die Rauchverbote erteilen während Stadtratsitzungen, am Arbeitsplatz und während Unterrichtsveranstaltungen.

Ich habe einmal ein ganz pfiffiges Urteil gefunden, das 1982 in Mölln *(Amtsgericht Mölln, 1982)* gefällt wurde. Danach mußte die Rechnung eines Privatpatienten gekürzt werden, da sich dieser während seines 18tägigen Krankenhausaufenthaltes von morgens früh 7 Uhr bis teilweise 24 Uhr durch fremden Tabakrauch gestört fühlte, der aus der Besuchernische vor seinem Krankenzimmer durch die Türritzen zu ihm drang und trotz Abdichtungsversuchs durch Mullbinden nicht zurückzuhalten war.

Sill:
Das ist ein Urteil, das man an die Krankenhausverwaltungen schicken sollte.

Schultze-Werninghaus:
Glauben Sie, daß man Lebensversicherungen, überhaupt die Versicherungsbeiträge im Gesundheitswesen, für Raucher im Vergleich zum Nichtraucher erhöhen müßte? Hier wäre doch ein Risikozuschlag für Raucher in der Lebensversicherung ohne weiteres denkbar. Ich meine, das wäre ein ganz interessanter Ansatz, um Einfluß auf die Motivation zum Rauchverzicht zu nehmen.

Sill:
Ich glaube schon, daß das sinnvoll wäre. Die Schwierigkeit liegt in der Kontrolle. Die Übertragbarkeit in den Alltag sehe ich nicht gewährleistet.

Petro:
Die Lebensversicherer machen das doch ganz ähnlich. Sie werden doch bei einem Vertragsabschluß gefragt: „Haben Sie Übergewicht, welche Krankheiten hatten Sie?". Der Versicherer überprüft das erst im Schadensfall und dann aber sehr gründlich.

Sill:
Einige englische Versicherungen stellen diese Fragen. Wenn Sie aber das Referat von Herrn Müller heranziehen, der sagt: „Ich habe Indizien, aber keinen ganz harten, festen Beweis, sondern kann meine morphologischen Daten aus der Anamnese rechtfertigen", dann wird die Beweisführung doch schwierig. Übergewicht ist meßbar; bei dem Raucher fehlt ein eindeutiger Marker, der belegt, daß der Versicherte geraucht oder nicht geraucht hat.

Geisler:
Das sind sicher alles kleine Schritte zur Problemlösung, die aber letztlich am

Kern des Problems vorbeigehen. Alles was mit Druck, mit Mahnung, mit Abschreckung operiert, hat wenig Aussicht auf Erfolg.

Schultze-Werninghaus:
Bei den Frauen würde sicher das Argument nützen: ,,Rauchen macht alt und häßlich."

Sill:
Es muß wie das Joggen zu einer Mode werden, nicht zu rauchen. Ich glaube, die Zeit ist günstig.

Meister:
In Amerika gibt es ein Programm, das heißt „Kenne Deinen Körper!" WYNDER u. HOFFMANN *(1979)* haben darüber berichtet. Es zielt darauf ab, die Kinder genauestens über ihren Körper zu informieren. Es werden die Partialfunktionen der einzelnen Organe dargestellt und gezeigt, wo überall die Zigarette eingreift und Schäden hervorruft. Damit hat man in den USA eigentlich ganz gute Erfahrungen gemacht. Die Kinder haben die Botschaft sehr gut verstanden, so daß eine gewisse Furcht vor Gesundheitsschäden sie für längere Zeit bremst, eine brennende Zigarette in die Hand zu nehmen. Man muß aber in diesem Erziehungsprozeß immer wieder nachfassen, da die Hemmschwelle, nicht zu rauchen, nur kurze Zeit anhält.

Geisler:
Es läuft dies alles immer wieder auf das Prinzip hinaus, das ich unter dem Oberbegriff „Gesundheitsedukation in der Schule" zusammenfassen möchte. Aber diesbezüglich geschieht in unseren Schulen nichts. Allenfalls werden Raucherzimmer eingerichtet.

Schultze-Werninghaus:
Das Seltsame ist, daß zur Zeit einerseits das Umweltbewußtsein wächst, aber andererseits die Drogenprobleme wie auch das Zigarettenrauchen eher verharmlost werden.

Sill:
Das ist Resignation! Wie inkonsequent gehandelt wird, zeigt folgendes Beispiel: Vor kurzem hatte ich einen Patienten, der mit einem Status asthmaticus in die Klinik kam. Er hatte zuvor mit der Umweltbehörde verhandelt. Von den Angestellten dieser Behörde wurde dermaßen viel geraucht, daß der Patient zunehmend asthmatische Beschwerden entwickelte und letztlich mit einem schweren Asthmaanfall eingewisen wurde.

Geisler:
Was wir hier sagen, wird wahrscheinlich keine allzu weite Verbreitung finden. Es müßte entsprechendes Schul- und Unterrichtsmaterial erstellt werden.

Meister:
Ein Vorschlag ist bereits angeführt worden: Die Raucherberatung sollte irgendwie abrechnungsfähig sein.

Apropos Raucherberatung: Aus Österreich liegen bereits Erfahrungen mit einer Raucherambulanz vor. In dieser Beratungsstelle wurden eingehende lungenfachärztliche Untersuchungen, eine Röntgen-Thorax-Aufnahme und eine Spirographie durchgeführt. Anschließend folgten Gespräche mit einem Diplompsychologen. Bereits nachweisbare Störungen der Lungenfunktion wurden den Rauchern mitgeteilt und die Langzeitfolgen diskutiert. Die Autoren (WIESER *et al., 1985*) schreiben, daß dieses Vorgehen zu einer deutlichen Reduktion des Zigarettenkonsums geführt hat. Im Grunde genommen ist es keine schlechte Idee, derartige Beratungsstellen einzurichten. Die Finanzierung müßte über die Kassen möglich sein. Leider ist der Sinn für Prävention bei diesen Institutionen nicht sehr ausgeprägt.

Sill:
Die Kassen, glaube ich, dürften uns in dieser Frage offen gegenüberstehen, da sie die Folgekosten des Rauchens sehen. Der Vorschlag, eine Raucherberatung einzurichten, taucht in einem Schreiben der *AOK von Mettmann* auf.

Schultze-Werninghaus:
Leider werden nur gerade die nicht zur Beratung kommen, die es besonders nötig haben.

Sill:
Mit entsprechender Honorierung könnte man den niedergelassenen Arzt sicher für eine Raucherberatung gewinnen. Selbstverständlich dürfte der Arzt zumindest in der Praxis selbst auch nicht rauchen. Die Impulse dazu müßten von einer öffentlichen Institution kommen; ein Einzelner wird nicht viel ausrichten können.

Den diskutierten Vorschlag, ein Schulbuch zum Thema „Rauchen und gesundheitliche Folgeschäden" herauszubringen, halte ich auch für eine sehr geeignete Maßnahme der Raucherprävention.

Literatur

1) AHA: Die AHA (American Heart Association) im Großangriff auf die Zigarette. Praxis-Kurier 49 (1985) 5–8.
2) AOK: Ergebnisse des Programms zur Raucherentwöhnung. Schriften – AOK Kreis Mettmann Bd. 15 (1983) 21–22.
3) Bauermann, E.: Warum greifen schon Schüler/-innen so häufig zur Zigarette? Dt. Ärzteblatt 43 (1985) 3159–3163,
4) Doxiadis, S. A., V. T. Dimitrios, D. H. Phylactou: Impact of a nationwide Anti-Smoking Campaign. Lancet, II (1985) 712–713 (siehe auch Selecta 46 [1985] 4078).
5) Fielding, J. E.: Smoking: Health effects and control (two parts) N. Engl. J. Med. 313 (1985) 491–498 und 555–561.
6) Gerichtsentscheid: Sozialgerichtsentscheid Stockholm 28. 11. 85. Prax. Klin. Pneumol. 1 (1985) 39.
7) Gunby, P.: Versuche, die Anziehungskraft des Rauchens auf Frauen und Jugendliche zu beenden. Jama D, 10 (1985) 612 (Jama, 253 [1985] 2941–2944).
8) Hall, S. M., C. Tunstall, D. Rugg, A. T. Jones, N. Benowitz: Nicotine gum and behavioral treatment in smoking cessation. J. of Consulting Clinical Psychol., Vol. 53 (2) (1985) 256–258.
9) Henningfield, J. E., K. Miyasato, D. R. Jasinski: Abuse liability and pharmacodynamic characteristics of intravenous and inhaled nicotine. J. Pharmacol. Exp. Ther. 234 Nr. 1 (1985) 1–12.
10) Herrmann, U.: Rauchen und Schwangerschaft. Therapeutische Umschau/Revue therapeutique 40 (1985) 108–116.
11) Hjalmarson, A. I. M.: Effect of nicotine chewing gum in smoking cessation. A randomized, placebo-controlled, double-blind study. Jama 252, 20 (1984) 2835–2838.
12) Ho, A. M.-H.: Rauchen in Krankenhäusern. Jama-D 11/12 (1985) 710–711 (Jama, 253 [1985] 2999–3000).
13) Huch, R.: Rauchen und Schwangerschaft. Z. Allg. Med. 60 (1984) 135–141.
14) Lancet: Nicotine chewing gum. Lancet 1 (1985) 320–321.
15) Loeb, L. A., V. L. Ernster, K. E. Warner, J. Abbotts and J. Laszlo: Smoking and lung cancer: An overview cancer research. 44 (1984) 5940–5958.
16) Luban-Plozza, B., und L. Knaak-Sommer: Psychologie des Hasch- und Tabakrauchens. Goldmann-Verlag, München (1974) 1249.
17) Minty, B., D. Royston, J. G. Jones: Some short-term effects of changing to lower yield cigarettes. Chest 88, 4 (1985) 531–536.
18) MMW: Hits des Jahres: Nikotin – eine Kontroverse mit vielen Aspekten. Münch. med. Wschr. 127, 51/52 (1985) 6–7.
19) Mohl, H.: Fachtagung der DHS, 27. 1. 1979, Mainz, (siehe auch Schmidt, F., 1984).
20) Nieburg, P., J. S. Marks, N. M. McLaren, P. L. Remington: Das fetale Tabaksyndrom. Jama-D 10 (1985) 613–614 (Jama 253 [1985] 2998–2999).
21) Reckenforf, H.: Rauchen im Betrieb – Was kann der Werksarzt tun? Jama-D 10 (1985) 616–618.
22) Richmond, R. L., I. W. Webster: A smoking cessation programme for use in general practice. Med. J. Aust. (Australia) 142/3 (1985) 190–194.
23) Rogers, R. L., J. S. Meyer, B. W. Judd, K. F. Mortel: Nach dem Einstellen des Zigarettenrauchens verbessert sich bei älteren chronischen Rauchern die Hirndurchblutung. Jama-D 11/12 (1985) 702–701 (Jama 253 [1985] 2970–2974).
24) Schmidt, F.: Raucherentwöhnung. Gesundheitsschäden des Rauchens, Motivation zur Raucherentwöhnung, Methoden der Raucherentwöhnung.
Rowohlt-Verlag Reinbek bei Hamburg, 7833, 680 ISBN 3499178338 (1249) (1984).
25) Schmidt, F.: Rauchen und Passivrauchen – eine Stellungnahme. Jama-D 10 (1985) 614–616.
26) Steinfeld, J. L.: Rauchen und Lungenkrebs. Jama-D 10 (1985) 605–609 (Jama 253 [1985] 2995–2997).
27) Trager, J. B., S. T. Weiss, A. Munoz, B. Rosner, F. E. Speizer: Longitudinal study of the effects of maternal smoking on pulmonary function in children. N. Engl. J. Med. 309 (1983) 699–703.

28) United States Public Health Service: The health consequences of smoking-cancer: A report of the Surgeon General. Rockville, M. D.: United States Department of Health and Human Services, Office on Smoking and Health. (1982) 36.
29) Wieser, O., K. Puganigg, H. Burgstaller: Klinische Relevanz einer Raucherambulanz. In: F. Muhar und R. Schindl: „Inhalative Noxe – Inhalative Therapie". Arbeitsgemeinschaft Lunge – Umwelt – Arbeitsmedizin, Linz 1985.
30) Wynder, E. L., E. A. Graham: Tobacco smoking as a possible etiologic factor in bronchiogenic carcinoma: Study of 684 proved cases. Jama 143 (1950) 329–336.
31) Wynder, E. L., D. Hoffmann: Rauchen und Gesundheit. Die Epidemiologie tabakbedingter Erkrankungen. Therapiewoche 29 (1979) 8747.
32) Wynder, E. L., S. D. Stellman: Impact of long-turn filter cigarette usage on lung and cancer risk. A case-control study. J. Natl. Cancer Inst. 62 (1979) 471–477.

Literatur zur Diskussion

1) Amtsgericht Mölln (1982): 22. 4. 1982, AZ: C 449/81.
2) Baird, D. D. und A. J. Wilcox, Verminderte Fertilität durch Zigarettenrauch. Jama D 1 (1986) 20–30 (Jama 253 (1985) 2979–2983).
3) Herrmann, U.: Rauchen und Schwangerschaft, Therapeutische Umschau/Revue thérapeutique 40 (1983) 108–116.
4) Huch, R.: Rauchen und Schwangerschaft. Z. Allg. Med. 60 (1984) 135–141.
5) Nieburg, P., J. S. Marks, N. M. McLaren, P. L. Remington: Das fetale Tabaksyndrom. Jama-D 10 (1985) 613–614 (Jama, 253 (1985), 2998–2999).
6) Wieschnath, A.: Unfreiwilliges Mitrauchen als Körperverletzung. Sozialer Fortschrift 30 (1981) 134.
7) Wieser O., K. Puganigg, H. Burgstaller: Klinische Relevanz einer Raucherambulanz. In: F. Muhar, R. Schindl: »Inhalative Noxe-Inhalative Therapie«. Arbeitsgemeinschaft Lunge – Umwelt – Arbeitsmedizin, Linz 1985.
8) Wynder, E. L., D. Hoffmann: Rauchen und Gesundheit. Die Epidemiologie tabakbedingter Erkrankungen. Therapiewoche 29 (1979) 8747.

Einleitung: Therapeutische Aspekte

Linus S. Geisler

Wir haben gesehen, welche tiefgreifenden Auswirkungen Tabakrauch auf die Atemwege hat, morphologisch, funktionell, biochemisch. Wir haben uns mit den Möglichkeiten der Primär- und Sekundär-Prävention des Rauchens beschäftigt. Wir haben, glaube ich, sehr realistisch gesehen, daß wir auch in Zukunft mit einer großen Zahl von Rauchern werden leben müssen. Von der Klinik aus gesehen kann man sagen, ist die bronchitische Symptomatik führend unter den tabakrauchinduzierten Phänomenen an den Atemwegen. Das bedeutet auf der einen Seite, daß der Patient Probleme im Sinne der Mukostase und des Mukus-Transportes hat, daß also neben der Behandlung der Atemwegsobstruktion sicherlich die Behandlung mit Mukolytika aus der Sicht der Praxis eine große Rolle spielt. Deswegen wollen wir diesen zweiten Teil unseres Arbeitskreises diesem therapeutischen Gebiet widmen. Man muß sich natürlich auch fragen: Ist das alles, was wir als therapeutisches Ziel vor Augen haben? Gibt es nicht vielleicht darüber hinaus Möglichkeiten, nicht nur das Problem der Mukostase zu lösen, sondern eventuell auch durch eine entsprechende Pharmakotherapie Schäden, die durch das Rauchen gesetzt werden, zu minimieren oder jedenfalls abzuwenden? Und hier wissen wir aus den Publikationen der letzten Jahre, daß z. B. Acetylcystein über die mukolytischen Effekte hinaus protektive Effekte entfaltet.

Wie weit diese protektiven Effekte tierexperimentell und am Menschen objektivierbar sind, wie weit sie klinisch wirklich eine Rolle spielen, das werden wir versuchen, heute vormittag zu erarbeiten. Als Einstieg in das Thema, nämlich die Therapie mit Sekretolytika oder Mukopharmaka, wollen wir zunächst etwas über die klinische Pharmakologie hören und Herrn Eichelbaum bitten, uns einen Überblick zu geben.

Klinische Pharmakologie der Mukolytika

Michel Eichelbaum

Für die Elimination inhalierter Partikel und Mikroorganismen ist der Bronchialschleim zusammen mit den zellulären Bestandteilen der Bronchialschleimhaut von entscheidender Bedeutung. Das Bronchialsekret ist eine viskoelastische Flüssigkeit, die zu 95% aus Wasser sowie Proteinen, Kohlenhydraten und Lipiden besteht. Es wird in den peribronchialen serösen und mukösen Schleimdrüsen der Epithel- sowie epithelialen Becherzellen gebildet. Viskosität und elastische Eigenschaften des Bronchialsekretes werden im wesentlichen von hochmolekularen Glykoproteinen bestimmt. Im Bronchialschleim sind 3 Gruppen dieser Glykoproteine vorhanden: neutrale Fucomucine, saure Sialomucine und saure Sulfomucine. Die Viskosität des Bronchialschleims hängt entscheidend davon ab, in welchem prozentualen Verhältnis diese 3 Glykoproteine im Sekret vorliegen. Die hochmolekularen Glykoproteine sind durch Disulfidbrücken vernetzt. Durch Spaltung der Disulfidbrücken entstehen Glykoproteine mit einem niedrigeren Molekulargewicht. Daraus resultiert eine Abnahme der Viskosität des Sekretes. Die chronische Bronchitis ist dadurch charakterisiert, daß die sezernierenden Zellanteile des Tracheobronchialepithels und die intrabronchialen Drüsen ein hyperkrines und dyskrines Sekret produzieren; das Sekretionsgleichgewicht ist gestört. Bei der chronischen Bronchitis nimmt der Anteil der sehr sauren Sulfomucine auf Kosten der neutralen Fucomucine und weniger sauren Sialomucine im Bronchialschleim zu. Zusätzlich ist der Gehalt des Sekretes an DNA-Fasern erhöht. Diese Veränderungen in der Zusammensetzung des Bronchialschleimes sind für die erhöhte Viskosität des Schleimes bei der chronischen Bronchitis verantwortlich. Die veränderten rheologischen Eigenschaften des Bronchialschleimes stellen eine der Ursachen für die Schleimretention dar. Als zusätzlicher Faktor für die verstärkte Schleimretention ist zudem eine verminderte mukoziliäre Clearance verantwortlich. Die dem Schleimtransport dienenden Zilien der Flimmerepithelzellen schlagen im Krankheitsfall ungeordnet oder gar nicht und bringen somit den Schleimtransport zum Erliegen (Morr, *1985;* Sturgess, *1979*).

Aus diesen pathophysiologischen Zusammenhängen ergeben sich mehrere pharmakotherapeutische Interventionsmöglichkeiten, um die gestörte Expektoration bei der chronischen Bronchitis zu verbessern:

1. Reduktion der Tätigkeit der schleimbildenden Zellen,
2. Wiederherstellung des gestörten Sekretionsgleichgewichtes,
3. Beeinflussung der Viskosität des Bronchialsekretes,
4. Verbesserung der mukoziliären Clearance,
5. Protektion gegen inhalative Noxen

Zur Behandlung des gestörten Sekretgleichgewichtes, der Reduktion der Tätigkeit der schleimbildenden Zellen und einer Änderung der Viskosität bereits sezernierten Bronchialschleimes stehen neben den Sekretolytika (Bromhexin, Ambroxol) die Mukolytika zur Verfügung. Die beiden wichtigsten Substanzen aus der Gruppe der Mukolytika sind N-Acetylcystein, das N-Acetylderivat der natürlichen Aminosäure L-Cystein, und S-Carboxymethylcystein, das S-Carboxymethyl-substituierte Derivat der natürlichen Aminosäure L-Cystein (Abb. 1). Die Mukolytika führen über eine Änderung der physikochemischen Eigenschaften des sezernierten Schleimes und Beeinflussung der Sekretion der Schleimdrüsen zu einer Abnahme der Viskosität des Bronchialsekretes (Bell und Marriott, *1983*; Iravani und Melville, *1975*).

Pharmakodynamische Wirkungen der Mukolytika

Mit verschiedenen in vitro und in vivo-Techniken, die es erlauben, die viskoelastischen Eigenschaften des Bronchialschleimes, die Glykoproteinsynthese, die Zilientätigkeit und die mukoziliäre Clearance zu untersuchen, konnte gezeigt werden, daß N-Acetylcystein und S-Carboxymethylcystein zu einer Abnahme der Glykoproteinsekretion, der Viskosität des Schleimes und Zunahme der mukoziliären Clearance führen. Viskositätsmessungen des Bronchialsekretes zeigen eine eindeutige Abnahme der Viskosität nach

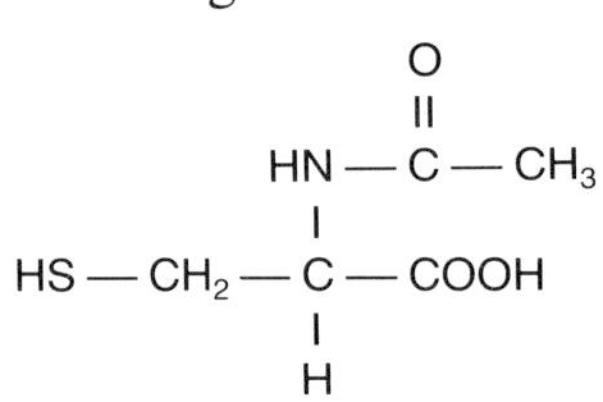

N-Acetylcystein

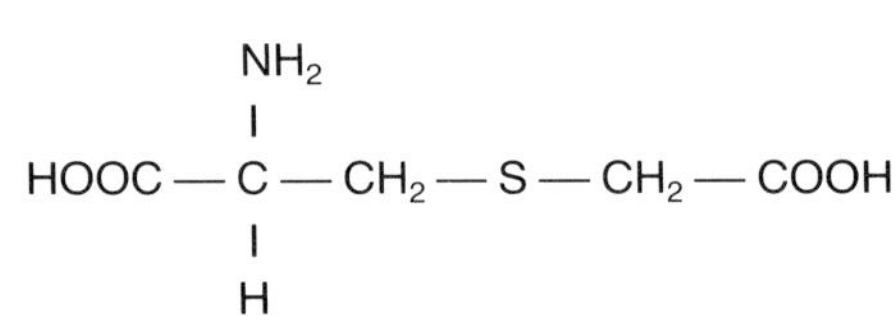

S-Carboxymethylcystein

Abbildung 1: Strukturformeln

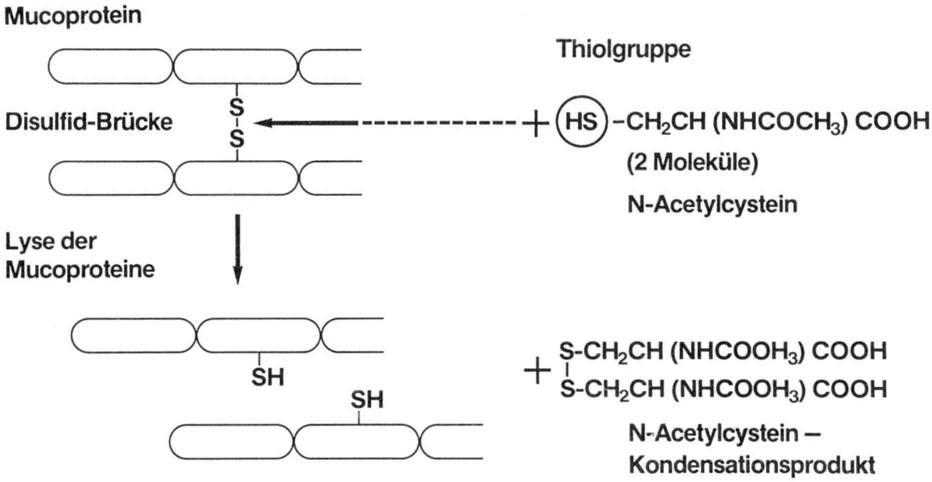

Abbildung 2: Spaltung der Disulfidbrücken in Glykoproteinen (z. B. im Bronchial- und Sinussekret) durch N-Acetylcystein.

Gabe dieser Substanzen. Als Wirkungsmechanismus für die Viskositätsabnahme des Bronchialschleimes durch N-Acetylcystein ist eine Spaltung der Disulfidbrücken hochmolekularer Glykoproteine verantwortlich (Abb. 2). Die Spaltung der Disulfidbrücken führt dazu, daß aus hochmolekularen Proteinen kleinere Untereinheiten der Glykoproteine entstehen, die eine verminderte Viskosität bedingen.

Für S-Carboxymethylcystein ist in *in vitro*-Systemen kein Effekt auf die viskoelastischen Eigenschaften des Bronchialschleimes nachzuweisen. Im Gegensatz zu N-Acetylcystein verfügt S-Carboxymethylcystein über keine freien SH-Gruppen. Da jedoch im Tierexperiment und bei Patienten nach systemischer Applikation eine Abnahme der Viskosität des Schleimes nachgewiesen werden kann, ist für die Änderung der Viskosität des Bronchialsekretes und Abnahme der Glykoproteinsekretion eine direkte Beeinflussung der sekretbildenden Zellen anzunehmen. N-Acetylcystein bedingt neben der Spaltung der Disulfidbrücken gegebenenfalls eine Beeinflussung der sekretbildenden Zellen. Durch Gabe von Pilocarpin, Ammoniak oder Schwefeldioxid-Inhalation kann man tierexperimentell ein Krankheitsbild hervorrufen, das Gemeinsamkeiten mit der chronischen Bronchitis des Menschen aufweist. Nach Exposition gegenüber diesen Substanzen kommt es zu einer bronchialen Hypersekretion und Zunahme der Viskosität des sezernierten Bronchialsekretes. Durch Gabe von N-Acetylcystein und S-Carboxymethylcystein wird die in diesem Tiermodell zu beobachtende vermehrte Glykoproteinsekretion vermindert und/oder verhindert.

Bei der Beurteilung der in verschiedenen in vitro-Modellen und Tierexperimenten erhobenen Befunde zur Wirkung von Mukolytika auf die Zilientätigkeit, mukoziliäre Clearance, Viskosität des Bronchialsekretes und möglicher protektiver Effekte gegenüber inhalativen Noxen ist zu berücksichtigen, mit welchen Mukolytika-Konzentrationen die beobachteten Effekte erzielt wurden. In einigen Untersuchungen wurden Mukolytika-Konzentrationen eingesetzt, die 100–1000fach höher sind als die Konzentrationen, die in vivo nach oraler Gabe therapeutischer Dosen von N-Acetylcystein im Blut und Gewebe gemessen werden. Von Low *et al. (1985)* wurde eine Abnahme der Zilientätigkeit in menschlichen Trachealexplantaten mitgeteilt. Die eingesetzten N-Acetylcystein-Konzentrationen betrugen ca. $5-10 \times 10^{-3}$ g/ml (ca. $30-60 \times 10^{-3}$ M) und entsprechen somit Konzentrationen, die um den Faktor > 1000 über therapeutisch erzielbaren Plasma-Konzentrationen liegen. Die Beeinflussung der Zilienschlagfrequenz ist offensichtlich von der Mukolytikakonzentration abhängig. Bei Konzentrationen von 10^{-12} bis 10^{-9} g/ml, die auch therapeutisch erreicht werden, ist eine Zunahme, bei Konzentrationen $> 10^{-8}$ g/ml eine Abnahme der Zilienschlagfrequenz zu beobachten. Eine Zunahme der mukoziliären Clearance der Rattentrachea wurde bei Konzentrationen von 10^{-9} g/ml, eine Abnahme bei höheren Konzentrationen mitgeteilt (Giardono *et al., 1978*; Martin *et al., 1980*). In der gleichen Größenordnung liegen auch die N-Acetylcystein-Konzentrationen 0,16–1,6 mcg/ml (10^{-7} bis 10^{-6} M), die in den Untersuchungen von Yanaura *et al. (1981)* zu einer Zunahme der Zilienaktivität im Modell der Trachealtasche des Hundes führten. Dabei dürfte die Zunahme der Zilientätigkeit und mukoziliären Clearance durch N-Acetylcystein keinen direkten Effekt des Mukolytikums darstellen, sondern vielmehr durch die veränderten rheologischen Eigenschaften des Bronchialschleimes bedingt sein.

In Übereinstimmung mit diesen tierexperimentellen Befunden stehen Mitteilungen von Olivieri *et al. (1985)* und Todisco *et al. (1985),* die eine Zunahme der mukoziliären Clearance bei Patienten nach oraler Gabe von 600 mg/Tag N-Acetylcystein beobachteten.

In tierexperimentellen Untersuchungen konnte Sprince *(1985)* eine protektive Wirkung von N-Acetylcystein und L-Cystein gegen inhalative Noxen, die im Zigarettenrauch enthalten sind, nachweisen. Bei der Verbrennung von Tabak entstehen u.a. Acrolein, Acetaldehyd und Formaldehyd. Diesen Aldehyden wird eine wesentliche Bedeutung für die toxischen Wirkungen des Zigarettenrauches zugeschrieben. Im Tierexperiment ruft die Inhalation dieser Aldehyde ein Atemnotsyndrom und eine anästhesieähnliche Paralyse hervor. Darüber hinaus kommt es durch diese Aldehyde zu einer Hemmung der Makrophagenfunktion und antibakteriellen Abwehrmechanismen der Lunge. Die Histaminfreisetzung wird durch diese Aldehyde stimuliert und kann einen Bronchospasmus auslösen. Weiterhin führt die Aldehydexposition zu einer Hyperplasie der sekretorischen Zellen und Abnahme der mukoziliären Clearance. Durch Vorbehandlung der Tiere mit N-Acetylcystein und Cystein können diese Aldehydeffekte vermindert oder aufgehoben werden. Folgender Wirkungsmechanismus wird für die protektive Wirkung gegen diese inhalativen Noxen angenommen: Die im Zigarettenrauch enthaltenen Aldehyde stellen reaktive Verbindungen dar, die u.a. mit Verbindungen (z.B. Proteinen) reagieren, die SH-Gruppen enthalten. N-Acetylcystein und das aus dem N-Acetylcystein entstehende Cystein reagieren mit Acrolein, Acetaldehyd und Formaldehyd unter Bildung nichttoxischer Thiazolidinverbindungen und verhindern somit, daß diese Aldehyde mit SH-Gruppen von Proteinen reagieren (Abb. 3).

Toxische Aldehyde:

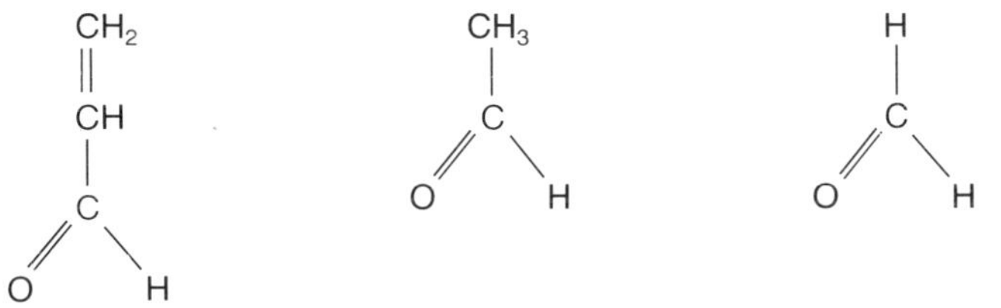

Acrolein Acetaldehyd Formaldehyd

Hydrolyse des N-Acetylcysteins:

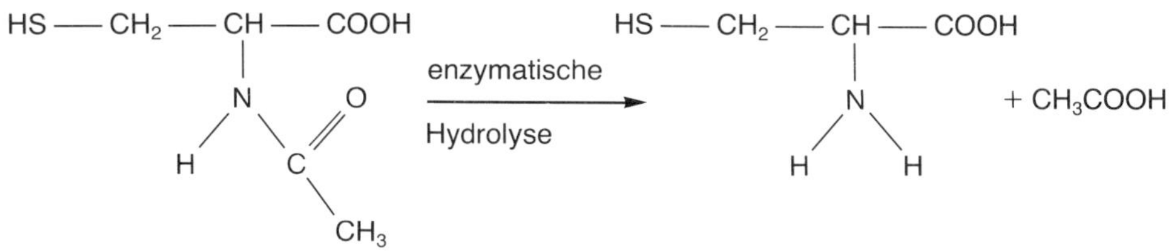

N-Acetylcystein Cystein Essigsäure

Reaktion mit Aldehyden:

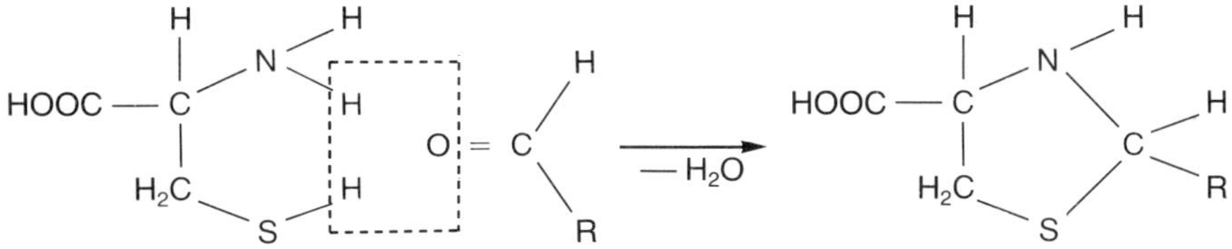

Cystein Aldehyd Thiazolidin

Abbildung 3: Strukturformeln von Acrolein, Acetaldehyd und Formaldehyd. Hydrolyse des N-Acetylcysteins und Reaktion mit diesen Aldehyden zum Thiazolidin.

Suizidale Vergiftungen mit dem Analgetikum Paracetamol führen ab einer Dosis von 15–20 Gramm zu einem tödlichen Leberversagen. Für die hepatotoxische Wirkung des Paracetamol ist ein im Abbau dieses Analgetikums entstehender reaktiver Metabolit, der Quinonstruktur aufweist, verantwortlich. Dieser reaktive Quinonmetabolit reagiert mit Molekülen, die SH-Gruppen enthalten, wie z. B. Glutathion und Proteinen. Die Reaktion des toxischen Paracetamolmetaboliten mit Proteinen der Leberzelle führt zur Leberzellnekrose. Basierend auf diesen tierexperimentell ermittelten Befunden zur Hepatotoxizität von Paracetamol wurde ein Behandlungskonzept entwickelt. Durch Gabe von N-Acetylcystein, das zu Cystein umgewandelt wird, kommt es zu einer Zunahme der Glutathionsynthese in der Leberzelle. Durch Glutathion wird dieser toxische Metabolit abgefangen und kann somit nicht mehr über eine irreversible Bindung an Proteine der Leberzelle zur Leberzellnekrose führen. Die Wirksamkeit dieses Behandlungskonzeptes bei der Paracetamolvergiftung konnte von Prescott *und Mitarbeitern (1979)* nachgewiesen werden. Wird N-Acetylcystein in einer Dosierung von insgesamt 300mg/kg Körpergewicht innerhalb der ersten 12–24 Stunden nach Paracetamoleinnahme verabreicht, können ansonsten tödlich verlaufende Paracetamolintoxikationen verhindert werden.

Pharmakokinetik und Metabolismus der Mukolytika

N-Acetylcystein

Die Angaben zur Pharmakokinetik, biologischen Verfügbarkeit und zum Metabolismus von N-Acetylcystein sind teilweise widersprüchlich. Diese Diskrepanzen sind darauf zurückzuführen, daß bei einem Teil der Studien, die ^{35}S markiertes N-Acetylcystein einsetzten, eine Auftrennung in unveränderte Substanz und Stoffwechselprodukte nicht vorgenommen wurde.

Für die Langzeittherapie stellt die orale Applikation – wie z. B. Retard-Tabletten – zweifelsohne die am besten geeignete Darreichungsform dar. Deshalb sollen in der Folge die bei dieser Applikation erhobenen Befunde diskutiert werden.

N-Acetylcystein ist das Acetylderivat der natürlichen Aminosäure L-Cystein, die instabil ist und magenreizend wirkt. Im Gegensatz dazu ist N-Acetylcystein stabil. Nach oraler Gabe wird die Substanz rasch resorbiert. In Abhängigkeit von der Galenik werden die maximalen Plasmakonzentrationen nach 0,75–2 Stunden erreicht. Verläßliche Angaben zur biologischen Verfügbarkeit liegen bisher nicht vor. Die von den einzelnen Autoren mitgeteilten Eliminationshalbwertzeiten schwanken zwischen 1,3 und 2,3 Stunden. Das Verteilungsvolumen beträgt im Mittel 0,32 l/kg. Die totale Plasmaclearance liegt im Durchschnitt bei 0,2 l/h/kg KG. N-Acetylcystein wird ausgiebig metabolisiert. Im Hinblick auf die Wirkung ist es von Bedeutung, daß L-Cystein den Hauptmetaboliten darstellt, der durch Desacetylierung entsteht. Hinsichtlich der mukolytischen Wirkung ist L-Cystein dem N-Acetylcystein vergleichbar. L-Cystein stellt den Precursor für die Glutathionsynthese dar. Die über diesen Metabolisierungsschritt ablaufende Zunahme der Glutathionsynthese ist für die leberprotektive Wirkung des N-Acetylcysteins bei der Paracetamolvergiftung verantwortlich. Aus L-Cystein entsteht darüberhinaus als wesentliches Abbauprodukt Cystin. Die Bildung von Diacetyl- und S-Methyl-Metaboliten stellt für die Elimination der Substanz un-

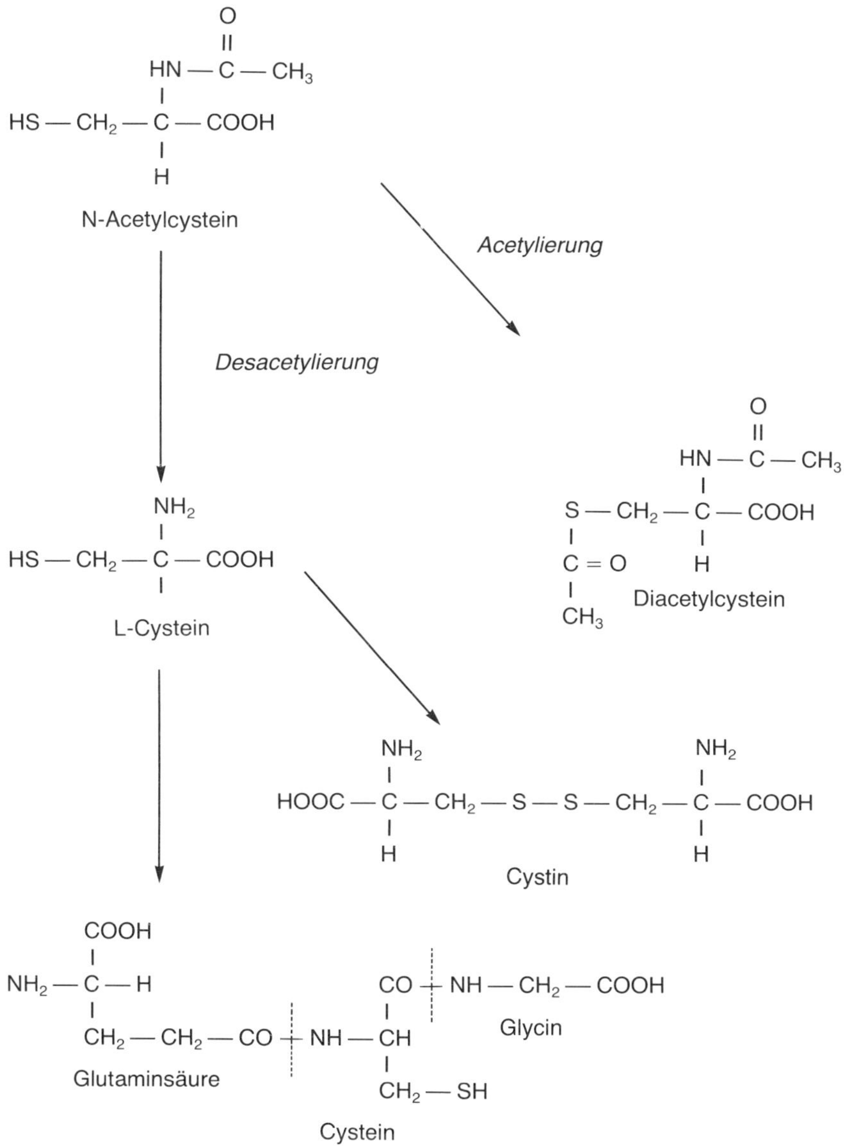

Abbildung 4: Stoffwechsel von N-Acetylcystein

bedeutende Abbauwege dar (Abb. 4). Da die Elimination der Substanz aus dem Organismus vornehmlich in Form von Abbauprodukten erfolgt, ca. 30% werden unverändert im Urin ausgeschieden, ist mit einer relevanten Kumulation bei Patienten mit Niereninsuffizienz nicht zu rechnen. Bei Patienten mit erheblich eingeschränkter Nierenfunktion nimmt die Clearance um ca. 25% ab und die Halbwertzeit auf 3,1 Stunden zu. Bei eingeschränkter Leberfunktion ist dagegen mit einer deutlichen Abnahme der Plasmaclearance und Zunahme der Eliminationshalbwertzeit zu rechnen, da die Ausscheidung aus dem Organismus zu ca. 70% durch metabolische Transformation in der Leber erfolgt. Daraus resultiert bei Patienten mit Leberzirrhose eine Reduktion der Clearance auf 0,058 l/h/kg KG und eine Zunahme der Halbwertzeit auf 8,1 Stunden.

Untersuchungen von Rodenstein *und Mitarbeitern (1978, 1980),* die an Patienten durchgeführt wurden, die lobektomiert wurden, konnten zeigen, daß nach oraler Gabe von N-Acetylcystein im Lungengewebe in etwa die gleichen Konzentrationen wie im Plasma erreicht werden. Die bei diesen Patienten gleichzeitig durchgeführten Konzentrationsbestimmungen im Bronchialsekret konnten einen Übertritt von N-Acetylcystein in das Bronchialsekret nachweisen, wenngleich die Konzentration erheblich niedriger als im Lungengewebe und Plasma liegt. Diese Befunde sprechen dafür, daß N-Acetylcystein oder sein wirksamer Metabolit L-Cystein in ausreichenden Konzentrationen im Wirkorgan vorzuliegen scheinen. Von Interesse ist in diesem Zusammenhang, daß in der Lunge ca. 50% der nachgewiesenen Substanz in freier Form vorliegt. Dies bedeutet, daß die für die mukolytische Wirkung entscheidenden SH-Gruppen noch intakt sind. Im Gegensatz dazu entfallen im Plasma lediglich 14% der vorhandenen Substanzen auf den pharmakologisch aktiven Wirkstoff.

S-Carboxymethylcystein

Nach oraler Gabe wird die Substanz rasch resorbiert. In Abhängigkeit von der galenischen Zubereitungsform werden die maximalen Plasmakonzentrationen nach 1,6–2,2 Stunden erreicht. Die maximalen Plasmakonzentrationen betragen nach Gabe von 750 mg zwischen 5,5–6,2 µg/ml. Die terminale Eliminationshalbwertzeit liegt in der Größenordnung von 1,5–1,8 Stunden (Lutz *et al., 1985).*

S-Carboxymethylcystein wird ausgiebig verstoffwechselt. Den Hauptmetabolisierungsschritt stellt die Bildung von Sulfoxidmetaboliten dar, wobei erhebliche interindividuelle Unterschiede für diesen Metabolisierungsschritt beobachtet werden. Neben der Bildung des entsprechenden Sulfoxidmetaboliten für die unveränderte Substanz wurde auch die Bildung von Sulfoxidmetaboliten für den Metabolit S-Methylcystein und N-Acetyl-Carboxymethylcystein beschrieben. Die Bildung von L-Cystein konnte nicht nachgewiesen werden. Darüber hinaus wird die Substanz noch durch Bildung eines Carbonsäureester-Glucuronid verstoffwechselt (Abb. 5). Wie bereits ausgeführt, bestehen hinsichtlich der Sulfoxidierung erhebliche interindividuelle Unterschiede, die offensichtlich genetisch determiniert sind. Im Rahmen von Populationsuntersuchungen beobachteten MITCHELL *und Mitarbeiter (1984)* langsame und schnelle Sulfoxidierer in der Bevölkerung. Der Anteil der langsamen Metabolisierer in der Population wird mit ca. 25% angegeben. Inwieweit diese genetisch determinierten Unterschiede in der Biotransformation von Relevanz für die Therapie sein können, ist bisher nicht untersucht worden.

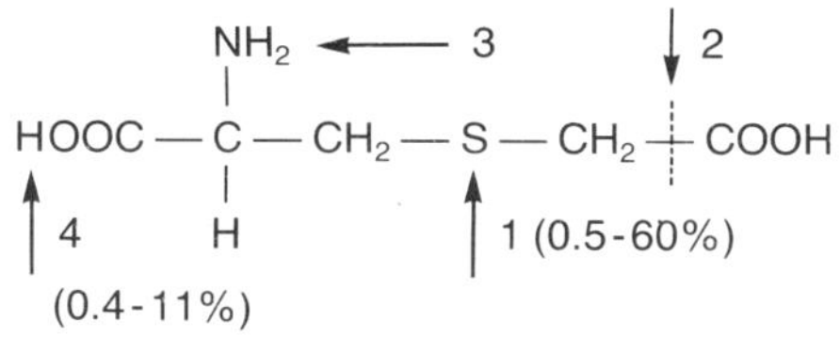

1. Sulfoxidation von SCMC
2. S-Methylcystein
3. N-Acetyl-SCMC
4. Carbonsäureester-Glucuronid

Abbildung 5: Metabolismus von S-Carboxymethylcystein (SCMC)

Relevante Arzneimittelinteraktionen mit N-Acetylcystein bzw. S-Carboxymethylcystein sind bisher nicht beobachtet worden. Allerdings hemmt Cimetidin die Sulfoxidbildung von Carboxymethylcystein. Diese Untersuchungen wurden bisher lediglich an gesunden jungen Freiwilligen durchgeführt und bedürfen hinsichtlich ihrer klinischen Relevanz einer Überprüfung an Patienten (MITCHELL *et al., 1981)*.

Diskussion

Geisler:
Vielen Dank! Das war ein sehr schöner Überblick, der nicht nur dem klinischen Pharmakologen, sondern auch dem Kliniker einige interessante Aspekte aufzeigt. Ich habe zum Einstieg zwei Fragen. Erstens: Über die Nebenwirkungen des N-Acetylcysteins haben wir nicht gesprochen, andererseits wissen wir z. B. ja, daß bei den hohen Dosen, wie wir sie bei der Paracetamol-Vergiftung geben, nicht sehr viel passiert. Die zweite Frage ist, ob es dosisabhängig auch eine Depression der Ziliarfunktion geben kann. Was kann man zu den beiden Punkten sagen?

Eichelbaum:
Hinsichtlich Nebenwirkungen nach Gabe von Tabletten, und das ist ja für die Langzeittherapie die relevante Darreichungsform, sind letztlich nur gastrointestinale Symptome anzuführen. Dabei kann man annehmen, daß wahrscheinlich ein analoger Wirkmechanismus, der zur Spaltung der Disulfidbrücken des Schleimes führt, auch für diese Nebenwirkung verantwortlich sein könnte. Aber diese Begleiterscheinungen sind nicht so gravierend, daß sie zum Abbruch der Therapie führen, insbesondere dann nicht, wenn retardierte Formulierungen eingesetzt werden, die keine hohen lokalen Konzentrationen im Gastrointestinaltrakt verursachen.

Daß N-Acetylcystein selbst in Höchstdosen eine gut verträgliche Substanz ist, belegt die Anwendung bei Paracetamol-Vergiftungen. Hier werden in 24 Stunden Dosen von 300 mg pro kg KG gegeben (Prescott *et al., 1979*), das sind 35fach höhere Mengen als sie in der mukolytischen Therapie zur Anwendung kommen, ohne daß relevante Nebenwirkungen beobachtet werden, im Gegensatz zum Cysteamin, das ursprünglich eingesetzt wurde und Kreislauf-Nebenwirkungen verursachte.

Zur Frage einer möglichen Depression der Zilientätigkeit haben die japanischen Autoren Yanaura, Imamura und Misawa *(1981)* die meines Erachtens bedeutendste Untersuchung vorgelegt. Deren Ergebnisse belegen eindeutig eine Konzentrationsabhängigkeit in der Zilienbeeinflussung. Sie beobachteten eine Hemmung der Zilienaktivität bei Konzentrationen von 10^{-4} bis 10^{-3} M. Das sind sicherlich Werte, die sie nie in vivo mit therapeutischen Dosen zur mukolytischen Behandlung erreichen werden. Die zur Hemmung der Zilienaktivität erforderlichen Dosen sind als toxisch anzunehmen und liegen um 3–4 Zehnerpotenzen über den therapeutisch eingesetzten Dosierungen.

Geisler:
Ich frage nach der möglichen Ziliardepression deshalb bewußt, weil sie immer wieder als Gegenargument für die Therapie angeführt wird.

Sill:
Man muß ja sicherlich unterscheiden zwischen der Tätigkeit der Zilien und der mukoziliären Clearance. Die Freiburger Arbeitsgruppe um Herrn Matthys hat bei den zur Diskussion stehenden Expektorantien Patienten gefunden, bei denen die Clearance-Rate sowohl positiv als auch negativ beeinflußt wurde.

Geisler:
Wobei die Erfahrung zeigt, daß dieses Phänomen klinisch keine Probleme aufwirft.

Eichelbaum:
Es gibt zwei Untersuchungen italienischer Arbeitsgruppen (Olivieri *et al., 1985;* Todisco *et al., 1985),* die gezeigt haben, daß unter der oralen N-Acetylcystein Behandlung eine Zunahme der mukoziliären Clearance erreicht wird. Todisco *und Mitarbeiter (1985)* konnten zeigen, daß Probanden mit einer erniedrigten mukoziliären Clearance unter N-Acetylcystein sich auf Normalwerte verbesserten. Man nimmt an, daß ca. 15% bis 20% der Bevölkerung möglicherweise eine genetisch bedingt verminderte mukoziliäre Clearance haben. Dieser Personenkreis dürfte sicher gegenüber inhalativen Noxen, wie z.B. Zigarettenrauch, stärker gefährdet sein als Personen mit normaler Clearance-Rate.

Sill:
Also würden Sie sagen, daß es auf der einen Seite einen Effekt direkt auf die funktionell geschädigte Zilie gibt?

Eichelbaum:
Soweit ich das sehe, und das ist auch die Interpretation der zuvor zitierten japanischen Autoren, ist das ein indirekter Effekt, der durch die Änderung der rheologischen Eigenschaften des Bronchialschleims zustande kommt.

Sill:
Gibt es Untersuchungen, die zeigen, daß die Viskosität so stark gesenkt wird, daß dieses klinisch problematisch werden kann?

Petro:
Sie sprechen eine ganz interessante klinische Beobachtung an. Es gibt nämlich Patienten, die in ihrem Schleim „ertrinken“, das geschieht immer dann, wenn die Viskosität sehr gering wird und die Kranken keine Hustenfunktion haben, ganz gleich aus welchen Gründen. Wir müssen dann ständig mit dem Bronchoskop danebenstehen und absaugen. Ich denke, daß dann der Zilienschlag aufgrund der Verflüssigung nicht mehr effektiv ist und ins Leere geht.

Sill:
Klinisch habe ich dieses Phänomen beim Bromhexin und beim Ambroxol am häufigsten gesehen, z.B. auf den Intensivstationen.

Petro:
Ich muß das auch für i.v. appliziertes Acetylcystein bestätigen, weil das eines der wesentlichsten Präparate ist, das bei uns nach Thoraxoperationen eingesetzt wird.

Geisler:
Bei oraler Verabreichung von retardiertem N-Acetylcystein ist eine exzessive Verflüssigung nicht zu erwarten.

Schultze-Werninghaus:
Eine Frage zur prophylaktischen Wirkung von N-Acetylcystein: Sie haben unter anderem das Formaldehyd angesprochen, gegen das möglicherweise ein Schutz vorhanden ist. Ich glaube nicht, daß wir heute wirklich sagen können, daß für Formaldehyd beim Menschen ein Karzinom-Risiko nachgewiesen worden ist. Sie kennen sicher die Untersuchung, daß die Formaldehyd-Konzentrationen, die bei der Ratte zu einem Nasentumor führen, tausendfach höher sind als Konzentrationen beim Menschen, wie wir sie unter industriellen Bedingungen vorfinden.

Eichelbaum:
Die Einordnung von Formaldehyd als potentiell karzinogene Substanz ist kürzlich durch eine EG-Kommission erfolgt. Formaldehyd ist für die karzinogene Wirkung des Zigarettenrauchs zweifelsohne nicht allein anzuschuldigen. Wenn Sie davon ausgehen, daß inzwischen mehr als 3000 Inhaltsstoffe im Tabakrauch nachgewiesen worden sind, spielen z.B. polyzyklische Kohlenwasserstoffe, wie Benzpyren usw. ohne Zweifel genauso eine Rolle. Aber als zusätzlicher Promotor oder in Zusammenwirkung mit anderen Substanzen könnte man sich eine karzinogene Wirkung vorstellen.

Schultze-Werninghaus:
Es gibt eine große englische Studie (Acheson *et al., 1984)* an 7680 Arbeitern unter Langzeitbeobachtung, die mit Formaldehyd in Berührung kamen. Nach dieser Studie sind erhöhte Karzinomraten allenfalls bei langjähriger Exposition gegen hohe Formaldehydkonzentrationen [> 2 ppm] zu erwarten.

Eichelbaum:
Ein gewisses prokarzinogenes Potential ist der Substanz nicht abzusprechen. Da gibt es schon Befunde, die dafür sprechen. Aber es ist sicherlich nicht so, daß man sagen kann, daß das Bronchialkarzinom auf Formaldehyd allein zurückzuführen ist.

Schultze-Werninghaus:
Es sollte nicht der Eindruck entstehen, daß wir jetzt wieder rauchen dürfen, da es Mucret® gibt. Aber der Schluß lag nahe nach dem, was Sie gesagt haben.

Sill:
Sie hoben darauf ab, daß die Konzentration von Acetylcystein im Bronchialschleim, wenn ich das richtig in Erinnerung habe, bei 5% bis 10% liegt. Ist das richtig?

Eichelbaum:
5% bis 10% der Konzentration, die man im Lungengewebe findet.

Sill:
Ist diese Konzentration an N-Acetylcystein in Abhängigkeit von Entzündungsvorgängen im Bronchialschleim verändert? Also mit anderen Worten: Wenn ich keine Entzündung habe, habe ich eine niedrigere Konzentration als bei einer Entzündung?

Eichelbaum:
Es gibt keine Untersuchung, die sich damit befaßt hat, ob mögliche Entzündungsvorgänge den Übertritt von diesen Substanzen in den Bronchialschleim verändern. Das wird auch experimentell schwer durchzuführen sein.

Geisler:
Gibt es Interaktionen von N-Acetylcystein mit den für die Atemwegstherapie relevanten Antibiotika?

Eichelbaum:
Resorption und biologische Verfügbarkeit der bei der Therapie von Atemwegserkrankungen gebräuchlichen Antibiotika wie Doxycyclin, Amoxicillin und Erythromycin wurden durch die gleichzeitige Gabe von N-Acetylcystein nicht beeinflußt (Ferrari, 1980).

Sill:
Für die protektive Wirkung von N-Acetylcystein gegenüber Inhaltsstoffen des Zigarettenrauchs wären ja sicherlich die Konzentrationen in der Lunge von Bedeutung und nicht im Bronchialschleim.

Eichelbaum:
Man muß davon ausgehen, und das ist zumindest tierexperimentell nachgewiesen, daß auch eine Abnahme der Glykoprotein-Sekretion und möglicherweise damit deren Synthese zu beobachten ist.

Zweifelsohne kommt auch der intrazellulären Konzentration, die in den Becherzellen gebildet wird, eine Bedeutung zu. Sie ist wesentlich höher als im Bronchialschleim. Genaue Messungen liegen nicht vor und sind wahrscheinlich experimentell auch schwer zu realisieren.

Es gibt auch keine Untersuchungen, die zeigen konnten, daß möglicherweise hinsichtlich der Konzentration zwischen den einzelnen Zelltypen in der Lunge Unterschiede bestehen. Wenn man annimmt, daß eine Beeinflussung der Sekretion erfolgt, dann ist natürlich auch die Konzentration in der Lunge von entscheidender Bedeutung. Es sprechen einige Befunde dafür, daß die direkte Beeinflussung der Sekretbildung als Wirkungsmechanismus neben dem mukolytischen Effekt auf den bereits sezernierten Schleim mit zu diskutieren ist.

Schultze-Werninghaus:
Gibt es Untersuchungen, die zeigen, ob das „Surfactant" in irgendeiner Weise beeinflußt wird?

Geisler:
MERETO *und Mitarbeiter (1980)* haben einen positiven Einfluß auf das Surfactant unter N-Acetylcystein zeigen können.

Sill:
Gibt es Untersuchungen, ob sich das sekretorische IgA verändert?

Eichelbaum:
Ich habe in der Literatur keine Hinweise darauf gefunden, daß sich die IgA-Werte unter therapeutischen Bedingungen verändern.

Literatur

1) Bell, A. E., C. Marriott: The effect of S-carbosymethylcysteine on the rhology and transport properties of mucus. J. Pharm. Pharmacol 35 (1983) 81.
2) Giardono, A., D. Holsclaw, M. Litt: Effects of various drugs on canine tracheal mucociliary transport. Ann. Otol. 87 (1978) 484–490.
3) Iravani, J., G. N. Meliville: Wirkung und Pharmaka und Milieuveränderungen auf die Flimmertätigkeit der Atemwege. Respir. 32 (1975) 157–164.
4) Low, P.-M. P., M. J. Dulfano, C. K. Luk, P. J. P. Finch: Effect of N-acetylcysteine on the ciliary beat frequency of human bronchial explants. Ann. Allergy 54 (1985) 273–275.
5) Lutz D., W. Gielsdorf, J. Rasper, H. Jaeger, M. Albring, G. Eisler: Bioavailability and pharmacokinetic studies of two carbocysteine preparations following single and multiple dosing. Arzneim. Forsch. 35 (1985) 163–166.
6) Martin, R., M. Litt, C. Marriott: The effect of mucolytic agents on the rheologic and transport properties of canine tracheal mucus. Am. Rev. Resp. Dis. 121 (1980) 495–500.
7) Mitchell, S. C., R. H. Waring, J. R. Idle, R. L. Smith: Cimetidine pretreatment decreases carbocysteine sulphoxidation in man. IRCS Clin. Pharmacol. Ther. 9 (1981) 1028–1029.
8) Mitchell. S. C., R. H. Waring, C. S. Haley, J. R. Idle, R. L. Smith: Genetic aspects of the polymodally distributed sulphoxidation of S-carboxymethyl-L-cysteine in man. Br. J. Clin. Pharmac. 18 (1984) 507–521.
9) Morr, H.: Physiologische Bedeutung des Bronchialschleims. S. 1–8 in: V. Sill (Hrsg.): „Mukostase. Ein therapeutisches Problem". Dustri-Verlag Dr. Karl Feistle, München-Deisenhofen, 1985.

10) Olivieri, D., S. A. Marisco, M. Del Donno: Improvement of mucociliary transport in smokers by mucolytics. Eur. J. Respir. Dis. 66, Suppl. 139 (1985) 142–145.
11) Prescott, L. F., R. N. Klingworth, J. H. Critchley, M. J. Stewart, R. D. Adam, A. T. Proudfoot: Intravenous N-acetylcysteine: The treatment of choice for paracetamol poisoning. Brit. Med. J. 2 (1979) 1097–1100.
12) Rodenstein, D., A. de Coster, A. Gazzaniga: Pharmacokinetics of oral acetylcysteine: Absorption, binding and metabolism in patients with respiratory disorders. Clin. Pharmacokin 3 (1978) 247–254.
13) Rodenstein, D., A. de Costa, A. Gazzaniga: Pharmacokinetics of oral acetyl-cysteine: Absorption, binding and metabolism in patients with respiratory disorders. Eur. J. Respir. Dies. 61, Suppl. 111 (1980) 59–60.
14) Sprince, H.: Protective action of sulfur compounds against aldehyde toxicants of cigarette smoke. Eur. J. Respir. Dis. 66, Suppl. 139 (1985) 102–112.
15) Sturgess, J. M.: Mucous secretions in the respiratory tract. Ped. Clin. North Amer. 26 (1979) 481–501.
16) Todisco, T., R. Polidori, F. Rossi, L. Iannacci, B. Bruni, L. Fedeli, R. Palumbo: Effect of N-acetylcysteine in subjects with slow pulmonary mucociliary clearance. Eur. J. Respir. Dis. 66, Suppl. 139 (1985) 136–141.
17) Yanaura, S., N. Imamura, M. Misawa: Effects of expectorants on the canine tracheal ciliated cells. Japan. J. Pharmacol. 31 (1981) 957–965.

Literatur zur Diskussion

1) Acheson, E. D., H. R. Barnes, M. J. Gardner, C. Osmond, B. Paunett, C. P. Taylor: Formaldehyde in the British chemical industry. An occupational cohort study. Lancet. 1 (1984) 611–616.
2) Ferrari, V.: Safety and drug interactions of oral acetylcysteine related to utilization data. Eur. J. Respir. Dis. 61, Suppl. 111 (1980) 151–157.
3) Mereto G. C., L. Balestra, F. Henriquet: Alveolar surfactant in lungs of operated patients after acetylcysteine treatment. Eur. J. Respir. Dis. 61, Suppl. 111 (1980) 160–161.
4) Olivieri, D., S. A. Marisco, M. Del Donno: Improvement of mucociliary transport in smokers by mucolytics. Eur. J. Respir. Dis. 66, Suppl. 139 (1985) 142–145.
5) Prescott, L. F., R. N. Klingworth, J. H. Critchley, M. J. Stewart, R. D. Adam, A. T. Proudfoot: Intravenous N-acetylcysteine: The treatment of choice for paracetamol poisoning. Br. Med. J. 2 (1979) 1097–1100.
6) Todisco, T., R. Polidori, F. Rossi, L. Iannacci, B. Bruni, L. Fedeli, R. Palumbo: Effect of N-acetylcysteine in subjects with slow pulmonary mucociliary clearance. Eur. J. Respir. Dis. 66, Suppl. 139 (1985) 136–141.
7) Yanaura, S., N. Imamura, M. Misawa: Effects of expectorants on the canine tracheal ciliated cells. Japan. J. Pharmacol 31 (1981) 957–965.

Klinischer Einsatz von Expektorantien

WOLFGANG PETRO

Zusammenfassung

In der Behandlung der Mukostase als multiätiologisches pathophysiologisches Substrat vieler Lungen- und Atemwegserkrankungen liegt der Schlüssel zur Verhinderung einer respiratorischen Insuffizienz.

Ziel der Behandlung ist die Beseitigung oder Verminderung der Mukostase durch Änderung der Mukusqualität, -quantität und -transportabilität.

Als theoretische Wirkmodelle, mit denen eine objektive Therapie nachweisbar wäre, dienen die Bestimmung der mukoziliären Clearance, Atemmechanik, Sekretrheologie und ein Rezidivscore.

Während β-2-Adrenergika und Methylxanthine im wesentlichen über eine Steigerung der Ziliarfrequenz die mukoziliäre Clearance verbessern, wirken Expektorantien, wie z. B. N-Acetylcystein, indirekt über eine Änderung der Mukusrheologie und führen zu einem dosisabhängigen Effekt. Dieser ist scheinbar auch abhängig von der prätherapeutischen mukoziliären Clearance. Die Mukusrheologie zeigt sich durch Expektorantien summarisch gebessert bezüglich gesteigertem Volumen durch Sekretverflüssigung (z.B. N-Acetylcystein) bzw. Sekretvermehrung (z.B. Ambroxol) und verminderter Viskosität.

Als Ergebnis für die Atemmechanik lassen sich teilweise verbesserte Strömungsverhältnisse in den Bronchien nachweisen.

Die klinischen Beschwerden nehmen ab und die Rezidivhäufigkeit an bronchialen Exazerbationen sinkt unter einer N-Acetylcystein-Therapie.

Bei Patienten mit chronischer Bronchitis und starker Verschleimung kann der alleinige gezielte Einsatz von Expektorantien neben ausreichender Flüssigkeitszufuhr von Nutzen sein. Bei Patienten mit obstruktiven Atemwegserkrankungen, insbesondere obstruktiver Bronchitis, steht die Therapie mit Bronchospasmolytika, z. B. β-2-Adrenergika und/oder Methylxanthinen, im Vordergrund, da diese Substanzen über die Bronchospasmolyse hinaus die mukoziliäre Clearance verbessern. Mukolytika bzw. Sekretolytika können deren Wirkung sicher unterstützen und sollten gezielt verabreicht werden.

Zur Pathophysiologie

Die Mukostase, das heißt die Sekretverhaltung in den Bronchien, ergibt sich als wesentliches pathophysiologisches Geschehen mit multifaktorieller Ursache. Störungen im Ziliarapparat mit Verminderung der ziliaren Schlagfrequenz, ziliare Dyskinesie, Hyperkrinie, Dyskrinie, Schleimhautödem, Bronchospasmus, bakterielle Superinfektion, sowie mangelnde Hustenfunktion bilden Ursachen eines fatalen Kreislaufs, der in sich selbst geschlossen als circulus vitiosus zur respiratorischen Insuffizienz führen kann. Da Lungen- oder Bronchialerkrankungen häufig einen oder mehrere dieser Pathomechanismen auslösen, ist die Mukostase ein Alltagsbefund der Pneumologie (Tab. 1).

Der Grund, weshalb eine Mukostase im System luftdurchströmter Röhren markante Behinderungen verursacht, ist durch das Hagen-Poiseuille'sche-Gesetz hinreichend erklärbar (22). Jede Lumenverkleinerung führt danach zu einer überproportionalen Verschlechterung der Ventilation (Abb. 1). Die Symptome dieses Zustandes sind Husten, Auswurf und Dyspnoe. Die meßtechnischen Größen sind die Verminderung von PEF, FEV_1, sG_{aw}, PaO_2 und die Erhöhung von RV, RV/TLC, R_{aw} und in Extremfällen von $PaCO_2$.

Tabelle 1: Krankheitsbilder mit Mukostase.

erworben	angeboren
Bronchitis akut	primäre ziliäre Dyskinesie
chronisch	(Kartagener Syndrom)
chronisch obstruktiv	Mukoviszidose (cystische Fibrose)
Asthma bronchiale	
Lungenemphysem	
Pneumonie	
Pleuritis	
Bronchiektasen	
Zwerchfellparese	
Thoraxdeformität	
Zustand nach Thorax-OP	

Das Therapieziel

Das Therapieziel im weitesten Sinne ist das Vermeiden oder Beseitigen der Mukostase im Idealfalle, wenigstens jedoch eine Verminderung der Rezidivrate (Tab. 2). Damit wird die wesentliche therapeutische Aufgabe in der Veränderung des Mukus selbst liegen. Erhöhung des Mukusvolumens mit Verminderung der Viskosität und Adhäsivität sind die Voraussetzungen für eine effektive Mukuselimination.

Wesentlicher Mechanismus zur Mukuselimination ist die Stimulation der mukoziliären Clearance. Diese ist weitgehend abhängig von der Zahl und Anordnung der Zilien, ihrer Frequenz, dem Mukusvolumen und den rheologischen Eigenschaften des Mukus (17). Gegenüber dem mukoziliären Klär-

Abbildung 1: Änderung des bronchialen Durchmessers bei einem Bronchospasmus unter normalen und pathologischen Bedingungen – z. B. unter Verschleimung (nach ARIENS, 1980).

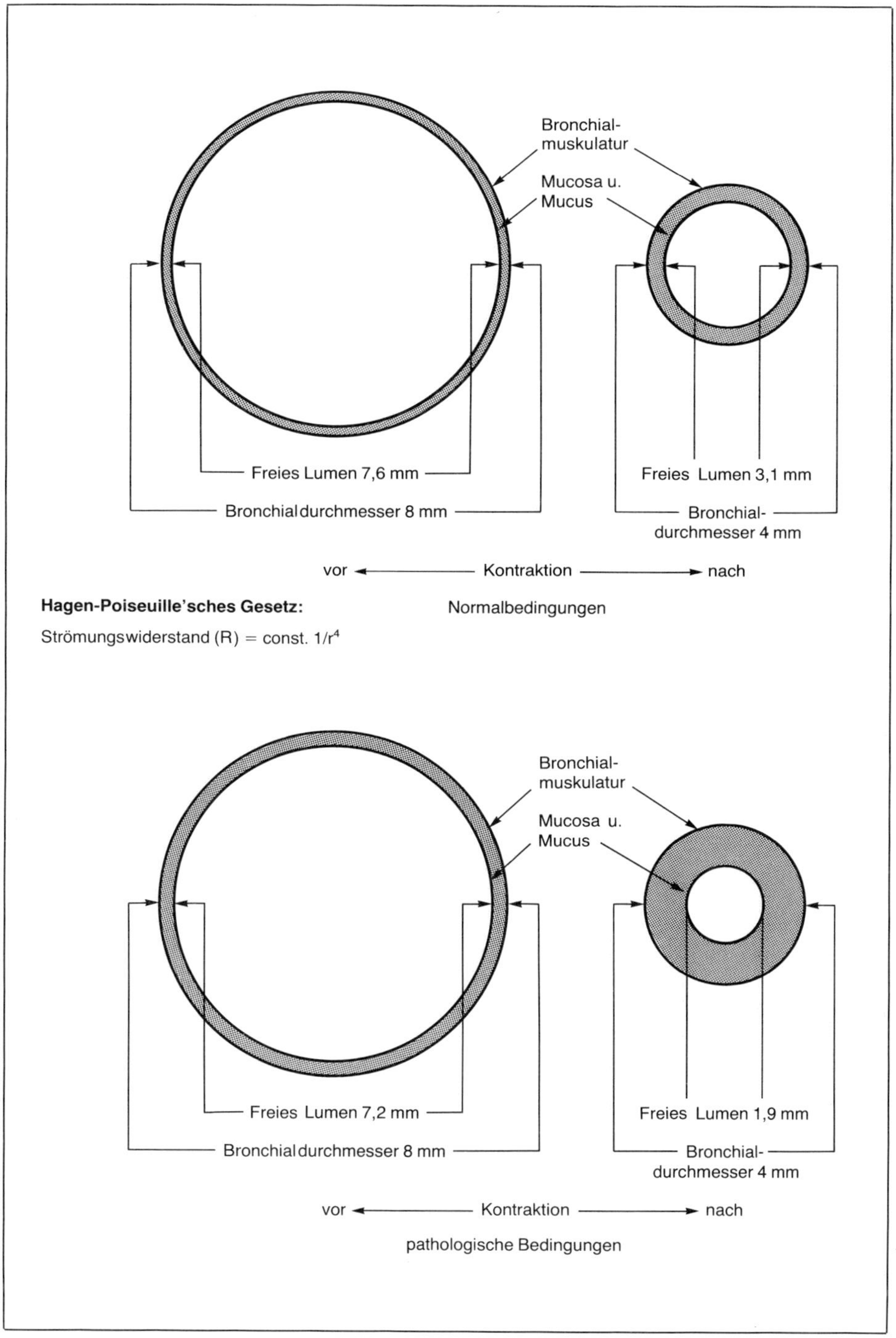

Tabelle 2: Definition des Therapieziels.

speziell in Bezug auf Mukokinese	speziell in Bezug auf Mukuselimination
Mukusvolumen steigern Mukusviskosität senken Mukusadhäsivität senken	mukoziliäre Clearance stimulieren Broncholyse Physiotherapie Hustenförderung Fiberbronchoskopie

Rezidivrate der Mukostase senken

system besitzt das alveolare Klärsystem mit Alveolarmakrophagen und Lymphdrainagesystem fast ausschließlich Bedeutung für die Partikelelimination. In welcher Form eine direkte Stimulation der Zilien möglich ist, ist unbekannt, ebenso die Biochemie der Ziliarbewegung und eine neurale Steuerung, die bisher nicht nachgewiesen wurde (42). Entscheidend für die Zilienbewegung ist die Viskosität des periziliären und supraziliären Mukus.

Unter günstigsten Umständen ist ein Anstieg der Ziliarfrequenz mit einer Vermehrung der mukoziliären Clearance verbunden.

Hauptziel und allumfassendes Therapieprinzip ist die Broncholyse, die mittels β-2-Adrenergika zusätzlich das ziliäre Klärsystem stimuliert. Diese pharmakologischen Einwirkungen könnten durch physikalische Einwirkungen unterstützt werden.

Gezielte Physiotherapie mit Lagerungsdrainage und Vibrationsmassage dienen der Hustenförderung und aktiven Reinigung. Unterstützend oder in

Tabelle 3: Theoretische Wirkmöglichkeiten zur Mukokinese und Expektoration.

1. Sekretstimulation (Wasser und Glykoproteine)
2. Mukolyse durch Aufbrechen der Disulfidbrücken
3. Mukoregulation (optimale Menge und Viskosität)
4. Mukusverdünnung durch Konzentrationsverminderung
5. Stimulation des Ziliarapparates
    - Steigern der Ziliarfrequenz
    - Steigern des „effective stroke“
    - Steigern der Metachromasie
6. Adhäsivitätssenkung an Grenzflächen
7. Ventilationssteigerung durch Broncholyse
8. Hustenmechanismus verbessern

Fällen mangelnder Hustenfunktion kann die therapeutische Fiberbronchoskopie eine passive Reinigung des Bronchialsystems sichern.

Wirkprinzipien und klinische Wirkmodelle

Zur Beseitigung der Mukostase steht eine beachtliche Anzahl von Wirkprinzipien zur Verfügung (43). Idealerweise (und damit theoretisch) sollte eine effektive Therapie auf allen Stufen der Mukusproduktion und des Transports (Zilientätigkeit, Mukusquantität, -qualität und -transportabilität) wirksam werden (Tab. 3).

Die Sekretstimulation durch vermehrte Produktion von Wasser und Glykoproteinen ist ebenso wie die eigentliche Mukolyse durch Aufbrechen der Disulfidbrücken (z. B. mit N-Acetylcystein) therapeutisch verwirklicht. Die optimale Mukusregulation mit idealem Mukusvolumen und seinen Subformen peri- und supraziliärem Mukus ist praktisch bisher nicht möglich. Gehört die Steigerung der Ziliarfrequenz zu den gesicherten Wirkmechanismen der β-2-Adrenergika (16, 18, 37), ist die direkte Beeinflussung des Schlagmusters der Zilien und ihre Metachromasie unsicher. Die Adhäsivitätssenkung, das heißt die Beeinflussung der Mukushaftung an den Grenzflächen Bronchialwand-Mukus und Mukus-Mukus, scheint mit oberflächenaktivem Material möglich (21, 38, 39) und zeigt Erfolge als „Anti-Klebstoff"- und „Schmierseifenfunktion" (35).

Unter dem Eindruck dieser nennenswerten Zahl von Wirkmechanismen ist die Frage von Bedeutung, welche Möglichkeiten der Therapie im klinischen Alltag der Pneumologie angewendet werden.

Eine nicht angekündigte Auswertung der Medikation eines beliebigen Tages eines Zentrums für Pneumologie und Thoraxchirurgie *(Ruhrlandklinik Essen-Heidhausen)* erbrachte interpretationsbedürftige Verteilungen (Tab. 4).

Tabelle 4: Verteilung von Expektorantien hinsichtlich Diagnose- und Präparategruppen.

Diagnosegruppe	n	N-Acetylcystein		Ambroxol			β_2-Adrenergika			Anticholinergika			Methylxanthine		Flüssigkeit	
		1	2	1	2	3	1	2	3	1	2	3	1	2	1	2
chronisch obstruktive Lungenerkrankungen	50	17	2	6	–	2	5	–	46	–	–	27	28	3	–	3
Bronchoskopie	50	14	–	2	–	–	8	–	37	–	–	19	23	7	–	8
postoperativ	50	23	9	1	1	–	–	–	32	–	–	26	14	4	21	28

1=oral 2=parenteral 3=inhalativ

Tabelle 5: Klinische Modelle zur Effektivitätsbeurteilung von Expektorantien.

Beurteilungsmodelle	**Voraussetzungen**
mukoziliäre Clearance (cave Ventilationsveränd.)	bevorzugt in vivo am Erkrankten
Atemtechnik (Ganzkörperpl. und Fluß-Volumen-Kurve)	doppelblinde, placebokontroll. Studien
Sekretrheologie (Bronchialsekret)	keine Begleitmedikation
Langzeitstudien mit Rezidivscore	Langzeittherapie

Tabelle 6: Effekt der Expektorantien auf die Ziliarfrequenz.

Autor	Präparat	Modell	Änderung
Iravani 1975	N-Acetylcystein β_2-Adrenergika Acetylcholin	Tiere	? ↑↑ (↑?)
Yanaura 1981	N-Acetylcystein Äthyl-cystein Bromhexin	Tiere	↑ ↑ ↑ (therapeutische Konzentration) ↓ ↓ = (hohe Konzentr.)
Konietzko 1975	β_2-Adrenergika	Patienten	↑
Konietzko 1983	β_2-Adrenergika	Patienten/ Gesunde	↑
Santa Cruz 1975	β_2-Adrenergika	Patienten/ Gesunde	↑
Pavia 1980	Ipratropiumbromid	Patienten	↓

In allen ausgewerteten Diagnosegruppen überwiegt die inhalative Anwendung von β-2-Adrenergika. Sie stellt offenbar die Basisbehandlung dar, die durch zusätzliche Gaben von Methylxanthinen unterstützt wird. Mukolytika spielen eine markante Rolle in der postoperativen Behandlung thoraxoperierter Patienten, wogegen Sekretolytika grundsätzlich als Zusatzbehandlung neben β-2-Adrenergika und Methylxanthinen verwendet werden. Die inhalative Anwendung tritt neben der oralen Verabreichung zurück als mögliche Konsequenz der häufig zu beobachtenden Bronchialreizung.

Dieses willkürliche Bild ergibt die zwingende Frage nach objektiven Beurteilungsmodellen zur Effektivität von Expektorantien (Tab. 5). Vor allen weiteren Verfahren ist sicher die mukoziliare Clearance geeignet, eine Abbildung der intrabronchialen Klärrate zu geben, außer für die Verfahren, die selbst die Clearance verändern (fiberoptisches Aufbringen von Plättchen). Jede Besserung der Mukostase muß lungenfunktionell meßbar sein. Die Messung muß jedoch mittels sensitiver und objektiver Methoden erfolgen. Geeignet erscheinen die atemmechanischen Größen der Ganzkörperplethysmographie und Fluß-Volumen-Kurve. Die Sekretrheologie ist als hochtechnisiertes Modell nur so gut wie die Standardisierung der Mukusprobe. Bronchialsekretgewinnung mittels Fiberskopie ist praktisch undurchführbar. Brauchbar und praktikabel sind dagegen Langzeitstudien mit der Erfassung eines Rezidivscores (6, 9). Diese Beurteilungsmodelle sind dann besonders wertvoll, wenn sie auf der Grundlage doppelblinder, placebokontrollierter Studien an Patienten in vivo angewendet werden. Eine weitere Qualitätssteigerung besteht bei kontrolliertem Langzeitverlauf im Verzicht auf Begleitmedikation.

Therapieeffekt der Expektorantien

Diese Idealbedingungen sind bei kritischer Betrachtung des Schrifttums gerade bei der Prüfung der klinischen Wirksamkeit von Expektorantien nicht immer erfüllt. Geringe Untersuchungszahlen (4), vorzeitige Publikationen ohne brauchbare Ergebnisse (34), subjektive Beurteilung quantifizierbarer

Tabelle 7: Effekt der Expektorantien auf die mukoziliäre Clearance.

Autor	Präparat	Modell	Änderung
Girodano 1978	N-Acetylcystein Atropin, Terbutalin	Tiertrachea	↑ ↑ =
Martin 1980	N-Acetylcystein, S-Carboxymethylcystein, Kaliumjodat	„	↑ = =
Melville 1980	N-Acetylcystein, S-Carboxymethylcystein, Bromhexin	„	↑ ↑ ↑ (therapeutische Konzentr.) ↓ ↓ ↓ (hohe Konzentr.)
Köhler 1982	Carbocystein, Cystamin Placebo	Patient mit chr. obstruktiver Bronchitis	↑ ↑ = (schlechte Clearer) ↓ ↓ = (gute Clearer)
Dorow 1983	Ambroxol, Placebo	„	↑ =
Matthys 1980	Theophyllin, β_2-Adrenergikum	„	↑ ↑
1984	Carbocystein, Ambroxol, Placebo	„	↑ ↑ = (schlechte Clearer) = = = (gute Clearer)
1985	Bromhexin, Mucantil-Jodpropilidenglycerol, Placebo	„	↑↑ ↑ =
Olivieri 1985	N-Acetylcystein, Ambroxol	„	↑↑ ↑
Todisco 1985	N-Acetylcystein, Placebo	Gesunde mit erniedrigter Clearance	↑ =

Größen (12) und Begleitmedikationen, die in ihrer Wirkung nicht abtrennbar sind (41), schmälern die praktische Aussage.

Während für die β-2-Adrenergika eine Steigerung der Ziliarfrequenz nachgewiesen wurde (16, 18, 19, 33, 37), ist eine direkte Frequenzsteigerung unter Muko- und Sekretolytika nicht zu erwarten (14; Tab. 6). YANAURA *et al.* *(43)* fanden an Zilien von Tieren in humantherapeutisch entsprechenden Dosen von N-Acetylcystein, Äthylcystein und Bromhexin eine Frequenzsteigerung und bei hohen Dosen eine Frequenzverminderung. Diese Befunde werden von den Autoren als Einfluß auf den die Zilien umgebenden Mukus interpretiert.

Hinsichtlich der Wirkung auf die mukoziliäre Clearance (Tab. 7) wird eine Zunahme unter der Therapie mit Expektorantien von vielen Autoren bestätigt (5, 7, 8, 11, 25, 28, 30). Im Unterschied zu β-2-Adrenergika, bei denen nahezu immer eine Clearance-Verbesserung – wohl über eine Steigerung der Ziliarfrequenz – nachgewiesen werden kann (27), scheinen für Expektorantien eine Konzentrationsabhängigkeit (30) und eine Abhängigkeit der Aus-

Tabelle 8: Effekt der Expektorantien auf die Atemmechanik. (N-Acetylcystein, S-Carboxymethylcystein, Bromhexin)

Autor	Präparat	Parameter	Änderung
Miskovits 1979	S-Carboxymethylcystein	FVC FEV_1	=
Aylward 1980	N-Acetylcystein Placebo	FVC PEF	↑ =
Germouty 1980	N-Acetylcystein Placebo	PEF	↑ =
Verstraeten 1980	N-Acetylcystein Bromhexin Placebo		↑ = =
Maesen 1980	N-Acetylcystein Placebo	FVC FEV_1	↑ ↑
Rudnik 1980	N-Acetylcystein	R_{aw} MEF_{25-75}	(↑)

Tabelle 9: Effekt der Expektorantien auf Visko-Elastizität und Volumen.

Autor	Präparat	Mukus-volumen	Viskosität
Lemy-Debois 1978	N-Acetylcystein Bromhexin		↓↓ ↓
Miskovits 1979	S-Carboxymethylcystein	↓	
Melville 1980	N-Acetylcystein Myrtol Tyloxapol	↑ ↑ ↑	
Aylward 1980	N-Acetylcystein Placebo	↓ =	↓ =
Germouty 1980	N-Acetylcystein Placebo	↑* (↓)	↓ =
Verstraeten 1980	N-Acetylcystein Bromhexin Placebo	(↓) (↓) ↓	↓ = =
Allegra 1983	Ambroxol		=

* zu Beginn

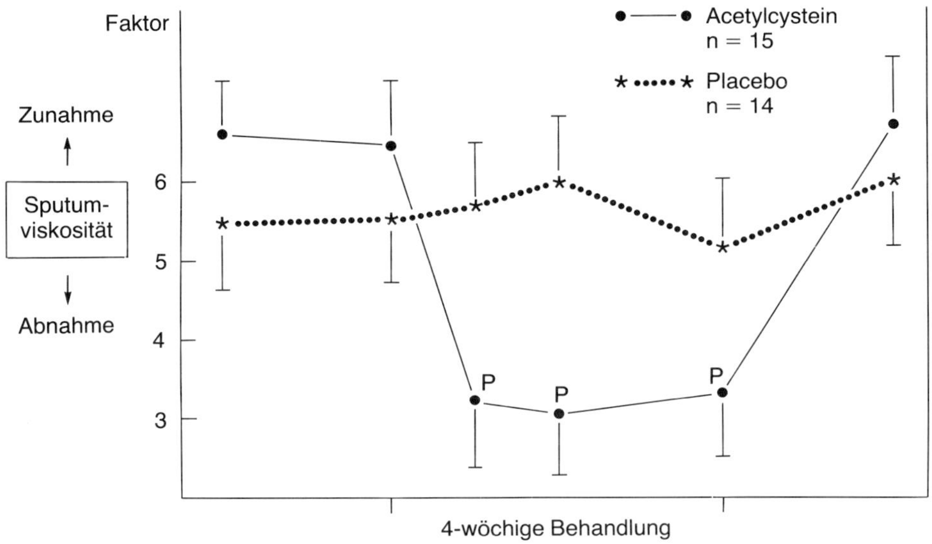

Abbildung 2: Einfluß auf die Sputumviskosität während einer 4-wöchigen N-Acetylcystein-Behandlung (600 mg/die) im Vergleich zu Placebo (P = signifikante Verringerung der Viskosität $P < 0.01$) (nach AYLWARD et al., 1980)

gangsclearance zu bestehen. Ist letztere erniedrigt, wie z.B. bei Verschleimung der Bronchien, zeigt sich eine Verbesserung, ist diese im Normbereich, so bleibt sie unbeeinflußt, bzw. es kann durch Mukolytika und Sekretolytika eine Verminderung eintreten (20, 26, 40).

Die durch N-Acetylcystein gebesserte mukoziliäre Clearance verbessert die Heilungschancen bei Bronchitis, die mittels Bronchoskopie verifiziert werden konnte (13).

Die Lungenfunktion ist im Schrifttum im Verhältnis zu vorhandenen Methoden unterrepräsentiert (Tab. 8). FVC, FEV_1 und PEF zeigen meistens eine Verbesserung gegenüber Placebo (3, 12, 24, 42). Von der Mitarbeit der Untersuchten unabhängige Meßgrößen waren nicht signifikant verbessert (36).

Schwerer standardisierte Meßverfahren wie Mukusvolumen und Viskosität unterliegen erheblichen Schwankungen (Tab. 9). In den meisten Studien untermauern sie die objektiven Meßverfahren und die klinische Symptomatik (Tab. 10). Mukolytika und Sekretolytika führen generell zu einer vermehrten Mukusproduktion mit gesteigertem Mukusvolumen bei sinkender Viskosität (1, 2, 3, 12, 15, 23, 30, 31, 41; Abb. 2).

Tabelle 10: Effekt der Expektorantien auf klinische Parameter.

Autor	Präparat	Husten	erleicht. Abhusten	Dyspnoe	Auskult.	Exacerb.
Grassi 1976	N-Acetylcystein Placebo					↓ =
Lemy-Debois 1978	N-Acetylcystein Bromhexin	↓↓ ↓	↑↑ ↑	↓↓ ↓		
Miskovits 1979	S-Carboxymethylcystein	↓		↓		
Aylward 1980	N-Acetylcystein Placebo	↓ =				
Verstraeten 1980	N-Acetylcystein Bromhexin Placebo	↓↓ ↓ ↓	↑↑ = ↑	↓↓ ↓ ↓	↓ ↓ ↓	
Grassi 1980	N-Acetylcystein Placebo					↓ =
Hofmann 1980	N-Acetylcystein	↓		↓		
Bomann 1983	N-Acetylcystein Placebo					↓ =
Jackson 1984	N-Acetylcystein Placebo	↓↓ ↓	↑↑ ↑			
Meister 1986	N-Acetylcystein Placebo					↓ =

Die Hustenschwere und Häufigkeit sinken nach anfänglicher Zunahme (Volumen), das Abhusten wird erleichtert (Viskosität), die Dyspnoe nimmt ab (Ventilation), der Auskultationsbefund bessert sich (2, 13, 15, 23, 31, 41).

Als wesentlicher Erfolg zeigt sich eine verminderte Exazerbationsrate (6, 9, 29).

Diesen differenziert zu betrachtenden Ergebnissen, die sowohl kritisches Abbild der Studienkonzepte, als auch Abbild der objektiven Schwierigkeiten bei der Beurteilung des therapeutischen Effektes sind, steht eine große Anzahl von Expektorantien gegenüber. Die Rote Liste (1986) gibt nicht weniger als 540 Expektorantien und als Expektorantien wirkende Broncholytika an (Tab. 11). Diese stolze Zahl steht im Mißverhältnis zur nachgewiesenen Wirkung. Sie fordert geradezu auf zum kritischen, auch selbstkritischen Einsatz dieser Präparate. N-Acetylcystein, Ambroxol und Bromhexin sind in klinischen Arbeiten am besten untersucht.

Tabelle 11: Expektorantien der „Roten Liste" 1986.

Expektorantien (pflanzl.)	75
Expektorantien (chem.)	83
Expekt. + Antitussiva	81
Inhalativa	12
Lutschbonbons	22
Tees	12
Externa	56
Homöopathika	14
Broncholytika	185
Summe:	540

Tabelle 12: Therapieempfehlungen

Kausalitätsprinzip:		
	Therapie der Ursache der Mukostase	
Fördern der Mukokinese:		
	β_2-Adrenergika	
	Methylxanthine	
	Flüssigkeit	
	Physiotherapie	
	Expektorantien	Mukolytika
		Sekretolytika

Eine wissenschaftlich begründete Behandlung sollte deshalb dem Kausalitätsprinzip folgend die Ursachen der Mukostase behandeln (Tab. 12). Diese besteht im Verbessern der Mukusproduktion und Mukokinese durch β-2-Adrenergika, Methylxanthinen, Flüssigkeitszufuhr, Physiotherapie und die gezielte, ausgewählte Anwendung von Expektorantien.

Diskussion

Geisler:
Ich bin Ihnen sehr dankbar für Ihr kritisches Referat. Ich glaube, es war wirklich wichtig, sich einmal in diesem Kreis klarzumachen, was wir für Therapieziele haben, welche Wege es grundsätzlich dahin gibt, welche davon eigentlich bisher reine Wunschträume sind und welche mit einer gewissen Aussicht auf Erfolg beschritten werden können. Sie haben gezeigt, wie heterogen die Literaturergebnisse sind. Das muß nicht immer an der Substanz selbst liegen, das kann natürlich am Aufbau der jeweiligen Studie liegen. Sie haben aber auch gezeigt, ohne daß ich jetzt den Boden des kritischen Denkens verlassen will, daß sich aus der Vielfalt dieser Studien doch einige positive Aspekte zumindest per Saldo herauslesen lassen, wie z. B. eine Verbesserung der mukoziliären Clearance oder Viskositätssenkung durch N-Acetylcystein. Bei den Lungenfunktionsparametern sind wir uns schon etwas weniger sicher, aber es gibt doch einige klinische Resultate – und das ist für uns hier letzten Endes immer noch das Wichtigste –, die positiv zu bewerten sind.

Sill:
Herr Petro, die Wirklichkeit sieht ja so aus, daß die Patienten, wenn sie zu uns in die Klinik kommen, bestimmt eines der genannten Expektorantien bekommen.

Häufig haben sich die uns zugewiesenen Patienten aufgrund einer akuten Exazerbation trotz mukolytischer Therapie weiter verschlechtert. Nun gibt es nicht wenige Kliniken, die diese Substanzen sogar absetzen und sich die Verschleimung trotzdem bessert.

Mit großer Wahrscheinlichkeit sind dann aber bei diesen Patienten kurzfristig entzündungshemmende Substanzen, also Kortikosteroide, in inhalativer oder oraler Form verabreicht worden. Durch diese Substanzen wird durch Reduktion von Entzündungsmediatoren auch die Schleimproduktion gemindert und damit die Mukostase entscheidend beeinflußt. So kann in der Klinik der Eindruck entstehen, daß Expektorantien gar nicht wirken. Zum anderen werden sicherlich in der Klinik Theophyllin und Sympathikomimetika höher dosiert eingesetzt, so daß sicherlich deren therapeutischer Effekt auch mehr ausgenutzt wird. Das heißt, die Ausgangslage für die mukolytische

Therapie war ursprünglich viel ungünstiger. Es drängt sich z. B. die Frage auf: Wie ist das Therapieergebnis, wenn man zusätzlich zum Sympathikomimetikum N-Acetylcystein verabreicht? Ist dann noch ein weiterer positiver Einfluß auf die Clearance vorhanden oder werden keine zusätzlichen Effekte erzielt?

Petro:
Das ist eine sehr wichtige Frage, und sie könnte der Ausgangspunkt für eine neue klinische Studie sein. In der Literatur liegen dazu keine grundlegenden Arbeiten vor. Sie haben aber sehr deutlich geschildert, wo das Problem in der Klinik liegt. Ganz generell haben wir es mit Patienten zu tun, deren Erkrankungen schon länger bestehen und bei denen wir die Einzelwirkung eines Präparates kaum abschätzen können, da wir gezwungen sind, auf mehreren therapeutischen Säulen zu stehen, und daran wird sich auch nichts ändern.

Wenn man nun fragt, was bringt die zusätzliche Gabe von Expektorantien, dann kann man dies meines Erachtens nur schwer beantworten. Dazu müßte man in der ambulanten Tätigkeit Patienten finden, bei denen sich eine chronische Bronchitis gerade im Anfangsstadium befindet. Das sind Patienten, die man mit Sympathikomimetika behandelt und bei Zugabe eines Expektorans vom Patienten gesagt bekommt: „Jetzt konnte ich optimal abhusten!“ Das ist ein ganz wesentliches Erlebnis, aber das sehe ich immer nur bei Patienten mit einer kurzen Krankheitsgeschichte. Bei den Patienten, die in der Klinik stationär behandelt werden, hat man dieses Erlebnis kaum.

Sill:
Das Erlebnis des Auswurfes nimmt man dem Patienten, wenn man mit Kortikosteroiden therapiert. Sie sind dann traurig und glauben, es ginge ihnen schlechter, weil nichts mehr herauskommt.

Geisler:
Bei Verbesserungen, die wir in der Klinik sehen, sollte man sehr differenzieren, was man den Substanzen im einzelnen positiv zuschreibt, was vielleicht einer besser durchdachten Pathophysiologie, die man seiner Therapie zugrundelegt, zuzuschreiben ist und was einfach eine Frage der besseren Compliance ist. Das, meine ich, ist ganz entscheidend. Das geht schon damit los, daß Sie prüfen können, ob der Patient sein Dosieraerosol richtig handhabt, was er draußen vielleicht überhaupt nicht macht. Dies sind alles Dinge, die auch hineinspielen, und die man bedenken muß, wenn man irgendeine Substanzgruppe als mehr oder minder effektiv oder ineffektiv ansehen will. Aber auf der anderen Seite, glaube ich, ist diese Anmerkung insofern sehr wichtig, weil sie uns zeigt, daß das, was wir als Therapieziel prüfen müssen, die Verhältnisse nicht innerhalb der Klinik, sondern unter ambulanten Bedingungen sind, d.h. in der Praxis. Daher ist es besonders wichtig, daß wir doch jetzt

schon Studien haben, die unter diesen Bedingungen zeigen, daß wir positive Effekte bekommen.

Eine Frage, die praktisch wichtig ist: Sind in Studien auch inhalativ Sekretolytika eingesetzt worden? Die „*DEUTSCHE LIGA*“ hat sich ja ganz klar geäußert, daß man Sekretolytika nicht inhalativ geben soll; Ihr Statement dazu.

Petro:
Schon die Patienten mögen die inhalative Therapie mit Expektorantien nicht gern, weil häufig Reizhusten entsteht. Im praktischen Alltag stellt sich deshalb die Frage gar nicht. Wir verwenden in den meisten Fällen die orale und in speziellen Fällen die parenterale Darreichungsform. Wir sind auch davon abgekommen, z.B. Sekretolytika mit Sympathikomimetika inhalativ in der Anwendung zu kombinieren, sondern nehmen Sympathikomimetika und Kochsalz.

Schultze-Werninghaus:
Wie handhaben Sie es im Intensivbereich?

Petro:
Im Bereich der Intensivstation setzen wir β-Sympathikomimetika mit Kochsalz ein, über Düsenvernebler oder IPPB Geräte.

Schultze-Werninghaus:
Und die Mukolytika?

Petro:
Die Mukolytika verwenden wir in diesen Fällen parenteral, zusammen mit der Flüssigkeitszufuhr. Letztere wird dann bilanziert.

Meister:
Es gibt eine Studie, die zeigt, daß die inhalative Anwendung von Terbutalin mit N-Acetylcystein einen besseren Effekt auf die Lungenfunktion hat als die Inhalation von Terbutalin ohne die Zugabe des Mukolytikums (Stiksa et al., 1984). Man müßte einmal die inhalative Sympathikomimetikagabe, kombiniert mit einer oralen Mukolytika-Therapie, untersuchen. Wahrscheinlich würde ein ähnliches Ergebnis herauskommen, es könnte aber auch noch günstiger sein.

Sill:
Gibt es Untersuchungen, die zeigen, daß unter einer N-Acetylcystein-Behandlung Entzündungsparameter, die bei der chronischen Bronchitis humo-

ral sowieso sehr wenig ausgeprägt sind, sich unterschiedlich schnell normalisieren?

Petro:
Es gibt eine sehr schöne Arbeit von HOFMANN (1980), der Kinder, die mit N-Acetylcystein therapiert wurden, bronchoskopiert hat. Nach N-Acetylcystein konnte endoskopisch eine Besserung der Entzündungszeichen festgestellt werden.

Sill:
Wir wissen von der Asthmatherapie her, daß Asthmakranke regional sehr unterschiedlich therapiert werden. Trotzdem wird letztendlich der gleiche Erfolg erreicht. Gibt es regional, z.B. durch Zulassungsbestimmungen, deutliche Unterschiede in der Handhabung der Expektorantien und trotzdem gleiche klinische Erfolge? Wie ist es also z.B. mit der Zulassung dieser Substanzen in Amerika?

Eichelbaum:
In den Vereinigten Staaten ist nur das N-Acetylcystein zugelassen, nicht aber das Carboxymethylcystein oder Ambroxol. Ansonsten finden dort noch viele der alten Präparate wie Kalium jodatum und Guaifenesin Verwendung.

Schultze-Werninghaus:
Kann man vielleicht sagen, wenn man die Krankheiten der Atemwege etwas differenzierter betrachtet, daß die eine doch eher eine Indikation für Mukolytika darstellt als die andere? So ist z.B. Asthma sicherlich eine Erkrankung, zumindest das Asthma des Jugendlichen, bei dem man weniger Sekretolytika einsetzt. Bei der Bronchitis, speziell der Bronchitis des Rauchers, ist das sicher anders zu sehen. Ich meine, dieser Indikation liegen weniger bzw. andere Entzündungsvorgänge zugrunde als beim Asthma, dafür steht bei der chronischen Bronchitis mehr die Schleimproduktion im Vordergrund. Das ist sicher eher ein Ansatzpunkt für die mukolytische Therapie.

Petro:
Sie haben die Antwort schon vorweggenommen. Ich meine, da das Asthma vor allem durch den Bronchospasmus gekennzeichnet ist und nicht durch die Hyperkrinie oder Dyskrinie, die mukolytische Therapie eher bei der Bronchitis, insbesondere der Raucherbronchitis einzusetzen ist.

Meister:
Doch sicher auch bei der Mukoviszidose?

Petro:
Natürlich, da stellt N-Acetylcystein die Basisbehandlung dar.

Meister:
Bei dieser Indikation ist wirklich ein überzeugender Einfluß auf den zähen Schleim vorhanden.

Petro:
Es liegen auch gute Modelle für die Langzeittherapie vor, die belegen, daß über Jahre hinweg mit N-Acetylcystein effektvoll behandelt werden kann.

Sill:
Zu Ihrer Anmerkung mit den Mukoviszidosen. Herr HOFMANN, D. *(Frankfurt)* hat in einer Untersuchung mit N-Acetylcystein eine Besserungstendenz in den Funktionsparametern gezeigt. Es ist eine eindeutige Besserungstendenz festzustellen. Daß die Unterschiede nicht so groß ausfallen, liegt sicher auch an der Schwere des Krankheitsbildes, so daß man nicht sagen kann, das Krankheitsbild sei nun beherrscht.

Meister:
Aber die Lebenserwartung ist doch deutlich verlängert worden. Die Mukolytika-Behandlung mit N-Acetylcystein spielt eine ganz große Rolle. Ich habe in Münster einige Mukoviszidose-Patienten kennengelernt, deren Obstruktion, auf die Gaben von Sympathikomimetika praktisch keine Rückbildung zeigte. Unter der Therapie mit N-Acetylcystein in Kombination mit Antibiotika besserte sich die Lungenfunktion teilweise bis auf Normalbefunde. Bei einer Patientin mit Globalinsuffizienz konnte unter der Therapie sogar eine Normalisierung der alveolären Ventilation mit Normokapnie erreicht werden.Inwieweit bei diesen Patienten die Zilientätigkeit wirkungsvoll aktiviert werden konnte, muß ich offen lassen, da spezielle Untersuchungen nicht durchgeführt wurden.

Petro:
Die Untersuchungen von Einzelfällen, die wir bei Mukoviszidose-Patienten durchgeführt haben, scheiterten einfach daran, daß man keine pulsierenden Zellen mit Zilienbesatz fand, um vernünftig messen zu können. Das Meßsubstrat, die Bürstenbiopsie, zeigte fast ausschließlich tote Zellen und massenhaft Bakterien.

Meister:
Man weiß ja von den chronischen Bronchitikern, daß nicht nur der koordinierte Zilienschlag gestört ist, sondern auch die Schlagrichtung nicht mehr

stimmt. Ganze Zilienfelder können in die falsche Richtung schlagen, d.h. nicht oralwärts, sondern in entgegengesetzte Richtung oder zur Seite hin.

Petro:
Das Schlagmuster der Zilien ist unglaublich kompliziert. Es ist nicht nur eine einfache Vor- und Zurück-Bewegung, sondern es ist ein kreisender Peitschenschlag. Man kann sich sehr gut vorstellen, was geschieht, wenn die Sol- und Gelphase nicht die richtige Zusammensetzung haben. Dann funktioniert wohl gar nichts mehr.

Literatur

1) Allegra, L., R. Bossi, P. Braga: Rheology of bronchial fluids assessed by forced oscillations. In: Pulmonary surfactant system. Elsevier, Amsterdam (1983) 319–338.
2) Aylward, M., J. Maddock, P. Dewland: Clinical eval. of acetylcystein in the treatment of patients with chronic bronchitis. Eur. J. Respir. Dis. 61 (1980) 81–89.
3) Aylward, M., J. Maddock, P. Dewland: Untersuchungen über die klinisch-therapeutische Wirksamkeit von Acetylcystein bei der Behandlung von Patienten mit chronisch-obstruktiver Bronchitis. Therapiewoche 30 (1980) 1955–1965.
4) Baran, D.: Klinischer Doppelblindversuch mit oralem Acetylcystein und Placebo bei zystischer Fibrose. Therapiewoche 30 (1980) 2034–2039.
5) Bertoli, L. et al: Action of Ambroxol in mucociliary clearance. In: Pulmonary surfactant system, Elsevier, Amsterdam (1983) 349–360.
6) Boman, G., U. Bäcker, S. Larsson, B. Melander, L. Wåhlander: Oral acetylcysteine reduces exacerbation rate in chronic bronchitis. Report of a trial organized by the Swedish Society for Pulmonery Disease. Eur. J. Respir. Dis. 64 (1983) 405–415.
7) Cummingham, F.M., J. Morley, S. Sanjar: Effect of Ambroxol on mucociliary transport in guinea pig Brit. J. Pharmacol. 80 Suppl. (1983) 639.
8) Dorow, P., Th. Weiss, R. Felix: Effects of secretolytic agent (Ambroxol) on regional mucociliary clearance in patients with chronic obstructive lung disease. In: Pulmonary surfactant system, Elsevier, Amsterdam (1983) 371–374.
9) Grassi, C., G. C. Morandini: A controlled trial of intermittent oral acetylcysteine in the long-term treatment of chronic bronchitis. Europ. J. clin. Pharmacol. 9 (1976) 393–396.
10) Grassi, C., Babolini, G. – Multicenter Study Group: Long-term oral acetylcysteine in chronic bronchitis. A double-blind controlled study. Eur. J. Respir. Dis. 61, Suppl. 111 (1980) 93–108.
11) Giordano, A., D. Holsclaw, M. Litt: Effects of various drugs on canine tracheal mucociliary transport. Ann. Otol. Rinol. Laryngol. 87 (1978) 484–490.
12) Germouty, J., H. Brocard, J. Charpin: Kooperative Doppelblindstudie mit oralem Acetylcystein und Placebo. Therapiewoche 30 (1980) 1984–1990.
13) Hofmann, A.: Orale Anwendung von Acetylcystein bei der Behandlung von Asthma bronchiale und chronischen Erkrankungen der Luftwege. Therapiewoche 30 (1980) 2040–2046.
14) Iravani, J., G. N. Melville: Wirkung von Pharmaka und Milieuänderungen auf die Flimmertätigkeit der Atemwege. Respiration 32 (1975) 157–164.
15) Jackson, J. M., J. Barnes, P. Cooksey: Efficacy and tolerability of oral acetylcysteine (Fabrol®) in chronic bronchitis: A double-blind placebo controlled study. J. Inst. Med. Res. 12 (1984) 198–206.
16) Konietzko, N., M. Klopfer, W. E. Adam, H. Matthys: Die mucoziliäre Klärfunktion der Lunge unter β-adrenerger Stimulation. Pneumologie 152 (1975) 203–208.
17) Konietzko, N.: Die Bronchialwegsreinigung: Möglichkeiten ihrer Beeinflussung. Therapiewoche 26 (1976) 8230–8243.

18) Konietzko, N., R. Kasparek, U. Kellner, W. Petro: Die Wirkung von Bronchospasmolytika auf die Ciliarfrequenz in vitro. Prax. Klin. Pneumol. 37 Suppl. 1 (1983) 904–906.
19) Konietzko, N.: Der mucociliäre Transport und dessen therapeutische Beeinflußbarkeit. Atemws.-Lungenkrankh. 11 (1985) 145–150.
20) Köhler, D., A. Siebold, D. Daikeler, H. Matthys: Einfluß von Carbocystein und Cystamin auf die mukociliare Clearance der Lunge. Atemw.-Lungenkrkh. 8 (1982) 201.
21) Lachmann, B., A. B. Tischer, G. Grossmann, B. Robertson: Lung compliance and alveolar expansion in the artificially ventilated premature newborn rabbit after maternal treatment with Ambroxol. Respiration 42 (1981) 209–216.
22) Langer, K., P. v. Wichert: Mukolytika in Klinik und Praxis. In: Obstruktive Atemwegserkrankungen, Herausgeber Herzog et al. Witzstrock, Baden-Baden, Köln, New York (1979) 173.
23) Lemy-Debois, N., G. Frigerio, P. Lualdi: Oral acetylcysteine in bronchopulmonary disease. Acta Therapeutica 4 (1978) 125–132.
24) Maesen, F., P. Brombacher: Die Behandlung der chronischen Bronchitis mit oralen Dosen von Acetylcystein. Therapiewoche 30 (1980) 2024–2027.
25) Matthys, H., D. Köhler: Effect of theophylline on mucociliary clearance in man. Eur. J. Respir. Dis. Suppl. 109 (1980) 98–102.
26) Matthys, H., E. Vestage, G. Daikeler, D. Köhler: Die mukociliare Clearance des Bronchialbaums unter Methylxanthinen, Beta-Mimetika und Sekretolytika. In: Methylxanthine bei obstruktiven Atemwegserkrankungen. Dustri-Verlag, München-Deisenhofen (1984).
27) Matthys, H., D. Köhler, G. Daikeler: Additive actions of bronchodilators on mucus transport Progr. Resp. Res. 19 (1985) 369.
28) Martin, R., M. Litt, Ch. Mariott: The effect of mucolytic agents on the rheologic and transport properties of canine tracheal mucus. Am. Rev. Respir. Dis. 121 (1980) 495–500.
29) Meister, R.: Langzeittherapie mit Acetylcystein-Retardtabletten bei Patienten mit chronischer Bronchitis – eine doppelblinde-placebokontrollierte Studie. Forum des Praktischen u. Allg.-Arzt. 25 (1986) 18–22.
30) Melville, G. N., S. Ismail, C. Sealy: Tracheobronchial function in health and disease. Respiration 40 (1980) 329–336.
31) Miskovitz, G., P. Szüle, E. Zolnay: Klinische Ergebnisse mit der SCMC (Transbronchin®)-Therapie. In: Obstruktive Atemwegserkrankungen, Herausgeber Herzog et al. Witzstrock, Baden-Baden, Köln, New York (1979) 191.
32) Olivieri, D., S. A. Marsico, M. Del Donno: Improvement of mucociliary transport in smokers by mucolytics. Eur. J. Respir. Dis. 66 (1985) 142–145.
33) Pavia, D., J. R. Bateman, N. F. Sheahan, S. W. Clarke: Clearance of lung secretions in patients with chronic bronchitis: Effect of Terbutaline and Ipratropiumbromide aerosols. Eur. J. Respir. Dis. 61 (1980) 245–253.
34) Reimann, B.: Klinischer Doppelblindversuch mit Acetylcystein, S-(Carboxymethyl)-L-Cystein-Natrium und Placebo bei chronischer Bronchitis. Therapiewoche 30 (1980) 1978–1983.
35) Reifenrath, D. R.: Funktionelle Überlegungen zu Sekreteigenschaften der kleinen Atemwege. In: Mukustransport, Herausgeber H. Rensch. Dustri-Verlag, München-Deisenhofen (1980) 41.
36) Rudnik, J., J. Gawal, J. Haluszka, R. Kurzawa, B. Mielnicka, H. Majewski-Zalewska, B. Zielen, J. Zebrak: Chronische Lungenkrankheiten bei Kindern und ihre Behandlung mit oraler Gabe von N-Acetylcystein. Therapiewoche 30 (1980) 2046–2053.
37) Santa Cruz, R., J. Landa, J. Hirsch, M. A. Sackner: Tracheal mucus velocity in normal man and patients with obstructive lung disease, effect of Terbutaline. Amer. Rev. Respir. Dis. 109 (1974) 458–463.
38) Seefeld, von H., J. M. Weiss, H. Rensch: Neue Konzepte in der Therapie der Mukostase. Prax. Klin. Pneumol. 37 (1983) 896–900.
39) Seefeld von H., B. Disse: Neue experimentelle Erkenntnisse zur Wirkung von Mucosolvan. In: Reichenhaller Kolloquium, Band 17. Dustri-Verlag, München-Deisenhofen, 28 II (1985).
40) Todisco, T., R. Polidori, F. Rossi, L. Jamacci, B. Bruni, L. Fedeli, R. Palumbo: Effect of N-Acetylcysteine in subjects with slow pulmonary mucociliary clearance. Eur. J. Respir. Dis. 66 (1985) 136–141.
41) Verstraeten, J. M.: Die mukolytische Behandlung bei chronischer Obstruktion der Luftwege. Therapiewoche 30 (1980) 2008–2018.
42) Wassermann, S. J.: Ciliary function and disease. J. Allergy Clin. Immunol. 73 (1984) 17.

43) Yanaura, S., N. Imanura, M. Misawa: Effects of expectorants on the canine tracheal ciliated cells. Japan J. Pharmacol. 31 (1981) 957–965.

Literatur zur Diskussion

1) Hofmann, A.: Orale Anwendung von Acetylcysteinen bei der Behandlung von Asthma bronchiale und chronischen Erkrankungen der Luftwege. Therapiewoche 30 (1980) 2040–2046.
2) Meister, R.: Langzeittherapie mit Acetylcystein-Retardtabletten bei Patienten mit chronischer Bronchitis – eine doppelblinde-placebokontrollierte Studie. Forum des Praktischen- und Allg.-Arzt. 25 (1986) 18–22.
3) Stiksa, G., K. Nemcek, S. Melin: Effects of inhaled N-acetylysteine in combination with terbulaline. Eur. J. Respir. Dis. 65 (1985) 278–282.

Protektive Wirkung von N-Acetylcystein gegenüber inhalativen Noxen

LINUS S. GEISLER

N-Acetylcystein (NAC) gilt aufgrund umfangreicher klinischer Erfahrungen und kontrollierter Studien als vielfach bewährtes Mukolytikum.

Neuere Untersuchungen haben gezeigt, daß NAC über seine mukolytische Wirkung hinaus pharmakologische Effekte entfaltet, die im Sinne einer protektiven Wirkung bei Atemwegserkrankungen von großer Bedeutung sein können.

Zahlreiche Studien haben ergeben, daß NAC eine protektive Wirkung gegenüber inhalativen Noxen, insbesondere Noxen aus Tabakrauch, aufweist. Tabakrauch stellt einen der entscheidenden pathogenetischen Faktoren bei der Entwicklung der chronisch obstruktiven Bronchitis und des Lungenemphysems dar. Wichtige toxische Bestandteile des Tabakrauchs sind Formaldehyd, Acrolein und Acetaldehyd. Acetaldehyd tritt auch als Metabolit des Alkohols im Stoffwechsel auf. Formaldehyd, Acrolein und Acetaldehyd führen zu einer Beeinträchtigung der mukoziliären Clearance, tiefgreifenden morphologischen Veränderungen im Tracheobronchialsystem und hemmen die Phagozytoseleistung der Alveolarmakrophagen.

SIMON und SUTTORP *(1985)* untersuchten, inwieweit N-Acetylcystein einen protektiven Effekt gegenüber Lungenzellschädigungen durch Oxidantien aufweist. Zellschäden durch Oxidantien spielen im Sinne eines unspezifischen zytotoxischen Effektes bei verschiedenen akuten und chronischen Lungenerkrankungen eine Rolle. Der Einsatz reduzierender Verbindungen erscheint daher sinnvoll. Die Wirkung von N-Acetylcystein als Antioxidans ist bekannt. In vitro-Untersuchungen zeigten, daß extrazelluläres N-Acetylcystein in der Lage ist, Lungenzellen gegenüber Oxidantien aus polymorphkernigen Leukozyten zu schützen und daß die vorherige Exposition von Lungenzellen gegenüber N-Acetylcystein zu einer verringerten Empfindlichkeit gegenüber oxidantieninduzierten Schädigungen führt. Die Autoren diskutieren, daß ein Anstieg der intrazellulären und/oder extrazellulären Widerstandskraft gegenüber toxischen Sauerstoffradikalen durch N-Acetylcystein einen möglichen neuen Weg zur Verhütung oxidativer Lungenschäden in vivo darstellt.

JEFFERY, ROGERS und AYERS *(1985)* untersuchten, ob N-Acetylcystein die tabakrauchinduzierte Hyperplasie sekretorischer Zellen bei bronchitischen Ratten hemmt. Die Untersuchungen ergaben, daß oral verabreichtes N-Acetylcystein signifikant den tabakrauchinduzierten Anstieg (62–421%) der

Zahl sekretorischer Zellen in allen Atemwegsabschnitten distal der unteren Trachea hemmt. Oral verabreichtes N-Acetylcystein scheint demnach die „bronchitischen Veränderungen", die sich durch Tabakrauch erzeugen lassen, zu hemmen, wenn es konkurrierend (prophylaktisch) während der Exposition des Respirationstraktes gegeben wird. Die Effekte von N-Acetylcystein, die klinisch bei der Behandlung früher Stadien der Bronchitis gesehen werden, lassen sich möglicherweise durch diese Mechanismen erklären. Die Wirksamkeit von N-Acetylcystein auf die Hyperplasie sekretorischer Zellen in den kleinsten Bronchiolen besitzt möglicherweise besondere Bedeutung, weil in diesen Abschnitten bereits eine fortgeschrittene Sekretverlegung bestehen kann, ohne daß diese durch Messungen des Atemwegswiderstandes erfaßt werden können. Aus der Studie von JEFFERY ergeben sich auch Hinweise darauf, daß N-Acetylcystein die Normalisierung der Zahl sekretorischer Zellen nach Einstellen des Rauchens beschleunigt (Abb. 1).

MOLDEUS *und Mitarb. (1985)* untersuchten in vitro die protektive Wirkung von N-Acetylcystein gegenüber toxischen Effekten von Zigarettenrauch und

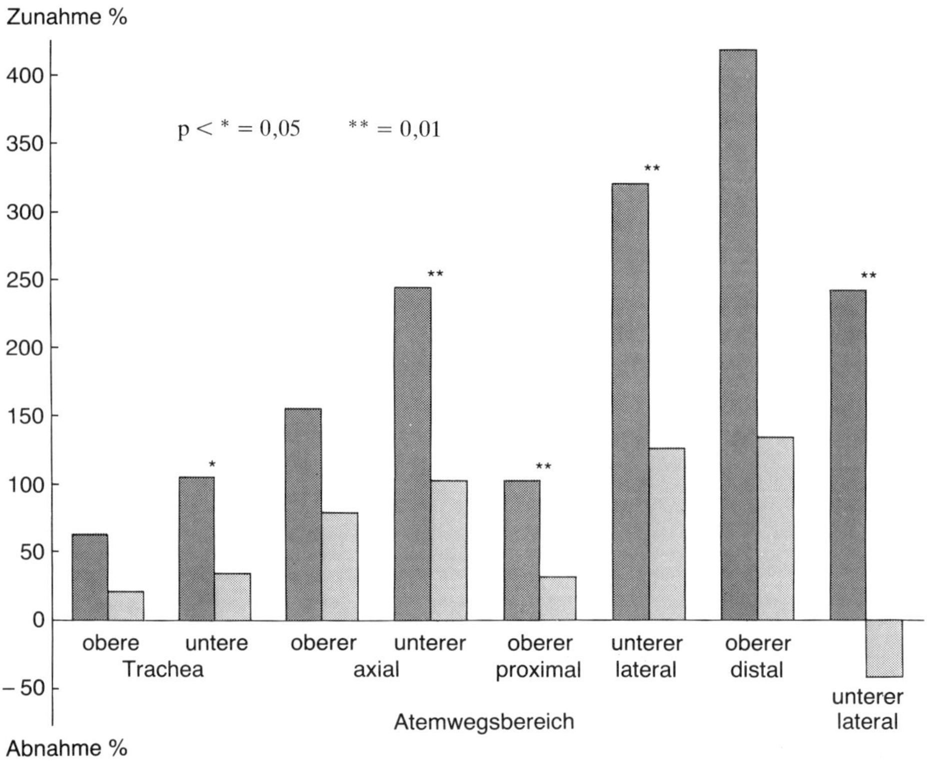

Abbildung 1: Prozentuale Veränderung der sekretorischen Zellzahlen unter Einfluß von Tabakrauch ohne ▬ und mit protektiver Gabe von N-Acetylcystein ▬
(nach JEFFERY., P. K. et al., 1985)

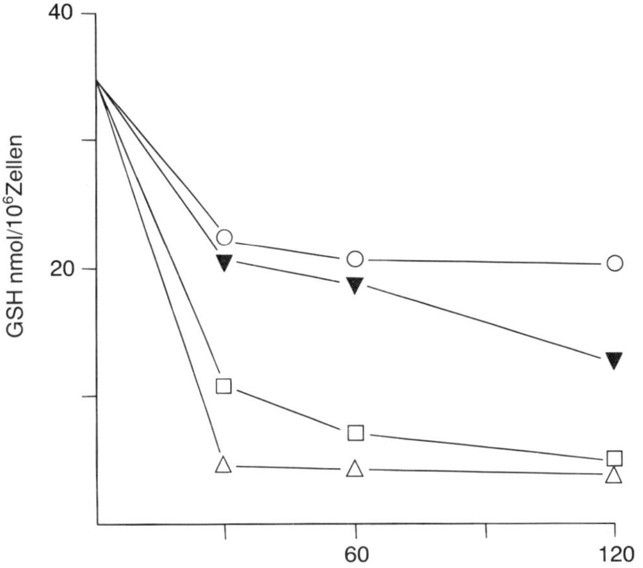

Abbildung 2: Einfluß von Zigarrettenrauch und N-Acetylcystein auf die Glutathion-(GSH)-Konzentration in isolierten Hepatocyten
(nach Moldeus, P. et al., 1985)

Zigarettenrauchkondensaten in verschiedenen Geweben. Die Untersuchungen ergaben, daß Zigarettenrauchkondensate sowohl an Rattenhepatozyten wie an Lungenzellen zu einem Verlust der Integrität der Zellmembran und einer raschen intrazellulären Abnahme von reduziertem Glutathion (GSH) führen. N-Acetylcystein erwies sich ab einer Konzentration von 1 mM als protektiv wirksam gegenüber der Abnahme von GSH durch Inaktivierung der reaktiven Substanzen des Zigarettenrauchs und der zellulären Toxizität von Tabakrauchkondensaten (Abb. 2). Die Autoren untersuchten ferner den Einfluß von Tabakrauchkondensaten auf die kolonienbildende Wirkung menschlicher Bronchialzellkulturen. Schon Konzentrationen von 50 µg/ml senkten die Überlebensrate auf 40% der Kontrollen, bei 100 µg/ml bildeten keine Zellen mehr Kolonien. Durch N-Acetylcystein konnte bei einer Konzentration von 10 mM/ml eine deutliche Erhöhung der Überlebensrate erreicht werden (Tab. 1).

Wegener und Sandhagen *(1985)* untersuchten in vivo an Ratten den Effekt von N-Acetylcystein beim experimentellen ARDS (Adult Respiratory Distress Syndrome). Die Schutzwirkung wurde durch Messungen des Lungengewichts, Bestimmung der arteriellen Blutgase und den histologischen Nachweis von Fibrin, interstitiellem und alveolarem Ödem sowie Leukozyten bestimmt. Die Untersuchungen ergaben, daß N-Acetylcystein eine signi-

Behandlung	% der Kontrolle 1 h	24 h
5 µg/ml Tabakrauchkondensat	82	25
50 µg/ml Tabakrauchkondensat	40	2
100 µg/ml Tabakrauchkondensat	14	<1
200 µg/ml Tabakrauchkondensat	2	<1
500 µg/ml Tabakrauchkondensat	<1	<1
200 µg/ml Tabakrauchkondensat + 10 mM N-Acetylcystein	20	8
500 µg/ml Tabakrauchkondensat + 10 mM N-Acetylcystein	5	<1

Tabelle 1: Einfluß von Tabakrauchkondensat auf die Koloniebildung von Bronchialfibroblasten (nach Moldeus, P. et al., 1985)

fikante präventive und therapeutische Wirkung beim experimentellen ARDS entfaltet.

Sprince *(1985)* zeigte in verschiedenen Untersuchungen, daß Schwefelverbindungen eine protektive Wirkung gegenüber toxischen Aldehyden des Zigarettenrauchs besitzen. In vivo-Untersuchungen an Ratten ergaben, daß u.a. N-Acetylcystein und L-Cystein eine protektive Wirkung gegenüber den toxischen Effekten von Acetaldehyd, Acrolein und Formaldehyd im Zigarettenrauch entfalten.

Green *(1985)* konnte zeigen, daß Tabakrauch vielfältige morphologische, biochemische und enzymatische Veränderungen an Alveolarmakrophagen induziert, damit die pulmonale Abwehr bakterieller Infekte beeinträchtigt und spezifische Funktionen der Zelle, wie Phagozytose sowie Synthese und Freisetzung von bronchodilatatorischen Prostaglandinen, hemmt. In vitro-Untersuchungen ergaben, daß Sulfhydril (SH-Gruppe) enthaltende Verbindungen, wie Glutathion oder Cystein (aktiver Metabolit des Acetylcysteins), einen wirksamen Schutz gegen funktionelle und morphologische Schädigungen der Alveolarmakrophagen durch Zigarettenrauch entfalten und ihnen daher eine Rolle in der Verhütung umweltbedingter Schädigungen der Alveolarmakrophagen zukommt (Abb. 3).

Tegner und Torelmalm *(1985)* untersuchten, inwieweit N-Acetylcystein die depressorische Wirkung von Zigarettenrauchextrakten auf die mukoziliäre Aktivität beeinflußt. Durch in vitro-Untersuchungen in der Kaninchentrachea konnte gezeigt werden, daß N-Acetylcystein die schädlichen Effekte von Zigarettenrauchextrakten auf die mukoziliäre Aktivität reduziert. Diese Untersuchungen werden als Hinweis darauf gewertet, daß N-Acetylcystein eine wichtige Rolle als Antioxidans spielt und dadurch seinen protektiven Effekt gegenüber Zigarettenrauch entfaltet.

In Untersuchungen am Menschen beschäftigten sich TODISCO *und Mitarbeiter. (1985)* mit dem Effekt von N-Acetylcystein bei Probanden mit einer langsamen mukoziliären Clearance. Sie gehen davon aus, daß es in der Allgemeinbevölkerung Personen mit langsamer und schneller pulmonaler mukoziliärer Clearance gibt. Die sog. Slow clearers stellen möglicherweise eine Subpopulation mit erhöhtem Risiko gegenüber bronchopulmonalen Erkrankungen dar. Zwölf offensichtlich gesunde Personen mit langsamer mukoziliärer Clearance aus einer Nichtraucherpopulation erhielten 0,6g N-Acetylcystein täglich über 60 Tage in einer Doppelblind-Cross over-randomisierten Studie. Nach Ende der Behandlung stieg die mukoziliäre Clearance um ca. 35% gegenüber den Ausgangswerten an und erreichte übliche Normbereiche. Nach Absetzen der N-Acetylcysteintherapie fielen die Werte auf die Ausgangsbasis zurück. Die Placebobehandlung zeigte keine Effekte (Abb. 4).

Ebenfalls am Menschen untersuchten OLIVIERI, MARISCO und DEL DONNO *(1985),* inwieweit durch oder Ambroxol der mukoziliäre Transport verbessert werden kann. Zwölf schwere Raucher mit hypersekretorischer Bronchi-

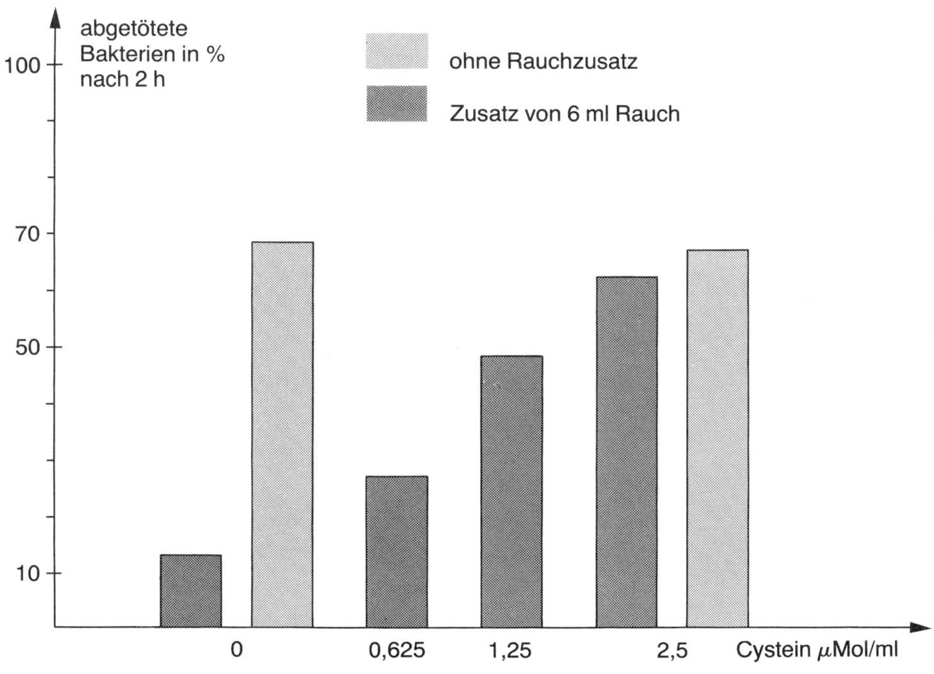

Abbildung 3: Dosisabhängiger Effekt vom Cystein (aktiver Metabolit von N-Acetylcystein) auf die Phagozytoseaktivität von Alveolarmakrophagen unter Einwirkung von Rauchzusatz. (modifiziert nach GRENN, G. M., 1985)

tis und gestörtem mukoziliärem Transport erhielten über jeweils zehn Tage doppelblind nach einem Cross-over-Schema 600 mg N-Acetylcystein pro Tag bzw. die relativ hohe Dosis von 90 mg Ambroxol täglich. N-Acetylcystein und Ambroxol vor bzw. nach Placebo verabreicht, bewirkten einen signifikanten Anstieg der mukoziliären Clearance. Dabei war der Effekt von N-Acetylcystein deutlicher als derjenige von Ambroxol. Da die beiden Substanzen über verschiedene Mechanismen wirken, ist ihr klinischer Effekt zeitlich unterschiedlich.
N-Acetylcystein wirkt durch eine Verflüssigung von bereits in den Atemwegen gebildetem Schleim und verbessert dadurch auch die Bedingungen für eine rasche Steigerung des mukoziliären Transports. Ambroxol hingegen hat keinen Effekt auf bereits gebildeten Schleim. Es stimuliert jedoch die metabolische Aktivität der sekretorischen Zellen. Daher werden die Effekte

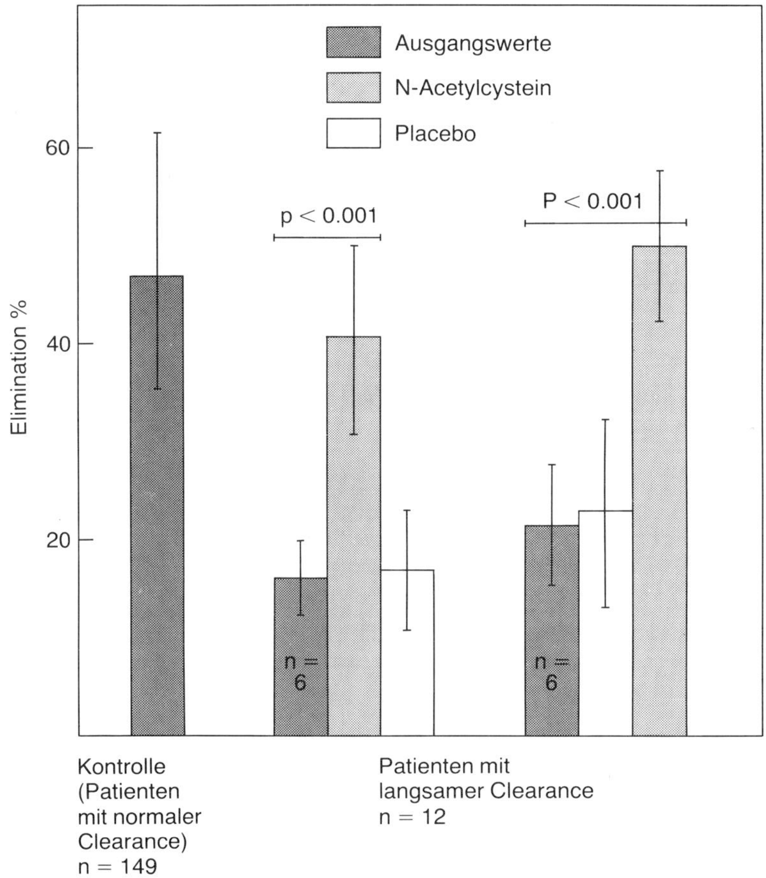

Abbildung 4: Einfluß von N-Acetylcystein auf die mukoziliäre Clearance. (nach TODISCO, T., 1985)

Tabelle 2: Protektive Effekte von N-Acetylcystein und therapeutischer Nutzen

Autoren	protektive Effekte	therapeutischer Nutzen
1. L. M. Simon, N. Suttorp (1985):	Lungenzellschädigung durch Oxidantien: Minderung der Zytotoxizität durch NAC in *vitro.* 1) Schutz von Lungenzellen gegen Oxidantienschädigung durch polymorphkernige Leukozyten. 2) Herabsetzung der Empfindlichkeit von Lungenzellen gegenüber Oxidantienschäden. 3) Zunahme der Widerstandskraft gegen toxische Sauerstoffmetaboliten.	Schutz von Lungengewebe gegen Oxidantienschäden.
2. P. K. Jeffery et al. (1985):	Effekt von oralem NAC auf die Tabakrauch-(TR)-induzierte Hyperplasie sekretorischer Zellen in *vivo* (Ratten). NAC inhibiert signifikant den TR-induzierten Anstieg der Zahl sekretorischer Zellen und schleimbildender Zellen.	Inhibition der »bronchitischen Effekte« des TR.
3. P. Moldeus et al. (1985):	Protektive Wirkung von NAC gegenüber toxischen Effekten von Zigarettenrauch und seinen Kondensaten auf verschiedene Gewebe und Zellen in *vitro.*	Schutz gegen toxische Effekte auf Hepatozyten und Lungenzellen. Erhöht Überlebensrate von Bronchialzellkulturen.
4. T. Wegener, B. Sandhagen: (1985):	Effekt von NAC beim experimentellen ARDS. In *vivo* NAC signifikante präventive und therapeutische Wirkung beim experimentellen ARDS.	Schutz und therapeutischer Effekt beim experimentellen ARDS.
5. H. Sprince (1985):	Protektive Wirkung von Schwefelverbindungen gegen toxische Aldehyde des Zigarettenrauchs. In *vivo* Schutzwirkung von NAC, L-Cystein u. a. gegen Acetaldehyd, Acrolein und Formaldehyd im Zigarettenrauch.	Protektive Wirkung gegen Formaldehyd, Acetaldehyd und Acrolein.
6. G. M. Green (1985):	Pharmakoprävention der Tabakeffekte auf Makrophagen. In *vitro* präventive Wirkung von Glutathion und Cystein gegen hemmende Effekte von TR auf Enzyme sowie Phagozytose, Energiestoffwechsel und Prostaglandinmetabolismus von Lungenmakrophagen.	Makrophagenschutz.
7. H. Tegner, N. G. Torelmalm (1985):	Interaktion zwischen NAC und Zigarettenrauchextrakten in *vitro.*	Reduktion des hemmenden Effektes von Zigarettenrauchextrakten auf die mukoziliäre Clearance.
8. T. Todisco et al. (1985):	Effekt von NAC bei Personen mit langsamer mukoziliärer Clearance in *vivo.* 12 Probanden 0,6 g NAC oral/tgl./60 Tage. Anstieg der mukoziliären Clearance um 35%.	Beschleunigung der mukoziliären Clearance.
9. D. Olivieri et al. (1985):	Verbesserung des mukoziliären Transportes bei Rauchern durch Mukolytika in *vivo.* NAC und Ambroxol steigern signifikant den mukoziliären Transport bei schweren Rauchern.	Verbesserung des mukoziliären Transportes.

von Ambroxol auf den mukoziliären Transport erst nach einer längeren Latenzperiode manifest, während der Acetylcysteineffekt schneller einsetzt.

Interessant erscheint, daß N-Acetylcystein nicht nur bei Paracetamolvergiftungen wirksam ist und die renale Elimination von Goldsalzen steigert, sondern eine signifikante protektive Wirkung gegenüber Nebeneffekten bestimmter in der Onkologie eingesetzter Chemotherapeutika besitzt, wie z. B. Doxorubicin (Kardiotoxizität), Cyclophosphamid (Hepatotoxizität) und Ifosfamid (Blasentoxizität).

In vitro-Untersuchungen, tierexperimentelle Studien und Studien am Menschen zeigen, daß die protektiven Effekte von N-Acetylcystein am Respirationstrakt offenbar vielfältiger Natur sind. So entfaltet N-Acetylcystein einen protektiven Effekt auf pulmonale Alveolarmakrophagen, es inhibiert die „bronchitischen Effekte" des Tabakrauchs, es verbessert die mukoziliäre Clearance, erweist sich als protektiv wirksam gegen die toxischen Wirkungen von Formaldehyd, Acetaldehyd und Acrolein aus Zigarettenrauch, bietet einen Schutz gegen Schäden durch Oxidantien und ist offenbar protektiv und therapeutisch beim experimentellen ARDS wirksam (Tab. 2).

Diese pharmakologischen Effekte unterstreichen, daß N-Acetylcystein mehr ist als ein einfaches Mukolytikum. Sie ermöglichen auch ein besseres Verständnis positiver klinischer Effekte von N-Acetylcystein bei chronischen Atemwegserkrankungen, die über den mukolytischen Effekt hinausgehen, wie sie beispielsweise von Lemy-Debois, Frigerio und Lualdi *(1978)*, Aylward, Maddock und Dewland *(1980)* oder Boman *und Mitarbeiter (1983)* publiziert wurden. Aus praktisch-klinischer Sicht sind insbesondere die Ergebnisse einer placebokontrollierten Studie von Meister *(1986)* zu bewerten, wonach eine mehrmonatige Behandlung mit N-Acetylcystein (Mucret®) in retardierter Form (2 × 300 mg) bei chronischer Bronchitis zu einer Reduktion von Exazerbationen, antibiotikabehandelten Episoden und Krankheitstagen führt.

Diskussion

Petro:
Ihre Ausführungen, Herr Geisler, könnten dazu verführen, daß die Industrie sagt, das Rauchen wird ungefährlicher mit N-Acetylcystein. Das ist ja so. Wir können es nicht von der Hand weisen. Und wie stehen Sie dazu? Was kann man dazu Positives oder Negatives sagen?

Geisler:
Meine Position ist ja klar. Wir sind Ärzte. Unsere Aufgabe kann natürlich nur sein, darauf hinzuwirken, daß die Zahl der Raucher in unserer Population geringer wird. Wir sind Realisten und wissen, mit den Methoden, die wir im Augenblick zur Verfügung haben, geht das nur sehr schlecht und nur für kurze Zeit. Wir haben aber interessante Ideen hier vorgetragen bekommen, in denen man vielleicht doch à la longue einen Ansatz zur Primärprävention sehen kann; das ist das eine. Das zweite ist: Wir müssen mit Rauchern leben, und wir dürfen auch nicht in die Rolle des Richters verfallen. Wir dürfen aber auch eines unter gar keinen Umständen: Mißverstanden werden, als würden wir sagen, das, was wir jetzt geben, ist ein Freibrief für's Rauchen. Es ist einfach eine Frage der Patientenführung, wie man eine solche Substanz einsetzt, und wie man ihre Indikation dem Patienten gegenüber begründet.

Eichelbaum:
Wir haben eine analoge Situation bei der Gabe oraler Antidiabetika beim übergewichtigen Typ-II-Diabetiker. Hier könnten wir letztendlich sagen, vernünftigerweise dürften und sollten Sie sie nicht geben, und trotzdem wird es getan.

Geisler:
Ich weiß nicht, ob man das ganz streng vergleichen kann, denn Sie induzieren ja unerwünschte Effekte, indem Sie z. B. den Appetit steigern und möglicherweise zu einer weiteren Gewichtszunahme beitragen. Dies ist bei dieser Therapieform nicht der Fall, denn sie trägt nicht zwangsläufig zu einem gesteigerten Zigarettenkonsum bei.

Sill:
Sie hatten in der ersten Abbildung gezeigt, daß sich die Zellpopulationen durch Zigaretteninhaltsstoffe oder Inhalationssubstanzen vermehren und daß dieses eben unter der Gabe von N-Acetylcystein normalisiert wird. Wie lange ist die Expositionszeit gewesen? Hält dieser Effekt an oder läßt sich nur ein Kurzzeiteffekt beobachten? Es wäre ja durchaus vorstellbar, daß diese Wirkung des N-Acetylcysteins nachläßt.

Geisler:
Insgesamt betrug die Exposition gegen Tabakrauch 26 Tage.

Sill:
26 Tage „Zigarettenberieselung“?

Geisler:
Ja. Man wird sich natürlich schon – das ist sicherlich ein berechtigter Einwand

– fragen müssen, wie sieht es aus, wenn man längere Zeit exponiert. Ich kann mir aber vorstellen, daß es einfach experimentell nicht gut länger durchzuführen war.

Sill:
Eine andere Frage, die nochmals auf die drei verschiedenen Krankheitsbilder abzielt: Beim Emphysem ist eine mukolytische Therapie nicht hilfreich, es sei denn, man hätte mit N-Acetylcystein einen Einfluß auf die Reduktion der Makrophagen. Nehmen wir also als Beispiel das Asthma. Da stellt uns sicherlich nicht nur der Bronchospasmus, sondern gerade bei schwersten Anfällen die Produktion zähen Schleimes vor therapeutische Probleme. Dieser Schleim ist sicherlich anders zusammengesetzt als beim chronischen Bronchitiker, und dürfte ganz andere physikalische Eigenschaften haben. Gibt es Hinweise darauf, daß zum Beispiel das N-Acetylcystein einen Einfluß auf die Glykoproteinproduktion hat, kann man prophylaktisch bei dem Asthmatiker Schleim verändern? Das wäre eine ganz wichtige Frage.

Geisler:
Mir sind keine Arbeiten bekannt, in denen dies untersucht worden ist.

Eichelbaum:
Tierexperimentell ist, wie schon erwähnt, eine Beeinflussung der Schleimzusammensetzung unter N-Acetylcystein gezeigt worden.

Todisco *und Mitarbeiter (1985)* haben gezeigt, daß es in der Bevölkerung Personen mit einer erniedrigten Clearance-Rate gibt, die nicht unbedingt krank sein müssen. Gibt es für diese verminderte mukoziliäre Clearance eine plausible Erklärung? Ist es, weil die Zilientätigkeit per se herabgesetzt ist, oder kann es möglicherweise darauf zurückgeführt werden, daß deren Bronchialsekret oder Schleim anders zusammengesetzt ist als bei der sog. Normalpopulation.

Es gibt Untersuchungen an monozygoten und dizygoten Zwillingen, die eine erbliche Fixierung der individuellen Clearance-Rate belegen.

Geisler:
Die Autoren haben darauf auch keine Antwort.

Eichelbaum:
Das heißt, wir müssen mit einer Genfrequenz von 40% in der Bevölkerung rechnen.

Geisler:
Wer eine schlechtere mukoziliäre Clearance hat, hat von vornherein die schlechteren Karten: wenn er dann noch raucht, dann ist er sicherlich einem

besonders erhöhten Risiko ausgesetzt. Es fehlen jedoch prospektive Untersuchungen. Und wieweit dieses Kollektiv als „gesund“ zu bezeichnen ist, ist eine andere Frage. Jedenfalls waren diese Probanden klinisch gesund, sie waren Nichtraucher. Vielleicht trifft das auch den Punkt, den Sie heute schon angesprochen haben: Wer profitiert am ehesten von einer solchen Therapie? Und dafür ist es, glaube ich, ein ganz gutes Modell, weil man hier Probanden hat, bei denen man sehr viele andere negative Einflüsse auf die mukoziliäre Clearance ausschalten kann. Man hat hier nur den genetischen Faktor, und bei diesen Probanden hat die Therapie mit N-Acetylcystein einen positiven Effect auf die mukoziliäre Clearance.

Meister:
Haben Sie bei Ihren Literaturrecherchen irgendwelche Arbeiten gefunden, die zeigen, inwieweit die Substanz auch gegenüber den Hemmungen der Klärfunktion durch SO_2 und andere Komponenten der Luftverunreinigung protektiv sein kann? Es gibt Untersuchungen von Newhouse *(1982)*, die gezeigt haben, daß z. B. unter SO_2 plus Kohlenstaub die Klärfunktion nachläßt. Es wäre sicher interessant zu wissen, ob N-Acetylcystein gegenüber diesen Noxen, mit denen der Patient gerade in den Wintermonaten verstärkt konfrontiert wird, eine Protektion bietet. Dies könnte eine der Erklärungen für die in unserer Studie gefundene geringere Bronchitisrezidivquote unter N-Acetylcystein sein.

Geisler:
Ich habe in meiner mir zur Verfügung stehenden Literatur neueren Datums darüber nichts gefunden.

Literatur

1) Aylward, M., J. Maddock, P. Dewland: Clinical evaluation of acetylcysteine in the treatment of patients with chronic obstructive bronchitis: A balanced doubleblind trial with placebo control. Eur. J. Respir. Dis. 61, Suppl. 111 (1980) 81–89.
2) Boman, G., U. Bäcker, S. Larsson, B. Melander, L. Wåhlander: Oral acetylcysteine reduces exacerbation rate in chronic bronchitis: Report of a trial organized by the Swedish Society for Pulmonary Diseases. Eur. J. Respir. Dis. 64 (1983) 405–415.
3) Green, G. M.: Pharmacoprevention of tobacco smoke effects on macrophage cells. Eur. J. Respir. Dis. 66, Suppl. 139 (1985) 113–116.
4) Jeffery, P. K., D. F. Rogers, M. M. Ayers: Effect of oral acetylcysteine on tobacco smoke-induced secretory cell hyperplasia. Eur. J. Respir. Dis. 66, Suppl. 139 (1985) 117–122.
5) Lemy-Debois, N., G. Frigerio, P. Lualdi: Oral acetylcysteine in bronchopulmonary disease. Acta Therapeutica 4 (1978) 125–132.
6) Meister, R.: Langzeittherapie mit Acetylcystein-Retardtabletten bei Patienten mit chronischer Bronchitis eine doppelblinde, placebokontrollierte Studie. Forum d. Prakt. u. Allg.-Arzt 25 (1986) 18–22.

7) P. Moldeus, M. Berggren, R. Grafström: N-Acetylcysteine Protection Against the Toxicity of Cigarette Smoke and Cigarette Smoke Condensates in Various Tissues and Cells in Vitro. Eur. J. Respir. Dis. (1985) 66, Suppl. 139 (1985) 130–131.
8) D. Olivieri, S. A. Marisco, M. Del Donno: Improvement of mucociliary transport in smokers by muscolytics. Eur. Respir. Dis. (1985) 66, Suppl. (1985) 139, 142–145.
9) Simon, M. M., N. Suttorp: Lung cell oxidant injury: Decrease in oxidant mediated cytotoxicity by N-acetylcysteine. Eur. J. Respir. Dis. 66, Suppl. 139 (1985) 132–135.
10) Sprince, H.: Protective action of sulfur compunds against aldehyde toxicants of cigarette smoke. Eur. J. Respir. Dis. 66, Suppl. 139 (1985) 102–112.
11) Tegner, H., N. G. Torelmalm: Interaction between N-acetylcysteine and cigarette smoke extract. Eur. J. Respir. Dis. 66, Suppl. 139 (1985) 130–131.
12) Todisco, T., R. Polidori, F. Rossi, L. Iannacci, B. Bruni, L. Fedeli, R. Palumbo: Effect of N-acetylcysteine in subjects with slow pulmonary mucociliary clearance. Eur. J. Respir. Dis. 66, Suppl. 139 (1985) 136–141.
13) Wegener, T., B. Sandhagen: Effect of N-acetylcysteine in experimental ARDS in: Allegra, L. G. Rizzato: 4th SEP Congress Bronchitis and emphysema (Abstracts). Ital. J. Chest. Diseas. (1985).

Literatur zur Diskussion:

1) Newhouse, M. T.: Lungenabwehrmechanismen und Umwelt. In: H. Blaha (Hrsg.): Umwelt und Lunge. Dustri, München (1982).
2) Todisco, T., R. Polidori, F. Rossi, L. Iannacci, B. Bruni, L. Fedeli, R. Palumbo: Effect of N-acetylcysteine in subjects with slow pulmonary mucociliary clearance. Eur. J. Respir. Dis. 66, Suppl. 139 (1985) 136–141.

N-Acetylcystein in der Langzeittherapie chronischer Atemwegserkrankungen

ROLF MEISTER

1. Einleitung

1963 wurde erstmals von A. L. SHEFFNER die mukolytische Eigenschaft von N-Acetylcystein (NAC) in vitro nachgewiesen (24). Inzwischen konnte die Wirkung in zahlreichen experimentellen Untersuchungen belegt werden. Eine weitere Bestätigung brachten klinische Studien an Patienten mit Bronchitis, Asthma und Mukoviszidose (1, 4–6, 8, 9, 11, 13, 16, 17, 26, 27, 31, 32).

NAC ist nicht nur eine potente mukolytische Substanz, sondern hat weitere erst in neuerer Zeit zunehmend beachtete Wirkungen:

- Protektion gegenüber inhalativen Noxen (Oxidantien), insbesondere gegenüber toxischen Bestandteilen des Tabakrauchs wie Acrolein, Acetaldehyd und Formaldehyd (7, 12, 19, 23, 25, 28)
- Aktivierung der mukoziliären Clearance, dosisabhängig (10, 15, 20, 22, 29, 35)
- antientzündlicher Effekt (2)
- Protektion der Leber bei Paracetamol-Intoxikation (21)
- Protektion der Lunge bei Paraquat-Intoxikation (33)
- Protektion vor toxischen Wirkungen bei Zytostatikatherapie (14, 30)
- Verstärkung der Nitroglycerinwirkung auf die Koronararterien (34)
- Sonstige (3, 18 u.a.).

Angesichts dieses breiten Wirkungsspektrums hat NAC unter den Expektorantien zweifellos das pharmakologisch interessanteste Profil. Die Hauptindikation für den therapeutischen Einsatz bildet jedoch noch immer die mukolytische Wirkung.

2. Klinische Untersuchungen

2.1 Kontrollierte Studien

Mehrere klinische Untersuchungen an Patienten mit akuter oder chronischer Bronchitis belegen übereinstimmend den therapeutischen Nutzen von NAC (1, 11, 13, 16, 31, 32). Oral verabreicht in einer Tagesdosis von 2–3 mal 200 mg (zumeist 600 mg/die), entfaltet das Mukolytikum folgende Wirkungen:

- Abnahme der Sputumviskosität,
- Erleichterung der Expektoration,

- Rückgang des Hustens,
- Linderung der Atemnot,
- Besserung der Lungenfunktion.

Gegenüber anderen Expektorantien (Sekretolytika) erwies sich NAC als therapeutisch überlegen. Der Rückgang der klinischen Symptome war deutlicher ausgeprägt als unter der Therapie mit den Vergleichssubstanzen (13, 31). Auch die Akzeptanz und Verträglichkeit von NAC wurden übereinstimmend als gut bezeichnet (1, 11, 13, 16, 32).

Die meisten Studien beschränken sich jedoch auf kurze Beobachungszeiten von wenigen Wochen und auf kleine Probandenzahlen, so daß manche Ergebnisse mit Vorbehalten interpretiert werden müssen.

2.2 Multizentrische Langzeitstudien

Inzwischen liegen einige multizentrische, Placebo-kontrollierte Doppelblindstudien mit einer Therapiedauer von 6 Monaten und repräsentativer Teilnehmerzahl vor, so daß anhand der Ergebnisse eine Aussage über den prophylaktischen und therapeutischen Wert von NAC bei chronischer Bronchitis möglich ist. Die Studien wurden in Italien (6), Schweden (4) und der Bundesrepublik Deutschland (17) durchgeführt. In ihrem Design ähneln sie sich, so daß die Ergebnisse gut vergleichbar sind.

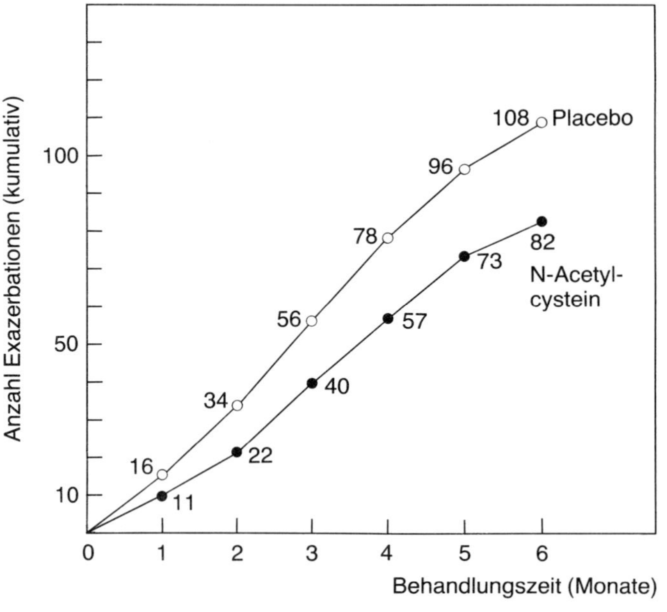

Abbildung 1: Anzahl der Exazerbationen im Verlauf der Studie (nach MEISTER, 1986)

	Gruppe N-Acetylcystein (n = 90)		Gruppe Placebo (n = 91)	
Anzahl Exazer-bationen	Anzahl Patienten	Anzahl Exazer-bationen (total)	Anzahl Patienten	Anzahl Exazer-bationen (total)
keine	37		34	
1	28	28	27	27
2	22	44	18	36
3	2	6	7	21
4	1	4	2	8
5	0	0	2	10
6	0	0	1	6
	90	82	91	108

Tabelle 1: Anzahl der Bronchitis-Exazerbationen unter sechsmonatiger Behandlung mit N-Acetylcystein und Placebo.

Auch diese Langzeituntersuchungen bestätigen übereinstimmend die günstige Wirkung von NAC in der Behandlung der chronischen Bronchitis. Als wichtigste Ergebnisse werden folgende Wirkungen herausgestellt: Rückgang der Exazerbationshäufigkeit und Rückgang der Krankheitstage.

Dies ist ein neuer Aspekt, der bei den anderen Studien wegen der kurzen Therapiedauer nicht erkennbar war. Auf die jüngste, 1986 publizierte Langzeituntersuchung (17) soll nachfolgend näher eingegangen werden.

2.3 Langzeitstudie mit NAC in retardierter Form

In dieser klinischen Untersuchung wurde erstmals NAC in der neuen galenischen Formulierung als Retardtablette mit 300mg Wirkstoff geprüft. Die Tagesdosis betrug 2 mal 1 Retardtablette* (= 600mg NAC).

An der Doppelblindstudie, die sich über das gesamte Winterhalbjahr 1984/85 erstreckte, beteiligten sich 181 Patienten mit chronischer Bronchitis. Davon bildeten 90 Probanden die Verum-Gruppe und 91 die Placebo-Gruppe. In beiden Kollektiven überwogen zu gleichen Anteilen die Raucher und das männliche Geschlecht. Hinsichtlich des Patientenalters, der Körpergröße, des Gewichts und der Lungenfunktion (peak expiratory flow) bei Studienbeginn bestanden statistisch keine Unterschiede zwischen den Gruppen. Das mittlere Alter lag bei 57 Jahren, die mittlere Krankheitsdauer bei 9,5 Jahren.

*Mucret®

2.3.1 Ergebnisse
Rückgang der Exazerbationshäufigkeit
Über die Anzahl der Bronchitisexazerbationen während der sechsmonatigen Beobachtungsperiode gibt Tabelle 1 Auskunft. Ergänzend dazu ist in Abb. 1 die Anzahl der Exazerbationen kumulativ über den Behandlungszeitraum dargestellt.

Der Vergleich zeigt, daß die Exazerbationen in der Placebo-Gruppe häufiger sind als in der Verum-Gruppe. Bei den 91 Probanden des Kontroll-Kollektivs sind insgesamt 108, bei den 90 Patienten der NAC-Gruppe 82 Bronchitisschübe aufgetreten. Daraus ergibt sich ein Rückgang der Exazerbationshäufigkeit um 24%. Patienten mit 3 bis 6 Bronchitisschüben während der 6 Monate sind in der Placebo-Gruppe viermal häufiger als in der Verum-Gruppe.

Auch bei Mitberücksichtigung der Exazerbationsdauer läßt sich der günstige Effekt der mukolytischen Therapie nachweisen. In Abb. 2 sind die Tage mit Exazerbation während der Behandlungszeit von Oktober 1984 bis April

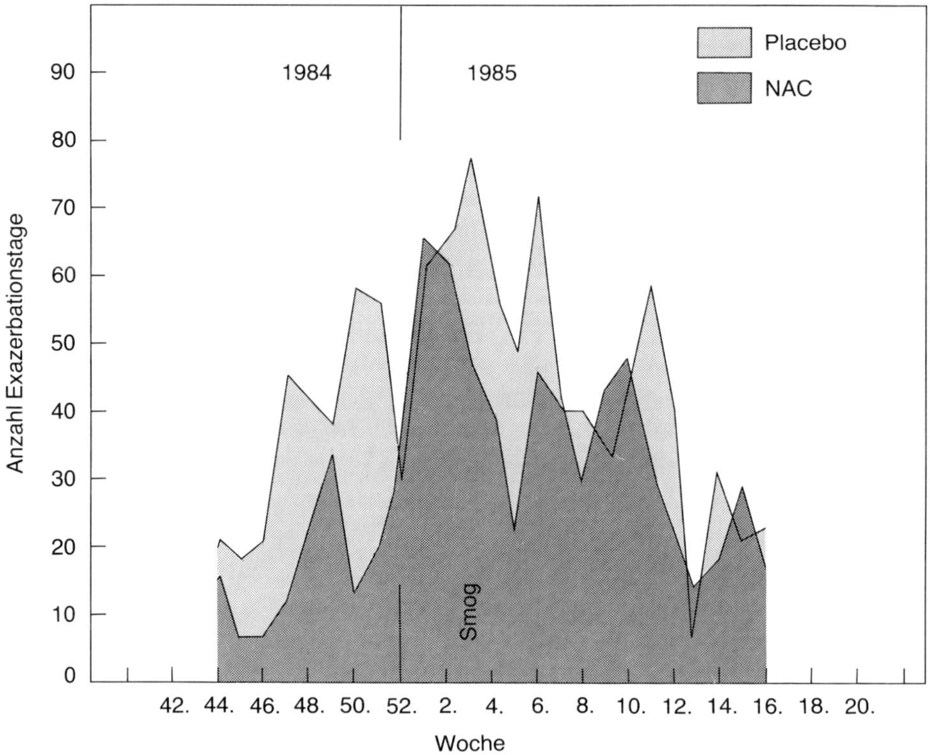

Abbildung 2: Anzahl der Exazerbationstage im Behandlungszeitraum von Oktober 1984 bis April 1985. Gegenüberstellung der N-Acetylcystein (NAC)- und Placebo-Gruppe.

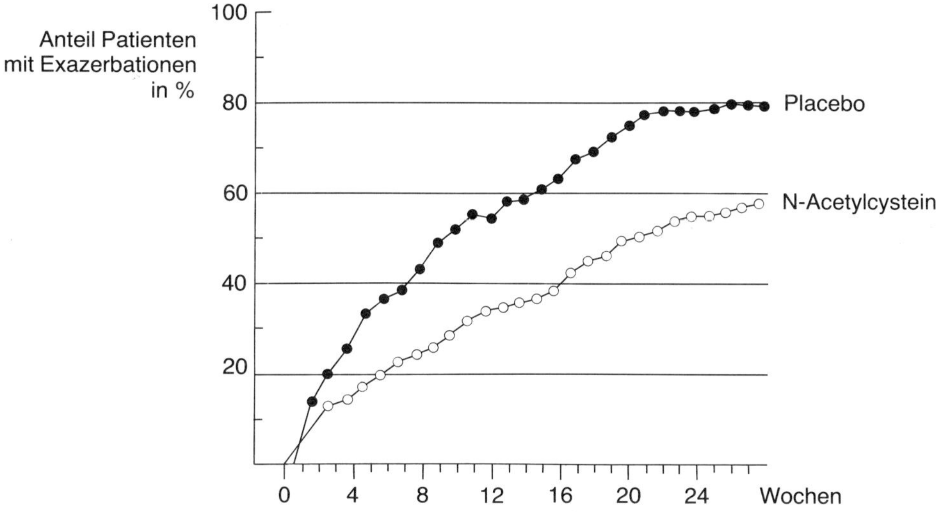

Abbildung 3: Anteil der Patienten mit Exazerbationen (in %) im Verlauf einer 6-monatigen Therapie mit Acetylcystein (400 mg/Tag) im Vergleich zu Placebo (nach BOMAN et al., 1983)

1985 dargestellt. Beide Kollektive lassen den für die Bronchitis typischen jahreszeitlichen Morbiditätsgipfel im Januar erkennen, der hier im Jahr 1985 durch den Smog in einem Teil des Studiengebiets noch akzentuiert wird. In Bezug auf den medikamentösen Effekt ist zu erkennen, daß die Anzahl der Exazerbationstage in der mit NAC behandelten Gruppe während der gesamten Winterperiode zumeist deutlich unter dem Placebo-Niveau liegt.

Der Rückgang der Exazerbationsrate unter der NAC-Therapie wird auch durch die Langzeitstudien aus Italien und Schweden bestätigt. In der von GRASSI koordinierten Multicenter-Studie (6) blieben 52,8% der mit NAC behandelten Bronchitiker und nur 22,8% der Placebo-behandelten Probanden ohne akuten Rückfall bis zum Ende der sechsmonatigen Beobachtungsperiode. In der Untersuchung von BOMAN *et al.* (4) waren 40% in der Therapie-Gruppe und 19% in dem Kontroll-Kollektiv bei Studienende rezidivfrei (Abb. 3 und Tab. 2).

Diese Ergebnisse lassen den Schluß zu, daß die orale NAC-Therapie bei chronischer Bronchitis Schutz vor neuen Exazerbationen bietet. Der protektive Effekt ist vor allem während der risikoreichen Wintermonate für die Bronchitiker von Nutzen.

Rückgang der Krankheitstage

Ein sozio-ökonomisch wichtiger Aspekt ist der Rückgang der Arbeitsunfähigkeitstage unter der mukolytischen Therapie. Die Zahl der Krankheitstage beträgt in der Placebo-Gruppe 1077, in der Therapie-Gruppe 753, was einem Unterschied von 30% entspricht (Abb. 4).

Zu einem gleichlautenden Ergebnis kommen BOMAN *et al.* (4). In der Patientengruppe mit NAC-Langzeittherapie lag die Anzahl der Arbeitsabwesenheitstage wegen eines Bronchitisrückfalls um 33% niedriger als in der unbehandelten Gruppe.

Rückgang des Antibiotikabedarfs

Als ein weiterer Parameter zur Beurteilung der therapeutischen Wirksamkeit kann der geringere Bedarf an Antibiotika zur Bronchitisbehandlung gewertet werden. Parallel zum Rückgang der Exazerbationen sinkt die Anzahl der Antibiotikabehandlungen (Abb. 5). In der NAC-Gruppe ist der Bedarf an Antibiotika um 32% geringer als in der Placebo-Gruppe.

Verträglichkeit und Nebenwirkungen

Auch in der Langzeittherapie hat sich NAC als gut verträgliche Substanz erwiesen. Die bei einem kleinen Teil der Probanden aufgetretenen Nebenwirkungen waren zumeist geringfügig und ließen die Fortsetzung der Therapie zu. Wie auch in den anderen Langzeitstudien waren Angaben über leichte gastrointestinale Störungen am häufigsten. Seltener wurden Hautreaktionen, Kopfschmerzen und andere unspezifische Sensationen mit fraglichem Bezug zur Medikamenteneinnahme genannt (Tab. 3).

Sowohl in dieser Untersuchung als auch in den ausländischen Studien (4, 6) waren die Klagen über Nebenwirkungen in der Placebo-Gruppe ebenso

Untersucher	Anzahl an Exazerbationen N-Acetylcystein/ Placebo (%)	Anzahl an Tagen mit Exazerbationen N-Acetylcystein/ Placebo (%)	Anzahl mit Antibiotika behandelter Exazerbationen N-Acetylcystein/ Placebo (%)
Grassi (1980) n = 495	204 / 491 (42% / 100%)	—	195 / 474 (41% / 100%)
Boman (1983) n = 203	120 / 180 (67% / 100%)	363 / 545 (67% / 100%)	53 / 65 (82% / 100%)
Meister (1986) n = 181	82 / 108 (76% / 100%)	753 / 1077 (70% / 100%)	48 / 71 (68% / 100%)
Ergebnisse nach 6 Monaten	406 / 779 (52% / 100%) n = 879	1116 / 1622 (69% / 100%) n = 384	296 / 610 (49% / 100%) n = 879

Tabelle 2: Einfluß von N-Acetylcystein auf die Exazerbationshäufigkeit bei Patienten mit chronischer Bronchitis unter 6-monatiger Therapie (n = Anzahl der einbezogenen Patienten).

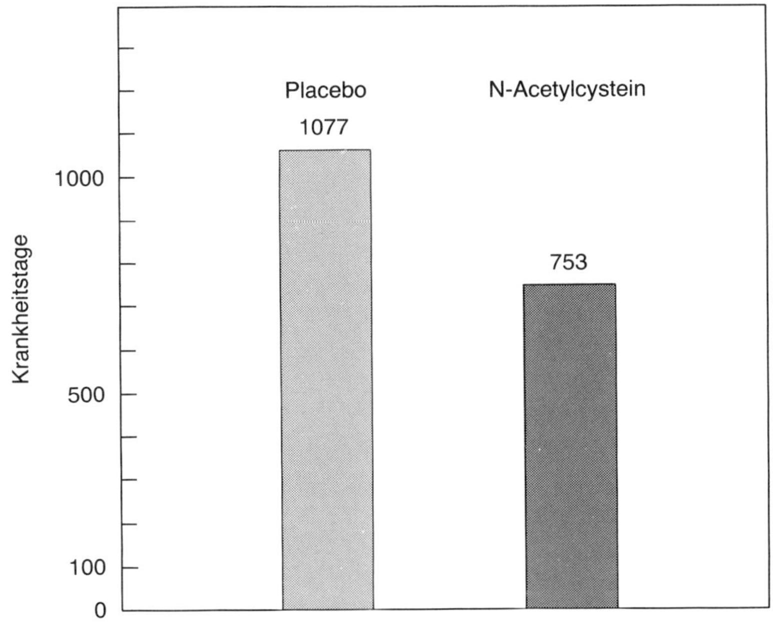

Abbildung 4: Anzahl Krankheitstage unter Placebo (▒) und N-Acetylcystein (▓) (nach MEISTER, 1986)

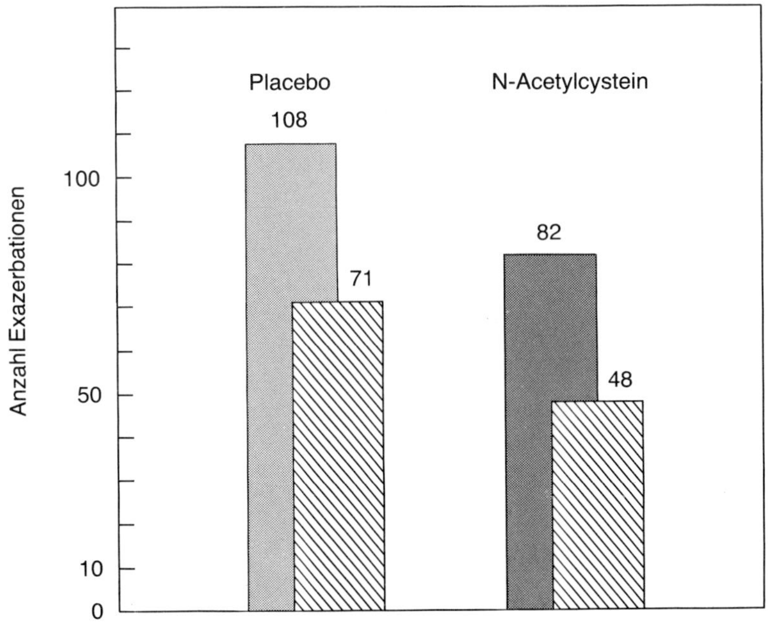

Abbildung 5: Anzahl Exazerbationen unter N-Acetylcystein (▓) und Placebo (▒): im Vergleich dazu die Anzahl der Antibiotika-behandelten Exazerbationen (▧) (nach MEISTER, 1986)

Tabelle 3: Nebenwirkungen

	Anzahl der Nebenwirkungen	
	Gruppe N-Acetylcystein	Gruppe Placebo
Magenbeschwerden	11	9
Hautreaktionen	6	7
Kopfschmerzen	3	3
übrige	24	27
Total	44[1]	46[2]

[1] bei 34 Patienten [2] bei 35 Patienten

häufig wie in der Verum-Gruppe, so daß sich die Frage stellt, ob die aufgetretenen Reaktionen überhaupt als substanzspezifisch angesehen werden können.

3. Schlußfolgerung

In der Langzeittherapie chronischer Atemwegserkrankungen hat sich NAC als Mukolytikum bewährt. Das gilt insbesondere auch für die neu zur Verfügung stehende galenische Formulierung als Retardtablette. Gegenüber der bisher als wasserlösliches Granulat in Tütchen abgefüllten Form bietet die Retardtablette bei gleicher klinischer Wirksamkeit den Vorteil der einfachen Handhabung in bezug auf Einnahme und Dosierung.

Die Rate der Bronchitisexazerbationen, die Zahl der Krankheitstage und der Bedarf an Antibiotika lassen sich durch die regelmäßige Einnahme von 2× 1 Retardtablette* (= 600mg N-Acetylcystein) reduzieren. Die bisherigen Erfahrungen sprechen dafür, daß N-Acetylcystein bei jahreszeitlich erhöhtem Infektrisiko oder bei chronisch-obstruktiven Atemwegserkrankungen mit Neigung zu Bronchitisschüben protektiv sein kann. Unter der Zielvorstellung der Exazerbationsprophylaxe ist in solchen Fällen eine Indikation zur Langzeitmedikation über mehrere Monate gegeben. Hierzu eignet sich besonders die retardierte Applikationsform des N-Acetylcysteins.

*Mucret®

Diskussion

Geisler:
Ich glaube, wir kennen nun einige Parameter, an denen man sich in der Praxis orientieren kann. Zunächst, um hier auch Klarheit zu schaffen, wie wurde „Rezidiv“ oder „Exazerbation“ definiert? Wie wurde die Indikation zur Gabe von Antibiotika gestellt? War das einfach dem Therapeuten überlassen?

Meister:
Um die letzte Frage gleich zu beantworten: Wir haben den Ärzten die freie Entscheidung überlassen; gleiches gilt für die Grundmedikation. Ich denke, schon aus Gründen der Praktikabilität läßt sich eine starke Vorgabe in der Praxis nicht durchführen. Die akute Exazerbation der chronischen Bronchitis wurde, wie in anderen Studien, als deutlich vermehrtes und erneutes Auftreten von purulentem Sputum definiert. Als weiteres Kriterium wurde das gleichzeitige Erscheinen von mindestens einem der nachfolgenden Symptome gefordert: Verstärkt auftretender Husten, allgemeines Krankheitsgefühl, Erkältung, Fieber über 38 Grad, Zunahme der Atemnot oder Veränderung der Sputum-Qualität sowie Viskosität. Erst unter diesen Voraussetzungen wurde von einer Exazerbation gesprochen.

Schultze-Werninghaus:
Könnten Ihre Ergebnisse auch so interpretiert werden, daß N-Acetylcystein nur das Sekret beeinflußt und der Patient sowie der Therapeut den Eindruck haben, daß keine Exazerbation im Sinne eines Infektes vorliegt?

Meister:
Diese Interpretation ist sicher nicht schlüssig. Wenn sich nur die Sputum-Qualität verändern würde, dürften sich hinsichtlich der anderen Effekte nicht so große Unterschiede ergeben. Ich meine, das ist doch ein Beweis für einen Einfluß auf die Exazerbationshäufigkeit: In der mit N-Acetylcystein-behandelten Gruppe war die Anzahl der Krankheitstage gegenüber der Placebogruppe in der gleichen Relation gesenkt wie die Infekthäufigkeit und der Antibiotikabedarf.

Eichelbaum:
Auch unter Berücksichtigung ökonomischer Interessen ließe sich allein durch die Minderung der Krankheitstage und damit Einsparung von Krankengeld und Reduktion von Produktionsverlusten eine orale Langzeittherapie mit N-Acetylcystein-Retardtabletten rechtfertigen.

Meister:
Der ökonomische Gesichtspunkt ist schon durch die Ersparnis an Antibiotika gegeben.

Sill:
Also finanziell zahlt es sich aus!

Meister:
So kann man sagen, ja!

Eichelbaum:
Stehen die Hautnebenwirkungen im Zusammenhang mit der Antibiotika-Medikation?

Meister:
Das ist schwer zu sagen. Die Basistherapie ist ja unverändert weitergelaufen. Wir haben jedes Auftreten von Hauterscheinungen mitgezählt. Die Zahlen zeigen, daß die Hautreaktionen in der Verumgruppe nicht über das Placebo-Niveau hinausgehen.

Bemerkenswert erscheint uns, daß unsere Studie hinsichtlich Begleiterscheinungen von seiten des Darmtraktes im Vergleich zur Untersuchung von Boman *et al. (1983)*, die eine wässrige Formulierung verabreichten, günstiger abschnitt und sich nicht signifikant von der Placebogruppe unterschied. Wir fanden bei unseren Untersuchungen mit retardiertem N-Acetylcystein bei 8,6% der Patienten gastrointestinale Begleiterscheinungen, während bei der Boman-*Studie* diese Begleiterscheinungen 22mal bei insgesamt 127 Patienten (= 17,3%) angeführt wurden.

Eichelbaum:
Haben Sie gezielt befragt oder mit einem Fragebogen?

Meister:
Es gab einen vorformulierten Bogen.

Petro:
Eine Frage zur Technik der Prüfung. N-Acetylcystein schmeckt etwas sauer. Wie haben Sie sichergestellt, daß sich die Placebo-Tabletten nicht von den N-Acetylcystein-Tabletten unterschieden und die Studie auch wirklich doppel-blind durchgeführt wurde?

Meister:
Äußerlich unterschieden sich weder Verpackung noch Tabletten, und es wußte weder Arzt noch Patient, was gegeben wird.

Petro:
Schmeckte man den Unterschied nicht?

Meister:
Nein! Die Tabletten sind filmbeschichtet. Der typische Geschmack des N-Acetylcysteins tritt nur auf, wenn man die Tablette länger im Mund behält.

Sill:
Hat sich in der 6-monatigen begleitenden Basismedikation viel geändert? Normalerweise nimmt niemand sehr gern 6 Monate lang immer dasselbe.

Meister:
Wir haben das nicht speziell verfolgt.

Geisler:
Wie interpretieren Sie nun den Mechanismus dieses günstigen Effektes?

Meister:
Ich kann es mir in erster Linie dadurch erklären, daß die Bronchialtoilette verbessert und damit die Häufigkeit der Infekte reduziert wird.

Geisler:
Ich meine, die Frage ist auch, ob die protektiven Effekte, die tierexperimentell und in vitro gesehen werden, nicht doch auch hier eine Rolle gespielt haben können.

Meister:
Das wäre möglich.

Geisler:
Ich habe noch eine Frage, die häufig bei der Verabreichung von N-Acetylcystein gestellt wird, nämlich ob die Immunabwehr berührt wird, möglicherweise dadurch, daß Acetylcystein die Immunglobuline beeinträchtigt.

Eichelbaum:
Mir ist dazu aus der Literatur nicht bekannt, daß ein klinisch relevanter Einfluß unter therapeutischen Dosen auf die Immunabwehr erfolgt. PILAR *und Mitarbeiter (1974)* haben z. B. in 1000fach höheren Dosen in in vitro-Untersuchungen einen Einfluß gefunden. Das hat aber doch keinerlei Bezug zur Therapie mit N-Acetylcystein.

Meister:
Dann dürfte in den Langzeitstudien mit Acetylcystein auch die Infektrate nicht gesenkt werden.

Literatur

1) Aylward, M., J. Maddock and P. Dewland: Clinical evaluation of acetylcysteine in the treatment of patients with chronic obstructive bronchitis: A balanced doubleblind trial with placebo control. Eur. J. Respir. Dis. 61, Suppl. 111 (1980) 81–89.
2) Bailey, K. R. and A. L. Sheffner: The reduction of experimentally induced inflammation by sulfhydryl compounds. Biochem. Pharmac. 16 (1967) 1175–1182.
3) Bernard, G. R., W. D. Lucht, M. E. Niedermeyer, J. R. Snapper, M. L. Ogletree, K. L. Brigham: Effect of N-acetylcysteine on the pulmonary response to endotoxin in the awake sheep and upon in vitro granulocyte function. J. Clin. Invest 73 (1984) 1772–1784.
4) Boman, G., U. Bäcker, S. Larsson, B. Melander and L. Wåhlander: Oral acetylcysteine reduces exacerbation rate in chronic bronchitis: Report of a trial organized by the Swedish Society for Pulmonary Diseases. Eur. J. Respir. Dis. 64 (1983) 405–415.
5) Dietzsch, H.-J., G. Berger, B. Gottschalk, W. Leupold, K. W. Mittenzwey, E. Rupprecht, P. Wunderlich: Results of oral acetylcysteine therapy in children with cystic fibrosis. Eur. J. Respir. Dis. 61, Suppl. 111 (1980) 135.
6) Grassi, C., Multicenter Study Group: Long-term oral acetylcysteine in chronic bronchitis. A double-blind controlled study. Eur. J. Respir. Dis. 61, Suppl. 111 (1980) 93–108.
7) Green, G. M.: Pharmacoprevention of tobacco smoke effects on macrophage cells. Eur. J. Respir. Dis. 66, Suppl. 139 (1985) 113–116.
8) Hirsch, S. R., R. C. Kory: An evalution of the effect of nebulized N-acetylcysteine on sputum consistency. J. Allergy 39 (1967) 265–273.
9) Hofmann, A.: Orale Anwendung von Acetylcystein bei der Behandlung von Asthma bronchiale und chronischen Erkrankungen der Luftwege. Therapiewoche 30 (1980) 2040–2046.
10) Iravani, J., G. N. Melville, G. Horstmann: N-acetylcysteine and mucociliary activity in mammalian airways. Arzneim.-Forsch./Drug Res. 28 (1978) 250–254.
11) Jackson, I. M., J. Barnes, P. Cooksey: Efficacy and tolerability of oral acetylcysteine (Fabrol®) in chronic bronchitis: A double-blind placebo controlled study. J. int. Med. Res. 12 (1984) 198–206.
12) Jeffery, P. K., D. F. Rogers and M. M. Ayers: Effect of oral acetylcysteine of tobacco smoke – induced secretory cell hyperplasia. Eur. J. Respir. Dis. 66, Suppl. 139 (1985) 117–122.
13) Lemy-Debois, N., G. Frigerio and P. Lualdi: Oral acetylcysteine in bronchopulmonary disease. Comparative clinical trial with bromhexine. Acta Therapeutica 4 (1978) 125–132.
14) Levy, L. and D. L. Vredevoe: The effect of N-acetylcysteine on cyclophosphamide immunoregulation and antitumor activity. Seminars in Oncology, 10, Suppl. 1 (1983) 7–116.
15) Low, P.-M., P., M. J. Dulfano, C. K. Luk, P. J. P. Finch: Effect of N-acetylcysteine on the ciliary beat frequency of human bronchial explants. Ann. Allergy 54 (1985) 273–275.
16) Maesen, F. and P. Brombacher: Die Behandlung der chronischen Bronchitis mit oralen Dosen von Acetylcystein – Eine Doppelblindstudie. Therapiewoche 30 (1980) 2024–2027.
17) Meister, R.: Langzeittherapie mit Acetylcystein-Retardtabletten bei Patienten mit chronischer Bronchitis – eine doppelblinde, placebokontrollierte Studie. Forum d. Prakt. u. Allg. Arzt. 25 (1986) 18–22.
18) Mereto, G. C., F. Henriquet: Das Surfactantsystem nach einer Behandlung mit N-Acetylcystein. Therapiewoche 30 (1980) 2066–2067.
19) Moldeus, P., M. Berggren and R. Grafström: N-acetylcysteine protection against the toxicity of cigarette smoke and cigarette smoke condensates in various tissues and cells in vitro. Eur. J. Respir. Dis. 66, Suppl. 139 (1985) 123–129.
20) Olivieri, D., S. A. Marisco, M. Del Donno: Improvement of mucociliary transport in smokers by mucolytics. Eur. J. respir. Dis. 66, Suppl. 139 (1985) 142–145.
21) Prescott, L. F., R. N. Klingworth, J. H. Critchley, M. J. Stewart, R. D. Adam and A. T. Proudfoot: Intravenous N-acetylcysteine: The treatment of choice for paracetamol poisoning. Brit. Med. J. 2 (1979) 1097–1100.
22) Roomans, G. M., H. Tegner, N. G. Toremalm: Acetylcysteine and its derivatives: functional and morphological effects on tracheal mucosa in vitro. Eur. J. Respir. Dis. 64 (1983) 416–425.
23) Sprince, H.: Protective action of sulfur compounds against aldehyde toxicants of cigarette smoke. Eur. J. Respir. Dis. 66, Suppl. 139 (1985) 102–112.

24) Sheffner, A. L.: The reduction in vitro in viscosity of mucoproteine solutions by a new mucolytic agent, N-acetyl-L-cysteine. Ann. N. Y. Acad. Sci. 106 (1963) 298–310.
25) Simon, L. M. and N. Suttorp: Lung cell oxidant injury: Decrease in oxidant mediated cytotoxicity by N-acetylcysteine. Eur. J. Respir. Dis. 66, Suppl. 139 (1985) 132–135.
26) Stephan, U., B. Böwing, U. Goering, H. G. Wiesemann, M. Reinhardt, H. Hirche and H. Brandt: Acetylcysteine in the oral mucolytic treatment of cystic fibrosis. Eur. J. Respir. Dis. 61, Suppl. 111 (1980) 127–131.
27) Stiksa, G., K. Nemcek, S. Melin: Effects of inhaled N-acetylcysteine in combination with terbutaline. Eur. J. Respir. Dis. 65 (1984) 278–282.
28) Tegner, H., N. G. Torelmalm: Interaction between N-acetylcysteine and cigarette smoke extract. Eur. Respir. Dis. 66, Suppl. 139 (1985) 130–131.
29) Todisco, T., R. Polidori, F. Rossi, L. Iannacci, B. Bruni, L. Fedeli, R. Palumbo: Effect of N-acetylcysteine in subjects with slow pulmonary mucociliary clearance. Eur. J. Respir. Dis. 66, Suppl. 139 (1985) 136–141.
30) Unverferth, D. V., J. P. Mehegan, R. W. Nelson, C. C. Scott, C. V. Leier und R. L. Hamlin: The efficacy of N-acetylcysteine in preventing doxorubicin-induced cardiomyophathy in dogs. Seminars in Oncology, 10, Suppl. 1 (1983) 2–6.
31) Verstreaten, J. M.: Mucolytic treatment in chronic airways obstruction. Doubleblind clinical trials with acetylcysteine, bromhexine and placebo. Eur. J. Respir. Dis. 61, Suppl. 111 (1980) 77.
32) Verstraeten, J. M.: Die mukolytische Behandlung bei chronischer Obstruktion der Luftwege. Therapiewoche 30 (1980) 2008–2018.
33) Wegener, T., G. Hillerdal, M. Özesmi, B. Sandhagen, T. Saldeen: The effect of N-acetylcysteine treatment on paraquat poisoning in rats. Preliminary report. Atemweg-Lungenkrh. 12 (1986) 303–306.
34) Winniford, M. D., P. L. Kennedy, P. J. Wells, L. D. Hillis: Potentation of nitroglycerin-induced coronary dilatation by N-acetylcysteine. Circulation 73 (1980) 138–142.
35) Yanaura, S., N. Imamura, M. Misawa: Effects of expectorants on the canine tracheal ciliated cells. Japan. J. Pharmacol. 31 (1981) 957–965.

Literatur zur Diskussion

1) Boman, G., U. Bäcker, S. Larsson, B. Melander, L. Wåhlander: Oral acetylcysteine reduces exacerbation rate in chronic bronchitis: Report of a trial organized by the Swedish Society for Pulmonary Diseases. Eur. J. Respir. Dis. 64 (1983) 405–415.
2) v. Pilar, C. E., G. Engler, K. Hochstrasser: Wirkung von schleimlösenden Mitteln auf die immunologischen Verhältnisse der Bronchialschleimhaut. Prax. Pneumol. 28 (1974) 841–844.

Zusammenfassung des Expertengespräches „Rauchen und Atemwege"

Linus S. Geisler

Unser Expertengespräch hat den pathogenetischen Stellenwert des Zigarettenrauchens für verschiedene Krankheiten, insbesondere der Atmungsorgane, und die daraus resultierenden sozio-ökonomischen Folgen mit beeindruckender Deutlichkeit herausgestellt:

In der westlichen Welt ist Zigarettenrauchen unbestreitbar der wichtigste Einzelfaktor für verhütbare Morbidität und vorzeitige Mortalität. Nach vorsichtigen Schätzungen sterben weltweit etwa zweieinhalb Millionen Menschen jährlich an den Folgen des Zigarettenrauchens.

In der Bundesrepublik Deutschland wurden 1984 rd. 24 Milliarden DM für Tabakwaren ausgegeben, was fast einem Viertel der Aufwendungen der gesetzlichen Krankenkassen im gleichen Zeitraum für die medizinische Versorgung der Bevölkerung entspricht. Jährlich sterben in der Bundesrepublik ca. 140000 Menschen nur deshalb, weil sie rauchen. Hinzu kommen rd. 100000 Fälle an Frühinvalidität durch das Rauchen. Jede Zigarette verkürzt die Lebenserwartung um $5^1/_2$ Minuten.

Zahlreiche Studien haben ergeben, daß das Zigarettenrauchen das Mortalitätsrisiko für chronisch unspezifische Atemwegserkrankungen beträchtlich erhöht und pathogenetisch einen höheren Stellenwert besitzt als beispielsweise inhalative berufliche Noxen.

Die Bilanz der Rauchgewohnheiten der bundesrepublikanischen Bevölkerung bietet im Vergleich zur Entwicklung in den Vereinigten Staaten ein deprimierendes Spektrum: 90% der jugendlichen Raucher starten zwischen dem 12. und 20. Lebensjahr. Das Prägungsalter für das Zigarettenrauchen liegt zwischen 13 und 18 Jahren. Der Anteil der Raucher im Alter über 15 Jahre beträgt bei Männern 53%, bei Frauen 38%. Die Zahl rauchender jüngerer Frauen ist im Zunehmen begriffen. Bereits bei Jugendlichen ist ein deutlicher Zusammenhang zwischen Rauchen und bronchialer Symptomatik nachweisbar: Husten wird dreimal so häufig beobachtet wie bei Nichtrauchern, Auswurf steigert sich um den Faktor 4. Im Hinblick auf die spätere Entwicklung ernsthafter respiratorischer Symptome ist die Banalisierung der Beschwerden durch Raucher als besonders alarmierendes Phänomen zu bewerten.

Die funktionellen Auswirkungen des Zigarettenrauchens lassen sich heute ziemlich exakt quantifizieren: Während die jährliche Verringerung des FEV_1 bei Gesunden ca. 30 ml pro Jahr beträgt, steigt sie bei starken Rauchern auf 80 ml und mehr pro Jahr an.

Daß sich Rauchen nicht nur auf die Atemwege, sondern auch auf das Lungenparenchym schädlich auswirkt, ist vielfach belegt: Die zahlreichen Oxidantien des Zigarettenrauchs erreichen aufgrund ihrer Halbwertszeiten die Alveolarräume. Die daraus resultierenden Destruktionen der Alveolarwände und des elastischen Faserapparates müssen als Schrittmacher der Emphysementwicklung angesehen werden. Die Belastung der Atemwege durch Umwelteinflüsse, beispielsweise durch Smog, ist nicht zu unterschätzen, sie wird jedoch durch Oxidantien aus dem Zigarettenrauch weit übertroffen und wesentlich verstärkt. Histomorphologisch weisen 75% aller Raucher mit einem täglichen Zigarettenkonsum von 11 bis 20 Zigaretten das Bild einer chronischen Bronchitis auf, bei 21 bis 40 Zigaretten steigt die Quote auf 90% an.

Die Realität zeigt, daß die Mehrzahl aller Raucher langfristig gesehen nicht in der Lage ist, das Rauchen aufzugeben oder wesentlich zu reduzieren. Die Bilanz der heute zur Verfügung stehenden Raucherentwöhnungsmethoden, wie beispielsweise die Bad Nauheimer Raucherentwöhnungskur, das 7-Stufen-Programm, Akupunktur, Hypnose etc., ist in hohem Maße unbefriedigend. Die Erfolgsquoten liegen bei 20 bis 30% nach einem Jahr und dies, obwohl die Mehrzahl der Raucher sich der gesundheitsschädlichen Wirkung des Rauchens bewußt ist und oft mehrere Anläufe zur Entwöhnung nimmt. Damit gewinnen Bemühungen, die auf eine Tertiärprävention abzielen, besonderes Interesse. Wie dieses Expertengespräch gezeigt hat, eröffnen sich erfolgversprechende Möglichkeiten, das Ausmaß rauchbedingter Schäden am Respirationstrakt durch den Einsatz von Pharmaka zu verringern.

Das Expertengespräch hat auch gezeigt, daß der wirkungsvollste Ansatz im Sinne einer Primärprävention nur durch langfristige Strategien möglich ist, die auf ein geändertes gesellschaftliches Bewußtsein, was die Begriffe „Gesundheit“ und „Krankheit“ anbetrifft, abzielen. Der wirksamste Weg ist wahrscheinlich in einer frühzeitigen, in den Schulunterricht integrierten Gesundheitsedukation zu sehen.

Unter den tabakrauchinduzierten Symptomen an den Atemwegen ist die bronchitische Symptomatik das klinisch herausragende Phänomen. Nicht nur die Bronchialobstruktion, sondern Beschwerden durch Störungen des Mukustransportes und der konsekutiven Mukostase sind für das klinische Bild mitbestimmend. Neben der Behandlung der Atemwegsobstruktion spielt daher vor allem aus der Sicht der Praxis die Behandlung mit Mukolytika eine große Rolle.

Mukolytika bewirken über eine Änderung der physikochemischen Eigenschaften des sezernierten Schleimes und eine Beeinflussung der Sekretion der Schleimdrüsen eine Abnahme der Viskosität des Bronchialsekretes. Eine wichtige Substanz aus der Gruppe der Mukolytika ist das N-Acetylcystein (z.B. Mucret® Retard-Tabletten), das N-Acetylderivat der natürlichen Aminosäure L-Cystein.

Die herausragende Wirkung des N-Acetylcysteins beruht, wie wir aus den Publikationen der letzten Jahre wissen, darauf, daß diese Substanz über den mukolytischen Effekt hinaus protektive Wirkungen entfaltet.

Die Zunahme der Zilientätigkeit und der mukoziliären Clearance durch N-Acetylcystein resultiert wahrscheinlich aus den veränderten rheologischen Eigenschaften des Bronchialschleims. Bei therapeutischen Konzentrationen (10^{-12}–10^{-9} g/ml) läßt sich durch N-Acetylcystein eine Zunahme der Zilienschlagfrequenz nachweisen. Eine Verbesserung der mukoziliären Clearance durch N-Acetylcystein ist jedoch nicht nur tierexperimentell, sondern auch am Patienten (z.B. nach oraler Gabe von 600 mg N-Acetylcystein täglich) nachweisbar.

Die toxischen Wirkungen des Zigarettenrauchens sind auf die bei der Verbrennung von Tabak entstehenden Aldehyde, wie beispielsweise Acrolein, Acetaldehyd und Formaldehyd, zurückzuführen. Sie hemmen die Makrophagenfunktion und die antibakteriellen Abwehrmechanismen der Lunge, stimulieren die Histaminfreisetzung, führen zu einer Hyperplasie der sekretorischen Zellen und zu einer Abnahme der mukoziliären Clearance durch Lähmung der Zilien.

Die im Zigarettenrauch enthaltenen Aldehyde sind reaktive Verbindungen, die u.a. mit SH-Gruppen enthaltenden Verbindungen reagieren. N-Acetylcystein bzw. das aus dem N-Acetylcystein entstehende Cystein reagiert mit Acrolein, Acetaldehyd und Formaldehyd unter Bildung nichttoxischer Thiazolidinverbindungen und verhindert somit, daß diese Aldehyde mit SH-Gruppen von Proteinen reagieren. Es ist anzunehmen, daß neben dem mukolytischen Effekt von N-Acetylcystein auf den bereits sezernierten Schleim auch eine direkte Beeinflussung der Sekretbildung stattfindet. Ebenso ist ein positiver Einfluß auf die Surfactantsynthese beschrieben worden.

Daß es sich bei den beschriebenen Effekten nicht nur um theoretische Aspekte handelt, zeigen beispielsweise mikroskopische Untersuchungen, wonach die Zunahme der mukoziliären Clearance durch N-Acetylcystein auch die Heilungschancen einer Bronchitis verbessert. Die Wirksamkeit von N-Acetylcystein auf die Hyperplasie sekretorischer Zellen in den kleinsten Bronchiolen besitzt möglicherweise besondere Bedeutung. So haben Untersuchungen von Jeffery *(1985)* ergeben, daß N-Acetylcystein die Normalisierung der Zahl sekretorischer Zellen nach Einstellen des Rauchens beschleunigt.

Zahlreiche Untersuchungen haben gezeigt, daß Metaboliten des Acetylcysteins einen wirksamen Schutz gegen funktionelle und morphologische Schädigungen der Alveolarmakrophagen durch Zigarettenrauch entfalten. Auch können durch N-Acetylcystein die schädlichen Effekte von Zigarettenrauchextrakten auf die mukoziliäre Clearance reduziert werden.

Die Bilanz von in vitro-Untersuchungen, tierexperimentellen Studien und Studien am Menschen zeigt, daß die protektiven Effekte von N-Acetylcystein am Respirationstrakt vielfältiger Natur sind. So entfaltet N-Acetylcystein nicht nur einen protektiven Effekt auf pulmonale Alveolarmakrophagen, sondern es inhibiert auch die „bronchitischen Effekte" des Tabakrauches und verringert die toxischen Wirkungen von Formaldehyd, Acetaldehyd und Acrolein aus Zigarettenrauch. Es bietet ferner einen Schutz gegen Schäden durch Oxidantien und ist offenbar protektiv und therapeutisch auch beim experimentellen ARDS wirksam.

Die Summe dieser pharmakologischen Effekte macht deutlich, daß N-Acetylcystein mehr ist als ein einfaches Mukolytikum. Dieses Expertengespräch hat auch zu einem besseren Verständnis der positiven klinischen Effekte von Acetylcystein bei chronischen Atemwegserkrankungen, die über den mukolytischen Effekt hinausgehen, wesentlich beigetragen. Aus praktisch-klinischer Sicht sind insbesondere die Ergebnisse einer placebokontrollierten Studie von R. Meister (1986) zu bewerten, wonach eine mehrmonatige Behandlung mit N-Acetylcystein in Form von Retard-Tabletten (Mucret®) bei Patienten mit chronischer Bronchitis zu einer Reduktion von Exazerbationen, antibiotikabehandelten Episoden und Krankheitstagen führt.

Die zigarettenrauchbedingten Schädigungen an den Atemwegen und am Lungenparenchym sind vielfältig. Die Möglichkeiten einer effektiven Primär- und Sekundärprävention zeichnen sich erst ansatzweise ab. Erfolge sind hier nur auf der Basis tiefgreifender gesundheits- und gesellschaftspolitischer Einflüsse und erst nach Jahren oder Jahrzehnten zu erwarten. Für die aktuelle Situation bedeutet dies, daß alle Möglichkeiten einer pharmakologischen Eingrenzung zigarettenrauchbedingter Schäden an den Atemwegen genutzt werden sollten. Positive Effekte, wie sie beispielsweise durch den Einsatz von N-Acetylcystein an Atemwegen und Lunge erzielbar sind, besitzen daher aus klinisch-praktischer Sicht besonderes Interesse und stellen eine wertvolle Bereicherung der therapeutischen Möglichkeiten dar.

Stichwortverzeichnis